보물지도 15

이 책을 소중한

_____님에게 선물합니다.

_____드림

• 기적을 보길 원하는 이들의 꿈의 목록 •

보물지도15

기획 · 김도사

박지혜 임성훈 배 훈 박진희 김석준
이그래 허성희 안수빈 이수희 최성진
김희진 최현종 구지은

위닝북스

보물지도를 그리는 순간,
당신의 꿈은 이루어지고 있다!

사람들은 반복되는 일상에서 꿈을 잊고 산다. 회사에서는 업무에 치이고, 집에서는 쉬느라 바쁘기 때문이다. 하지만 꿈이 없으면 내 삶의 주인은 내가 되지 못한다.

한편, 누군가는 꿈이 있다고 말한다. 그러나 정작 그 꿈이 무엇인지 명확하게 말하지 못한다. 시간이 없다는 핑계로 자신의 꿈을 구체적으로 생각해보지 않았기 때문이다. 명확한 꿈이 없다면 현실은 바뀌지 않는다. 택시를 탔을 때 정확한 목적지를 말하지 않으면 내가 원하는 곳으로 갈 수 없는 것과 같은 이치다.

이 책을 쓴 저자들은 반복되는 현실에서 벗어나기 위한 꿈을 가지고 있다. 그리고 그 꿈에 대한 구체적인 이야기를 적었다. 이 책에는 저자들의 꿈을 이루고 싶은 이유, 꿈을 이루기 위한 노력, 꿈을 이루었을 때의 느낌이 담겨있다. 저자들은 꿈에 대해 구체적으로 생각하고 말함으로써 그 꿈을 이룰 수 있는 보물지도를 그렸다.

정확한 꿈을 가지고 내 삶의 주인이 되자. 더 이상 수동적으로 끌려가는 삶을 살지 말자. 꿈을 말하고 꿈을 이루었을 때의 생생한 기쁨을 상상하자. 상상하고 말하는 것만으로도 꿈은 이루어진다. 당신의 꿈으로 향하는 보물지도를 그려라. 보물지도를 그리는 순간, 이미 당신의 꿈은 이루어지고 있다.

2018년 10월

김석준

CONTENTS

PART 1

성가곡 음원 내고
재능기부하며 살기

- 박 지 혜 -

박지혜 직장인, 자기계발 작가, 동기부여가

영어공부를 한 지 5년 차이며 매일 새벽 영어공부로 하루를 시작하고 있다. 공부한 생활 습관을 바탕으로 현재 직장인 대상으로 '새벽시간을 활용한 영어공부법'을 주제로 개인저서를 집필 중이다.

Email wlgpdmlalth@hanmail.net   C·P 010.6299.0315

아마추어 연주자들을 위한
저서 출간하기

나는 올해로 19년 차 아마추어 플루트 연주자다. 초등학교 5학년 때 엄마의 권유로 플루트를 시작했고 피아노와 함께 레슨을 받았다. 학창 시절 반 친구들 앞에서, 아빠 회사 동료들 앞에서, 성당음악회에서, 회사 송년회에서 플루트 몇 소절을 연주하곤 했다. 개인 레슨을 받을 때도 음대에 지원해 보는 것이 어떻겠냐는 선생님의 말씀을 별 대수롭지 않게 생각했었다. 어차피 취미로 하는 것이니 입시와 관련해서는 생각조차 해 보지 않았기 때문이다.

그렇게 나는 플루트 연주와 함께 성장했다. 그리고 직장생활을하면서 주말 시간을 이용해 오케스트라에 입단해야겠다는 생각이들었다. 사실 플루트라는 악기 특성상 혼자 연주하면 밋밋하고 재미가 없다. 듀엣을 하든지 다른 악기와 더불어 화음을 내든지 해야 훨씬 멋진 음악을 만들 수 있다. 그런데 연주하고 싶은 곡을 정해 혼자 연습하려다 보니 오히려 악기를 꺼내는 일이 줄어들게 되었다.

나는 플루트 비전공자라서 전공자들만 지원할 수 있는 오케스트라는 입단이 불가했다. 눈을 돌려 아마추어 오케스트라 위주로 입단할 수 있는 곳을 찾았다. 그러나 아주 기초반을 위한 오케스트라가 대부분이었다. 중급반이라 하더라도 모임 시간과 장소 등 내 조건과 맞지 않았다.

여러 오케스트라 중 내가 가장 중점적으로 본 것은 그 단체의 실력이었다. 입단한 그 단체 속에서 많이 배우고 성장할 수 있는 발판을 마련하는 것이 제일 중요하다고 생각한 것이다. 하지만 내가 정한 조건을 충족하는 오케스트라를 찾기란 매우 힘들었다.

한 번은 규모가 꽤 큰 오케스트라에 지원해 오디션을 보게 되었다. 입단 지원서에 현재 근무하는 직장의 부서까지 써야 했다. 까다로운 단체라는 생각이 들었다. 오디션 지정곡은 딱 봐도 아마추어가 소화하기 어려운 곡이었다. 빠른 데다 꾸밈음 등의 기교를 넣어야 하는 곡이었다. 연습하기에는 시간이 턱없이 부족했다. '선생님을 구해 레슨을 받아 볼까?' 하는 생각도 잠시 했다. 하지만 아마추어 오케스트라인데 곡이 아무리 어렵다 한들 심사가 빡빡하지는 않을 것이라는 생각에 혼자의 힘으로 연습했다.

더운 여름인데도 오디션 당일 아침까지 마무리 연습을 하느라 땀을 삐질삐질 흘렸다. 오디션 장에 도착하고, 내 차례가 되어 심사위원 앞에 섰다. 순간, 나는 너무 놀랐다. 단순히 플루트 전공자와 지휘자가 심사를 보게 될 것이라고 예상했었다. 하지만 내 앞에는 악기별로 족히 7~8명 정도의 전공자가 나란히 앉아 있었다. 예상치 못한 상황에 주눅이 들었다. 나는 "잘 부탁합니다."라는 말과 함께 연주를 시작했다. 하지만 처음부터 엇박자가 나기 시작했다. 지휘자로 보이는 분이 재요청을 했지만 나는 첫 부분부터 높고 빠른 곡을 제대로 소화할 수 없었다.

그렇게 첫 입단 탈락을 겪었다. 꽤 큰 규모의 단체에, 단원 복지도 괜찮고 큰 행사에 초청되어 연주한다는 것에 매력을 느껴 지원했었다. 그러나 그 단체에 입단하기에는 내 실력이 턱없이 부족했다.

난 속상한 마음을 접었다. 그러곤 플루트로만 구성된 앙상블에 입단했다. 그리고 1년 연습 끝에 정기 연주회를 마칠 수 있었다. 한 가지 악기만으로 화음을 내는 것은 여러 악기로 구성된 오케스트라와는 또 다른 매력이 있었다. 물론 플루트 악기 특성상 강렬한 인상을 전달하는 것은 어려웠다. 하지만 나는 악기 고유의 음을 들을 수 있었다.

1년의 앙상블 활동 이후 조금 더 체계적으로 플루트를 배우고 싶다는 생각이 들었다. 그렇게 알아보던 차에 플루트 지도자 과정을 배울 수 있는 학원을 알게 되었다. 집 근처라 거리도 가까웠고 주말 아침시간을 이용해 배울 수 있어서 안성맞춤이었다. 덕분에 바로크 시대 요한 요하임 크반츠(Johann Joachim Quantz) 작곡가의 콘체르토(Concerto) 한 곡을 배워 작년 여름 예술실기전문지도자 부문을 수료하게 되었다. 그리고 나는 이때 만난 플루트 선생님께 개인 레슨을 따로 받으며 같은 해에 아마추어 협연 콩쿠르에 지원할 기회를 얻었다.

제1회 아마추어 협연 콩쿠르. 얼마나 매력적인 대회인가. 일반 콩쿠르였다면 원서 지원부터 망설였을 것이다. 하지만 아마추어 콩쿠르였기 때문에 나는 기쁜 마음으로 지원했다. 입상하면 전문 오케스트라 단체와 협연하는 조건이었다. 나는 입상하기 위해 갖은 노력을 다했다. 오디션을 보기 전 한 달가량 주말마다 2시간씩 레슨을 받았다. 곡 완성도를 높이기 위해 평일에는 퇴근 후 저녁 9시부터 1시간씩 주 2~3일을 연습했다. 회사 일만으로도 지쳤지만 1시간씩 꾸준히 연습하면 내 소리가 점점 더 좋아질 것이라 믿었다. 나는 춥고 어두운 겨울밤에도 악기를 들고 집을 나섰다.

동네 연습실은 방마다 방음장치가 되어 있어서 외부 소리가 차단되는 장점이 있다. 하지만 방음과 흡음 때문에 오히려 내 소리가 묻혀 울리지도 않고 적나라하게 들리는 단점이 있다. 그래서 더욱 연습에 매진했다. 오디션 곡이 빠른 곡이라 손가락이 꼬이거나 텅잉이 안 되는 부분 등 실수투성이였다. 하지만 한 마디씩 천천히 곱씹듯 연습을 반복했다. 그때가 정말 짜증나면서도 힘들었다.

모든 세상살이에 쉬운 일이 없는 것처럼 악기 연주도 마찬가지라는 것을 절실히 느꼈다. 호흡, 텅잉, 테크닉 등 모든 요소가 한 박자를 이룰 때야 비로소 멋진 소리를 낼 수 있다. 이 소리를 위해 모든 불편한 소리를 감수해야만 했다. 매번 녹음해 부족한 데가 어디인지 듣고 연습하기를 반복했다. 그러다 보니 어느새 실력이 예전 지도자 과정을 수료할 때보다 좋아진 것을 느낄 수 있었다.

회사에 휴가를 내고 평일 낮 오디션을 보러 가는 길은 긴장의 연속이었다. 하지만 연습한 대로 차분히 이 순간을 즐기자는 마음으로 매순간 최선을 다했다. 여러 오디션을 거치면서 나는 전문 오케스트라 단체와 협연할 기회를 얻을 수 있었다. 그 오디션장은 생각보다 아담하고 편안한 분위기였다. 마음이 편안하자 나는 평소 내 실력을 고스란히 보여줄 수 있었다. 그 결과, 플루트 입상자 중 1위를 차지했다. 그 덕분에 나는 2위, 3위 입상자들과 함께 특별한 기회를 얻을 수 있었다.

나는 19년 차 연주자로서, 그래도 아마추어 콩쿠르에서는 입상이 가능하겠다는 생각이 제일 먼저 들었다. 어쩌면 1위를 할 수도 있겠다는 왠지 모를 자신감도 생겼다. 결국 나는 그 소원을 이루어 편안한 마음으로 올해 4월 전문 연주자들과 함께 멋진 공연을 마쳤다. 예전의 오디션 실패 결과에 낙담해 플루트를 그만두었더라면 협연이라는 또 하나의 기회도 얻지 못했을 것이다. 그러나 나는 내 실력에 한계를 두지 않고 더욱 발전할 수 있다는 믿음으로 도전했다. 그러다 보니 생각지도 못했던 새로운 기회를 얻어 자아 성장을 이룰 수 있었다.

　나는 이 땅의 아마추어 연주자들을 위해 내 경험을 담은 저서를 출간하고 싶다. 전문가가 아니기 때문에 기술적인 면으로 접근하는 것은 어려울 것이다. 하지만 고되고 반복되는 연습을 통해 얻은 내 경험을 들려주며 아마추어인 그대도 충분히 꿈을 이룰 수 있다고 희망을 전해주고 싶다.

02

플루트 성가곡 음원 내기

플루트와 생활한 지 꽤 오래되었기 때문에 나의 악보 초견(악보를 보고 처음부터 바로 부르거나 연주할 수 있는 능력)은 좋은 편이다. 게다가 앙상블 활동이나 오디션을 통해 내 플루트 소리가 괜찮다는 평을 받아 왔다. 이러한 나의 재능을 유용하게 쓸 수 있는 방법을 고민했다. 그러던 중 언제 한번은 '성가곡을 플루트로 연주하면 훨씬 더 아름다울 것'이라는 생각이 문득 들었다.

성당 미사 시간에는 성가대가 노래를 부른다. 그리고 종종 특별 찬송을 부르지만 악기로 특별 찬송하는 일은 극히 드물다. 하지만 성체(예수님의 몸)를 모신 후 플루트로 성가 한 곡 정도 잔잔하게 연주하면 묵상(천주교 신자들의 기도) 분위기를 더 잘 살릴 수 있을 것이다. 그런데 그럴 기회가 없어서 나는 늘 안타까웠다.

그때 내가 세운 계획이 '플루트 연주로 성가곡 음원 내기'였다.

성가책 처음부터 끝까지 플루트로 연주해서 음원을 내는 것이다. 솔로도 좋고 피아노 반주가 있으면 더욱 좋겠다. 성가 책 한 권에 많은 성가가 수록되어 있으니 전례 시기별로 분류할 수도 있다. 먼저 음원 녹음 담당자와 반주자, 음향 좋은 스튜디오가 필요하다. 내 마음에 들 때까지 연주하고 녹음해야 하므로 장기 대여할 수 있는 스튜디오에서 이들과 협업 또한 이루어져야 한다.

문제는 이런 필요 요소들을 어디서 찾느냐 하는 것이다. 지인 중에 뜻이 맞는 사람이 있으면 나의 계획을 설명해 주고 같이 해볼 의향이 있는지 물어볼 수 있을 것이다. 하지만 현재 내 주변에는 이런 사람이 없기 때문에 상당히 고민스럽다. 진행 자체부터 막힌 상태다. 전공자라면 스펙을 내세워 모집할 수도 있을 것이다. 하지만 비전공자인 나는 어떠한 내용을 토대로 홍보할 수 있을지 막막할 뿐이다.

생활 성가 가수들이 낸 음원은 여럿 들어 보았지만 악기 연주곡은 아직 들어 보지 못했다. 그러고 보니 이미 누군가 음원을 냈을 수도 있겠다. 그러나 이미 시중에 발매가 되었다 하더라도 기죽을 필요는 없다. 본인의 역량에 따라 얼마든지 본인만의 곡을 연주해 음원을 낼 수 있기 때문이다. 특히 종교음악은 얼마나 거룩하게 정성을 다하느냐에 달려 있다고 생각한다.

현재 나는 가톨릭교회음악대학원의 아카데미 소속 '아라우다 플루트 콰이어'에서 활동하고 있다. 10명 남짓한 구성원 대부분이 아마추어다. 신설된 지 얼마 되지는 않았지만 학교의 담당 신부님과 교수님의 열성적인 지원 덕분에 점차 발전해 나가고 있다.

아라우다는 종교적 색채를 띠고 있다. 그렇기 때문에 성당의 초청을 받아 방문 연주를 해 왔다. 올 10월에는 제1회 정기 연주회를 열 예정이다. 다양한 레퍼토리를 쌓기 위해 매 주말마다 모여 연습하고 수업 중간에 지휘자님의 강의도 듣는다. 아라우다와 함께 나의 계획을 진행해 보면 어떨까 싶었다. 하지만 아무래도 나의 계획이 소규모고 장기화될 수 있을 것 같아 얘기를 꺼내지는 못했다. 그래도 함께할 수 있다면 더없이 좋은 곡을 연주할 수 있을 것이다.

그렇다면 음원을 낸 이후 어떠한 방법으로 사용할 것인지에 대해서도 계획을 세울 필요가 있다. 일반 대중가요 음원에 비해 종교 음원의 수요가 많을지는 확신이 안 선다. 그렇지만 우선 서울대 교구 소속 모든 성당에 나의 스토리를 담아 제작한 CD를 무료로 배포하고 싶다. 각 성당의 활동이나 행사 등에 유용하게 쓰일 것이다.

이를 기반으로 종교음악 연주자로서 초청받아 연주 자리가 마련된다면 더욱 좋을 것이다. 또한 묵상용 음원도 내어 저렴한 가격에 유상 판매하고 싶다. 이 판매 수익의 일부는 봉헌할 것이다. 나의 재능으로 소망을 실현하고 봉헌도 하겠다는 이 멋진 꿈을 주님께서 꼭 들어주시면 좋겠다. 생각만 해도 거룩해지는 기분이다.

나는 사람들 앞에서 연주하거나 발표하는 것을 좋아한다. 긴장도 되지만 은근히 그 긴장을 즐기는 것 같다. 음악이란 청중 입장에서 편안해야 한다. 연주자가 불안하면 청중도 함께 긴장한다. 나 역시 이런 꿈을 갖고 있는 만큼 실력을 더 쌓기 위해 노력해야겠다.

나는 종교계에 한 획을 그을 정도로 유명해지는 것을 바라지 않는다. 다만 첫 재능기부로써 음원을 내어 많은 교우들과 공유하고, 연주자로서 이바지하고 싶다는 게 나의 소박한 꿈이다. 혹시 나의 청사진에 함께할 분이 있다면 같이 진행했으면 하는 바람이다.

03

새 플루트 구입하기

현재 나의 악기는 '야마하 481 보디실버'로 일본 제품이다. 스물한 살에 개인 레슨을 다시 받으며 새로 장만했다. 손가락으로 누르는 키의 일부분은 오픈 홀로 되어 있다. 이 악기를 사용한 지도 벌써 10년의 세월이 흘렀다. 그동안 나는 매번 악기 사용 후엔 꼭 닦으며 철저히 관리했다. 하지만 실버 제품이라 그런지 손이 닿지 않는 부분이 세월의 흔적으로 시커멓게 변해 버렸다.

이전에 사용하던 악기는 같은 브랜드의 연습용 악기였다. 팔지 못해 아직도 갖고 있다. 1년에 한 번 정도 상태가 어떤지 꺼내 보곤 한다. 금액은 현재 사용하는 악기의 5분의 1 정도다. 나중에 내 아이가 거부하지만 않는다면 물려줄 생각이다.

악기를 연습용에서 중급용으로 바꾼 이유는 내 실력이 그만큼 성장해서였다. 레슨 선생님께서 이제 악기를 바꾸어도 될 만하다 하서서 엄마가 사 주셨다. 2개의 악기 모두 내겐 소중한 경험이 담겨 있다. 초급용은 새로 사서 처음 레슨을 받느라 설레었던 기억, 특히 초등학교 반 친구들 앞에서 연주했던 기억이 담겨 있다. 지금 사용하는 중급용은 오케스트라 활동을 하면서 정기 연주회를 한 기억, 최근 콩쿠르에 입상해 협연했던 아주 뜻깊은 기억이 담겨 있다.

관리만 잘한다면 바꿀 필요 없이 영구적으로 사용할 수 있지만 대개 사용하려는 용도에 따라 악기를 바꾸기도 한다. 예를 들어, 우리나라 입시 준비생의 경우 거의 골드 제품을 사용한다. 우렁차고 화려한 소리가 특징인 골드 제품은 짧은 곡으로 단시간 내에 승부를 봐야 하는 입시에 제격이다. 이러한 골드에 비해 실버 제품은 볼륨 면에서 밀릴 수밖에 없다.

14K 제품이면서도 보디만 골드인지 전체가 골드인지에 따라 가격이 천차만별이다. 이런 제품은 수천만 원 한다. 때문에 아마추어 연주자가 취미용으로 소장하기에는 상당히 부담스럽다. 실버 제품도 마찬가지다. 보디만 실버인지 전체가 실버인지에 따라 금액이 달라지며 소리도 달라진다. 인터넷 검색 결과 전체 실버 신제품의 경우 1,000만 원이 넘었다.

반면에 유럽 국가의 경우, 골드보다 실버 제품을 더 선호한다고 한다. 플루트 자체의 맑은소리에 더 집중하는 듯하다. 골드 제품은 음량이 크기 때문에 오히려 시끄럽다고 한다. 악기 연주에서도 차이가 있다. 우리나라는 화려함과 기술적인 면을 부각시키는 데 비해 유럽은 악보가 생성된 시대 배경 자체에 집중한다고 한다. 그래서인지 유튜브 영상의 유럽 연주자들은 실버 제품으로도 아름다운 소리를 냈다.

예전 앙상블 활동을 할 때 일본 오케스트라와 협연한 적이 있다. 그들은 자국에서 생산한 악기를 소유한다는 데 자부심을 가지고 있었다. 무엇보다도 악기를 대대손손 물려받아 연주하는 것을 자랑스럽게 생각하고 있었다. 오랫동안 악기 관리를 잘했다는 것도 놀라운 일이지만 그들의 사고방식이 더 존경스러웠다.

연장 탓하지 말고 실력을 기르면 된다고 할 수도 있을 것이다. 하지만 난 더 좋은 새 악기로 바꾸고 싶은 마음이 간절하다. 특히 앙상블 활동을 하면서 포르테로 표현해야 하는 부분에서 확실히 한계를 느꼈기 때문이다. 나는 좀 더 음의 강약을 살리고 싶은데 악기가 잘 받쳐 주지 않아 오히려 바람 소리가 더 난다. 요즘 내 실력에 비해 악기가 조금 밀린다는 생각이 자주 든다.

차도 새로 뽑으면 길들여야 하듯 악기도 새로 구입하면 소리를 길들이는 시간이 필요하다. 연습하며 소리를 뻥 뚫어 주어야 한다. 이것이 취미로 연주하는 아마추어가 전공자의 중고 플루트를 장만하려는 이유다.

급여의 일부를 플루트 구입비로 저축하고 있다. 전체 실버나 보디 골드 제품으로 바꾸고 싶다. 저축한 돈을 모아 어느 세월에 장만하겠냐마는 그래도 급할 건 없으니 매달 희망과 함께 모으는 중이다. 그래서인지 누가 악기를 새로 구입했다고 하면 어느 제품인지 소리는 어떤지 무게는 어떤지 상당한 관심을 보인다.

넉넉하지 않은 살림이지만 피아노를 시작으로 악기에 소질이 있다는 것을 발견하고 선뜻 레슨을 제안해 준 엄마에게 요즘 들어 정말 감사한 마음이 든다. 아마추어지만 여러 즐거운 경험을 쌓을 수 있도록 기회를 만들어 주었기 때문이다. 그 당시 제안했던 클라리넷을 선택했더라면 어땠을까 하는 생각을 하곤 한다. 클라리넷은 마우스피스 부분을 주기적으로 교체해야 하는 번거로움이 있다고 들었다. 게다가 교체 비용도 든다. 그런 점을 고려한다면 오히려 플루트가 훨씬 경제적이다.

악기를 배우는 것은 부모의 영향이 큰 것 같다. 어린아이들은 대개 부모의 제안으로 일단 시작하고 나서 더 배울지 말지를 결정하기 때문이다. 확실히 악기를 다룬 경험이 있는 부모의 자녀가 이어서 배울 가능성이 크다. 요즘 들어 부쩍 뒤늦게라도 전공할걸 그랬나 하는 생각이 든다.

새 악기를 알아보던 중 어느 단체에서 실력 있는 연주자에게 악기를 무상으로 지원해 준다는 내용을 읽은 적이 있다. 가난해서 악기를 구입할 능력이 없는, 실력 있는 연주자에게 지원되는 혜택일 것이다. 어떻게 생각해 보면 나도 내 능력을 넘어서 열심히 하려고 다방면으로 노력하는 중이다. 나는 그 홍보 문구를 보고 이런 기회가 나에게도 오면 좋겠다는 부러운 마음이 들었다.

지금으로부터 5년 이내에 새 플루트를 장만하고 싶다. 내가 좀더 왕성하게 활동할 수 있을 때 가지고 있어야 효율적으로 사용할 수 있기 때문이다. 플루트의 가격이 고가이지만 나는 내 기량이 더 좋아진다면 과감하게 투자할 것이다.

04

영어 마스터해서 미국 여행하기

한국 사회에서 영어를 완벽하게 마스터한다는 것. 대부분의 사람들은 불가능하다고 생각한다. 나 또한 그렇게 생각했었다. 그러나 '윤재성 소리영어'를 시작한 이후 가능하다는 쪽으로 생각이 바뀌었다. 2011년 우연히 소리영어 주최 강연회에 참석하게 되었다. 하지만 학생 신분이었던 나는 꽤 비쌌던 수강료에 다른 방법을 찾아보자며 일찌감치 포기했다. 영어회화 책에 나온 문장 외우기, 영어일기 쓰기, 회화 학원 다니기 등의 온갖 방법을 동원했지만 늘 부족함을 느꼈다. 무엇보다도 문법, 단어, 청취, 독해를 나눠서 공부하다 보니 어떤 것부터 공부해야 효과적일지 판단이 서질 않았다.

그러던 중 2013년 12월 3일 소리영어 문을 다시 두드리게 되었다. 온라인 수업으로 진행하는 데다, 특히 발성을 변화시키는 학습법이 나의 영어공부 가치관과 가장 잘 맞았기 때문이다. 게다가 취업하고 나서 제대로 된 영어공부를 하고 싶었다. 어떤 일이든 처음부터 정확히 하려는 습관이 배어서인지 기존의 학습 방법에서 벗어나고 싶었다.

그 당시 소리영어는 총 다섯 단계로 이루어져 있었다. 단계별로 1년이 소요되었다. 한 문장의 원음을 반복해서 듣고 나중에는 똑같이 따라 하는 방식이었다. 내 소리가 녹음된 파일을 들으며 어느 부분의 발성이 다른지 점검해 보는 과정도 있었다.

그 당시 소리영어 홈페이지에 작성했던 후기(2017년 5월 31일)를 공유하고자 한다.

"안녕하세요. 2013년 12월 3일 소리영어 등록을 시작으로 벌써 4년 차인 평생회원 박지혜입니다. 처음에 저는 우연히 소리영어 강연회에 참석해 설명을 들었지만 가입비가 부담스러워 그냥 지나치고 말았습니다. 그리고 취업하고 정식으로 제대로 된 영어공부를 하고 싶다는 생각이 들어 윤재성 소리영어의 문을 다시 두드렸습니다. 평생회원으로서 소리영어를 매일같이 꾸준히 공부했습니다.

한 1년 정도 되었을까요? TV를 보다가 외화 채널의 외국인 원음이 귀에 쏙 박히는 것을 체험했습니다. 너무나도 신기했고 다시 귀를 쫑긋 세워 들을 만큼 소리가 잘 들렸습니다. '아, 소리영어가 정말 도움이 되는 공부 방법이구나' 하고 깨달은 순간이었습니다.

학창 시절 영어 학원 아침반을 1년 정도 다녔었습니다. 영어회화 책을 외워 보기도 했습니다. 단어를 무수히 외웠고, 문법 및 영어 일기 쓰기 방법까지 영어를 좋아하는 저로서는 여러 가지 방법으로 공부를 했었습니다. 토익 LC 또한 문제를 듣고 풀기를 반복하다 보니 웬만큼의 성적은 나왔습니다. 평소에 기본적인 영어회화는 할 수 있고, 70%는 알아듣는다고 생각했었습니다.

그런데 소리영어를 공부하면서 그동안의 공부 방법이 전혀 효과가 없다는 것을 알게 되었습니다. 듣기가 되어야 말하기가 된다는 사실을 모른 채 그 반대로 계속해 왔었던 것입니다. 물론 지금까지 한 영어공부의 바탕에 소리영어의 힘이 덧입혀져 더 발전할 수 있게 된 것일 수도 있습니다. 하지만 어렸을 때부터 소리영어 방식으로 공부했다면 더 효과적으로 듣고 말할 수 있게 되지 않았을까 생각합니다. 조금 더 빨리 접하지 못한 것이 안타깝고 속상합니다.

소리영어 학습법이야말로 저의 가치관과 가장 잘 맞고 편한 학습 방법으로 생각되었습니다. 그래서 떨리는 마음으로 결제하고 학습에 임하고 있습니다. 평생회원으로 공부하면서 올 3월 말부터는 온라인 집중반 회원으로서 1년가량의 목표를 세우고 더욱 정진하고 있습니다.

이제는 영어를 완벽하게 마스터하려고 합니다. 영어를 테스트할 만한 시험을 아직은 보지 않았습니다. 영어가 유창해서 나의 인생이 바뀐 부분이 있는지도 아직은 잘 모르겠습니다. 그러나 영어를 완성할 수 있다면 다른 언어 또한 이 방법대로 하면 될 것이라는 믿음을 가지고 꾸준히 공부하고 있습니다. (사실 중국어도 소리영어처럼 학습하고 싶어서 중국어도 수강하고 있습니다.) 전역한 동생에게도 소리영어로 영어공부를 다시 시작하라고 추천해 주었습니다.

우리나라에서는 무수한 영어공부 방법이 판을 치고 있습니다. 그 속에서 소리영어 또한 하나의 학습법이 될 수 있을 것입니다. 저는 그동안의 답답한 제자리걸음이 아니라 앞을 향해 나아가는 마지막 방법이라는 것, 이 방법이 옳다는 것을 증명하기 위해 저부터 노력할 것입니다.

저는 직원교육 담당자로서 영어공부는 소리영어와 하고 싶었습니다. 하지만 아직까지는 임원분들의 생각이 기존 학습 방법에 중점을 두고 있는 듯해 안타까웠습니다. 좀 더 많은 사람들이 소리영어를 하루빨리 접해 영어를 완성할 수 있다는 기대감을 갖고 즐겁게 공부할 수 있으면 좋겠습니다. 하지만 현실은 아직 녹록지 않은 듯합니다. 아마도 원장님의 마음이 이러하시겠지요. 제가 1년 뒤 영어를 마스터해야 주변인들에게 좀 더 현실적으로 다가올 수 있지 않나 생각합니다.

저는 반드시 1년 후에 영어를 마스터할 것입니다. 직장인으로서 새벽같이 일어나자마자 컴퓨터를 켜고 따라 하기를 벌써 4년 차입니다. 이제는 기필코 마스터하기 위해 매진할 것입니다. 원장님께서도 도와주시겠다고 약속하셨으니 저는 그 가이드를 따라갈 것입니다.

여러분, 소리를 익히고 발성을 바꾸는 이 방법이야말로 가장 최선의 방법입니다."

소리영어 학습하기 4년 차 되던 해, 나는 온라인 집중반에 들어갔다. 이전에 내가 했던 5년의 긴 과정을 1년으로 압축해 진행하는 수업이었다. 그동안 많은 시간을 학습했으니 이제는 어느 정도 결과를 얻어야 할 때라고 생각했다. 회사 업무상, 인사평가 자료로도 영어 성적이 필요하기 때문이다.

6년 차가 된 현재는 그때보다 실력이 더 좋아졌다. 원음 발성도 훨씬 좋아졌고 원음도 훨씬 잘 들린다. 새벽시간과 출퇴근 시간을 알차게 사용한 보람이 있다. 월 1회 오프라인 모임에도 참석한다. 비록 2시간 정도 소요되어 체력적으로 힘들지만 내 미래를 위해 기쁜 마음으로 임한다. 때문에 정신적으로는 늘 성장하는 중이다. 계획했던 시간에 차츰 다가가고 있어 완성 여부를 놓고 긴장이 되긴 한다.

언제 한번은 오프라인 모임에서 회사 대표님을 뵈었다. 전혀 예상하지 못해 놀라긴 했지만, 내가 하고자 하는 방식에 확신이 생기는 순간이었다. 대표님도 지인의 소개로 강의를 듣기 위해 참여했다고 하셨다.

장기간 학습하다 보니 이제는 시간이 흘러가도 초조하지가 않다.

지금처럼 매일 학습하다 보면 곧 완성할 날이 오리라 믿기 때문이다.

나 스스로는 그렇게 생각하지 않지만 동료들은 내가 영어를 잘한다고 한다. 누구든지 이 방식으로 영어를 마스터할 수 있지만 결국 본인의 선택에 달려 있으므로 강요할 수는 없다. 먼저 시작해 효과를 보았기 때문에 동생에게도 적극 추천했다. 추후 내 자녀에게도 이 방법으로 학습하게 할 것이다. 그리고 나 자신도 이 방법으로 5년 내 중국어를 학습할 계획도 가지고 있다.

우리나라에서 영어공부를 안 해 본 사람은 없다. 장시간 공들이는 노력에 비해 효과가 없어서 늘 죽을 때까지 해야 하는 것으로 생각한다. 나도 그렇게 생각해 왔다. 그러나 이제는 아니다. 사람마다 시간이 다르겠지만 학창 시절보다 훨씬 짧은 시간 이내에 마스터할 수 있다는 것을 실제로 경험하고 터득했다.

어쩌면 영어를 마스터해 미국 여행을 하겠다는 것은 소박한 꿈일 수 있다. 영어를 하지 못해도 영어권 여행을 할 수는 있기 때문이다. 그러나 내가 남들보다 잠을 줄여 가며 노력했던 시간들을 영어를 마스터함으로써 보상받고 싶다. 원어민과 100% 동일할 수는 없겠지만, 나는 듣고 말하는 데 어려움이 전혀 없을 정도로 공부에 박차를 가할 것이다.

미국 여행하기. 결국은 내 영어 능력을 테스트하고자 함이다. 열심히 하고자 노력한다면 길은 반드시 생겨 내가 진입할 수 있는 기회가 만들어진다. 미국 여행도 그럴 것이다.

05

가족과 크루즈 여행 가기

    나는 평소에 여행을 즐기지 않는다. 잘 돌아다니지 않는 성격인 데다 길도 잘 찾지 못해 더 그런 것 같다. 그래서인지 자유여행보다는 패키지여행을 선호하는 편이다. 여행사에서 고객모집을 잘한다면 가이드의 도움으로 편하게 여행할 수 있기 때문이다. 특히 현지 가이드의 설명은 제일 재미있고 오래도록 기억에 남는다. 패키지여행은 쇼핑센터 방문이 필수 항목으로 포함되어 있기 때문에 기피하는 사람도 있다. 그러나 나는 전반적인 여행경비 면에서는 패키지여행이 훨씬 경제적이라고 생각한다.

    최근 3년 동안 엄마와 해외 패키지여행을 다녀왔다. 직장을 다니며 저축한 돈으로 여행경비를 마련했다. 여행지는 중국과 스페인, 프랑스, 이탈리아 등 서유럽 국가들이 대상이었다. 나는 딱히 가 보고 싶은 곳이 없었지만 엄마는 늘 해외여행을 가고 싶어 했다. 거리가 가까운 중국을 시작으로 비행시간이 적어도 10시간이 걸리는 유럽까지. 나는 그동안 못했던 여행을 최근에 몰아서 한 것 같다.

　비싼 경비를 들여서라도 여행을 해야겠다고 생각한 이유는 단 하나였다. 엄마 나이가 더 들기 전에 다른 나라를 하나라도 더 보여 주고 싶었다. 아빠나 동생과 함께하는 것보다 대부분의 여행을 엄마와 단둘이서 했다. 그래서 더 뜻깊고 오붓했다. 취업을 준비하는 동생이 꽤 부러워하는 눈치였지만 우리는 아직 젊기 때문에 기회가 많으니 나중에 함께 하자며 위로를 해 주었다.

　재작년 유럽여행을 하다가 우연히 크루즈를 보았다. 지금까지 본 크루즈 중에 가장 크고 위엄이 있었다. 크루즈 여행은 배 안에서 숙박하면서 여러 나라를 관광한다고 들었다. 유유히 이동하는 만큼 여행 기간이 길지만 즐기기에는 참 좋은 상품인 것 같다. 크루즈 여행은 대체로 노년에 계획하는 경우가 많다고 한다. 여러 곳을 여행한 후 마지막으로 하는 여행이라고 들었다. 아마 선상에서의 파티와 각종 엔터테인먼트 등 여행의 피날레라고 할 정도로 호화롭고 서비스가 최상이기 때문인 것 같다.

　종종 크루즈를 이용한 성지순례 일주 상품을 보곤 했다. 수백만 원의 고가 상품이지만 언제나 빠른 마감에 놀라곤 했다. 비행기가 아닌 크루즈로 여유를 즐기며 여행하는 기분은 어떨까? 바다 위에 떠 있다는 느낌조차 들지 않을 정도로 큰 배의 꼭대기 층에서 수

영을 하다가 먼 바다를 바라보며 쉬는 느낌은 아직 쉽게 와 닿지 않는다.

선박을 이용한 경험은 딱 한 번, 교환 수업의 목적으로 일본을 방문한 중학교 때였다. 인천항에서 한국과 일본을 오가는 페리호를 타고 시모노세키 항으로 가는 여정이었다. 처음 선박을 접했을 때의 그 기분을 아직도 잊지 못한다. 유난히도 뽀얀 흰 바탕에 갈매기 비슷한 모양의 짙은 파란색 마크가 새겨져 있었다. 부둣가에 정착한 배 사이로 출렁이는 바닷물을 보고 있자니 왠지 모를 압도감도 느꼈다. 바다 안개가 눈앞을 가릴 정도로 피어오르는 선상 밖에서 단짝 친구와 사진을 찍고 이 우정이 영원하기를 소망했었다.

일본인 요리사가 준비한 김치찌개도 신선했다. 식단도 일본인 식성대로 김 몇 장, 삶은 달걀 한 개, 달달한 달걀말이였다. 로비에서 먹은 아이스크림도 참 맛있었는데 그 포장지를 아직도 기념으로 보관하고 있다.

여러 명이 단체로 숙박하는 객실은 정신이 없었다. 하지만 여태껏 경험하지 못했던 새로운 경험을 할 수 있었기 때문에 나는 그 기분을 두고두고 간직하고자 했다.

밤을 꼬박 새우고 새벽 동틀 무렵, 저 멀리서 일본 땅이 보이는 것이 참 신기했었다. 비행기로 가면 한 시간 정도의 거리지만 배로 여행하니 이런 경험도 쌓을 수 있다는 것에 놀랍기만 했다. 짧은 노선의 배도 이런 기분인데 유럽 노선의 크루즈라면 얼마나 굉장한 기분이 들까? 생각만 해도 설렌다.

　여행이란 무엇인지 심각하게 고민한 때가 있었다. 여행의 정의에 대해 책까지 들추어 볼 정도였다. 매년 초 휴가계획을 세울 때 여행계획 때문에 스트레스를 받은 것도 사실이다. 여행업 관련 회사에 근무하다 보니 직원들은 여름휴가로 당연히 해외여행을 다녀오곤 했지만 나는 그러지 못했다.

　여행이란 일상에서 벗어나 휴식을 취하는 것인데, 왜 비싼 돈 들여서 남들이 하는 대로 해야 하나 싶었다. 이것이 진정 나에게 필요한 휴식인가 싶었다. 더군다나 여행 가기 전날까지 일에 지쳐 있던 상태로 비행기를 타는 것이 너무 힘들고 피곤했다.

　이런 생각에 변화를 준 것은 다름 아닌 엄마였다. 엄마가 "가고 싶다"는 말을 하지 않았더라면 해외여행을 할 생각을 구체화하지 못했을 것이다. 엄마를 위해서 충분히 할 필요가 있다는 것을 느꼈다. 돈은 또 벌면 되는 것이지만 부모는 내 인생에서 단 한 번 주어질 뿐이기 때문이다. 몇 군데 여행해 보니 나름대로 생각이 전환되고 세상은 도전해 볼 만큼 다양하다는 것을 느꼈다. 다만 시간이 지나면 어디서 무엇을 봤는지 엄마보다 기억을 못해 늘 아쉽긴 하다. 그래서 그때그때의 순간을 일기 형식으로 메모해 둘 필요가 있다는 것도 알게 되었다.

앞으로 5년 이내에 가족과 크루즈 여행을 같이 하고 싶다. 특히 9~11월 사이, 날씨가 딱 좋은 시기에 지중해 지역을 여행하고 싶다. 그동안의 여행 과정처럼 빡빡하고 힘든 여행이 아니라 느긋하게 휴식을 취하며 미래를 조금 더 긍정적으로 바라볼 수 있는 안목을 가지고 싶다. 장거리 이동 시 버스에 시달리거나 짐을 싸고 풀었다 하는 과정이 없어서 나이 드신 부모님께도 훨씬 편한 일정이 될 것이다. 여행 시기가 더 늦으면 부모님이 여행하는 데 무리가 있을 것이니 더 이상 계획을 늦출 수 없다.

이제는 엄마와 나만이 아닌 아빠와 동생도 함께 좋은 기억을 만들면 좋겠다. 서로 바쁘다는 이유로 외식 한번 같이하는 것도 힘들었다. 하지만 이제부터라도 가족 구성원끼리 함께하는 시간을 많이 만들면 좋겠다. 여행의 피날레는 역시 가족과 하는 여행이 아닌가 싶다.

PART **2**

아이들과 같이 책 써서
작가 가족 되기

- 임 성 훈 -

임성훈 부모교육 코치, 인문고전독서가, 동기부여가

두 아이를 키우면서 아이들을 '행복한 천재'로 키우는 것이 부모의 소명이라는 것을 깨달았다. '부모가 먼저 변해야 아이가 변한다'는 신념으로 부모교육 코치로 활동하고 있다. 개인저서로는 《칼 비테의 인문고전 독서교육》이 있다.

Email gaiasin@naver.com

C · P 010.9753.1905

Blog blog.naver.com/gaiasin

Instagram sunghoon66

01

사막에서 하루 자 보기

어린 시절, 사막이라는 공간은 나에게 공포의 대상이었다. 풀한 포기 자랄 수 없을 것 같은 거친 모래, 나약한 생명이 버티기 힘들 정도로 뜨겁게 내리쬐는 강렬한 햇빛, 숨 쉬는 것조차 곤란할 정도로 사방에서 밀려오는 열기…. 백과사전에서, TV에서 본 사막은 화성 표면처럼 말라 버려 어떤 생물체도 살 수 없고, 죽음만이 가득한 공간 같았다.

하지만 다른 한편으로는 내 상상력을 자극하는 신비의 공간이었다. 사막에 앉아 있으면 불쑥 금발의 어린 소년이 나타나 "양 한 마리만 좀 그려 줘!"라고 작고 여린 목소리로 말할 것 같기도 했다. 또한 사막여우가 다가와 "나를 좀 길들여 줄래?"라고 인사할 것만 같았다. 이런 상상을 한 것은 《어린 왕자》로 내 유년 시절을 제대로 지배해 버린 생텍쥐페리의 영향이 틀림없다.

〈미녀와 야수〉에서 야수가 절대 열어 보면 안 된다고 겁을 주는 꼭대기 방처럼 사막은 나에게 두렵긴 하지만 너무 궁금해서 꼭 한 번은 문을 열고 들어가 보고 싶은 그런 존재였다. 하지만 좀처럼 해외여행을 갈 기회가 없었다. 간다고 하더라도 굳이 사막이 여행지의 우선순위가 되는 일은 없었다.

몇 년 전, 회사에서 두바이로 출장을 갈 일이 있었다. 두바이라는 도시는 인간의 온갖 상상력과 자본을 동원해 사막 한가운데에 만든 신세계였다. 세계에서 가장 높은 빌딩 버즈 칼리파, 환상적인 해변과 초호화 호텔, 눈을 어지럽히는 분수 쇼, 사막 한가운데의 수족관과 스키장이 있는 쇼핑몰, 왕족들이 살고 있다는 궁전 등 믿기 힘들 정도로 놀라운 광경의 연속이었다.

이런 볼거리 중에서도 내가 가장 인상 깊게 본 것은 끝도 없이 펼쳐져 있는 사막이었다. 차를 타고 지나가면서 '어? 사막에도 생각보다 나무가 많네', '사막의 하늘은 참 맑구나', '사막에서 텐트를 치고 노는 저 사람들은 덥지도 않나?'라고 신기해했다. 난 난생처음 보는 사막의 풍경을 넋을 잃고 바라보았다.

출장 이튿날 동료들과 함께 '이(異)문화 체험'이라는 명목으로 반나절 정도 사막투어를 할 기회가 있었다. 지나가면서 보던 사막과 실제로 체험하는 사막은 느낌이 달랐다. 우리는 먼저 SUV를 타고 사막의 굴곡을 헤집고 다녔다. '이런 뜨거운 모래 위에서 바퀴가 녹아 버리지나 않을까' 하는 걱정은 놀이기구처럼 흔들리는 차 때문에 순식간에 사라져 버렸다. 약간의 어지러움을 느끼며 '다시는 타지 말아야지' 하는 생각도 들었다. 하지만 동료들과 사진 찍고, 사막의 모래를 실컷 만지고 놀았더니 그 생각도 어느새 사라져 버렸다.

저녁에는 낙타를 타고, 물담배를 피우는 새로운 경험을 해 보았다. 이 체험을 통해 사막과 좀 더 친해지고, 사막의 매력을 느낄 수 있었다. 그리고 언젠가는 혼자 오롯이 텐트를 치고 사막을 체험 해 봐야겠다는 생각을 했다.

사막에서 하루를 자면서 하고 싶은 것은 낯섦을 깊게 체험하면서 생각을 확장하는 것이다. 대학 시절 나는 몇 년간 행정고등고시를 준비했다. 수많은 날을 꿈을 위해 청춘을 불태웠다. 시험을 준비하는 몇 해 동안 매년 1월 1일을 도서관에서 맞이하고, 그 흔한 배낭여행 한 번 안 갔다. 명절에도 어지간하면 고향에 가지 않고 형그리 정신으로 버티며 책과 씨름했다.

하지만 세상 일이 어디 그렇게 쉽게 뜻대로 되는가. 결과는 좋지 않았다. 허망하게 공부를 그만두고 바로 해야 할 일은 군대를 가는 것이었다. 나이가 좀 있었기 때문에 졸병으로 가는 길을 택하지 않았다. 그보다는 공군 학사장교에 지원해서 사관후보생으로 입소하는 길을 택했다. 그 시험을 준비하느라 또 6개월을 보냈다. 훈련소에서의 훈련은 예상 밖이었다. 장교들은 몸으로 열심히 구르지는 않을 거라고 생각했다. 그런데 해병대를 가 보지는 않았지만 해병대 훈련만큼이나, 아니 그보다 더 강한 훈련인 것 같았다. (해병대를 다녀온 분들은 이해해 주기 바란다. 나에게는 그만큼 힘들었다는 말이다.) 우스갯소리로 그 훈련과정을 구상한 장군이 "훈련하다가 한둘은 죽어 나가야 된다."라고 말했다는 전설 같은 이야기도 전해 들었다.

아무튼 몇 년간 의자에만 앉아 있다가 강도 높은 훈련을 받으니 죽을 맛이었다. 그래서 처음 1~2주는 몸이 천근만근이라 누우면 바로 곯아떨어졌다. 그런데 조금 시간이 지나자 신기하게도 잠들기 전에 그전에는 미처 해 보지 못한 많은 생각들이 꼬리에 꼬리를 물고 이어졌다. '그 교관은 왜 그렇게 소리를 질렀을까?', '그 사람도 누군가가 다칠까 봐 겁이 났던 걸 거야.', '훈련소에 있으니 풀벌레 소리가 유난히 크게 들리네. 몇 년간 잊고 지냈던 소리야. 쟤들은 뭘 저렇게 열심히 말하고 있는 걸까?', '몇 주간 군가 외에 제대로 된 음악을 못 들어 봤네. 감성이 메마르면 사람이 음식을 먹어도 배가 고플 수 있지. 가장 짧은 시간 안에 인간에게 감동을 줄수 있는 것은 역시 음악이야. 그러니 인간이 모여 사는 곳에는 항상 음악이 있는 것이지.' 등등. 낯선 훈련소란 환경 속에서 생각이 확장된 것이다. 나는 머리맡에 수첩과 볼펜을 두고 그렇게 떠오르는 생각의 조각들을 메모했다. 이사하면서 그 수첩을 잃어버리기 전까지 나는 이따금씩 그것을 들춰 보곤 했다. 비밀스러운 일기처럼.

사막은 모순적이고 양면성을 가진 곳이다. 죽음밖에 없을 것 같은 인상을 주지만, 자세히 들여다보면 역동적으로 살아 숨 쉰다. 그곳에서도 작은 나무와 풀들이 자라고, 양이나 낙타와 같은 동물들이 살아가고 있다. 모래언덕들도 항상 그 자리에 있는 것이 아니라 사라졌다가 다시 생겨나기를 반복한다. 작열하는 태양 아래 숨조차 제대로 쉴 수 없을 것 같다. 하지만 그곳에서 맞이하는 석양은 고향의 그것과 다르지 않게 눈부시도록 아름답다. 그리고 해가 잠시 쉬는 시간에는 공기가 오히려 상쾌하다.

　　사막은 참으로 '낯선' 환경이다. 인간은 습관적인 환경에서 벗어날 때 새로운 '생각'이라는 것을 하게 된다. 사막에서 하루를 지낸다면 지금까지와는 다른 생각, 열린 생각을 할 수 있을 것이다. 아마 나는 수첩 두세 권은 가득 채워 올 수 있을 것 같다.

　　어릴 적 내가 사는 아파트는 옥상 출입이 자유로웠다. 주민들이 그곳에 빨래를 널고 채소 따위도 말리곤 해서 어지간하면 열어 두었던 것이다. 나는 이따금 옥상에 올라가 밤하늘의 별을 바라보곤 했다. 내 방 창문 밖으로도 볼 수 있었지만, 어린 마음에 조금이라도 더 가까이 보고 싶었다. 그러곤 수많은 별들의 축복 속에서 황홀함을 느끼기도 했다. 한편으로는 그 별빛들이 결국 수천~수만 년 전에 죽어 버린 별의 자취에 불과하다는 생각에 처연함을 느끼기도 했다. '거대한 우주 속에서 나라는 존재는 어떤 것일까?' 하며 허무함에 빠지기도 했다. 혹시나 언젠가는 만날지도 모르는 미지의 생명에 대해 상상하기도 했다.

사막에서의 별은 어떨까? 밤새워 별을 바라보면 어떤 기분일까? 사막은 절대고독의 세계다. 밤이 되면 거대한 모래 더미 위에 나와 텐트와 별들만이 있을 것이다. 그 속에서 내 의식은 우주와도, 또 내 내면과도 가까워질 것이다. 몇 시간이고 지루하지 않게 나와 우주를 생각하면서 그 시간을 즐길 수 있을 것이다. 인류에게 신비한 지혜를 전해 준 메신저들의 이야기를 들어 보면 이 우주는 무한소의 세계와 무한대의 세계가 일맥상통한다고 한다. 그리고 인간은 우주를 그대로 형상해서 태어났다고 한다. 모든 것이 발가벗겨진 사막의 적막 속에서 나는 우주와 그리고 내 내면과 진정으로 소통할 수 있지 않을까? 우주의 신비에 한 걸음 더 다가갈 수 있지 않을까? 상상만 해도 즐겁다.

언젠가 가까운 미래에 나는 사막에 누워 있을 것이다. 한 손에는 수첩을 들고 한 손에는 펜을 들고. 사막의 침묵 속에 숨겨진 아름다움을 발견한다면, 정말로 그렇다면 어쩌면 시를 몇 편 써 올지도 모른다. 신이 숨겨 둔 보석 같은 깨달음을 건져 올릴 수 있을지도 모른다. 어린 왕자는 말했다. "사막이 아름다운 것은 그곳 어딘가에 샘을 감추고 있기 때문이야."라고.

02

명상으로 평화로운 마음 갖기

숨을 천천히 내쉰다. 내쉬는 숨의 세기는 몸이 내쉬어야겠다고 자연스럽게 느끼기 시작할 때부터 아랫배가 더 이상 꺼질 수 없을 때까지 일정하다. 그 일정한 숨결에 내 몸의 탁한 기운과 잡생각이 따라 나간다. 나의 욕망과 어두운 마음이 대기로 흩어져 버린다. 이제 내 몸과 마음에서는 불편한 찌꺼기가 점점 사라지고 있다.

숨을 들이쉰다. 들숨의 세기는 날숨의 그것과는 사뭇 다르다. 텅 비어 버린 내 육신에 생명의 바람이 첫사랑처럼 갑자기 들이닥친다. 다 토해 내고 아무것도 없는 내 가슴이 시원한 공기로 가득 채워진다. 이제 내 몸과 마음은 생기로 충만하다. 이제 다시 내쉴 차례다.

창밖의 여기저기에서 지저귀던 새소리가 잦아들면서 눈앞이 점점 밝아진다. 아쉽게도 나만의 아침 의식을 마쳐야 할 시간이 되었다. 이 정도에서 그만하지 않으면 알람이 시끄럽게 울려 고요함을 깨뜨려 버릴지도 모른다. 그렇다고 갑자기 눈을 뜨는 것은 금물이다. 손바닥을 서로 마주하면서 두 손의 거리를 서서히 좁혀 간다. 솜사탕 크기의 공을 잡듯이 조심스레 거리를 둔다. 이제는 손을 얼굴에 가져와 이마에서 눈, 코, 입, 목까지 쓰다듬는다. 출근시간이다.

"너는 커서 판사나 변호사를 해라. 판사나 변호사가 되는 것은 어렵다. 하지만 일단 되기만 하면 네가 하고 싶은 것 다 하면서 편하게 살 수 있다. 나는 시골에서 돈 없는 부모님을 만나 공부할 환경이 안 되었다. 그래서 이렇게 힘들게 돈을 번다. 할아버지를 봐라. 시골에서 평생 지게만 지고 다니셔서 등뼈가 다 눌렸다. 의사들이 다 놀랄 정도로 등뼈가 이렇게 손바닥처럼 평평하다. 너는 힘들게 살지 말고 공부해서 편하게 살아라."

나의 아버지는 안정된 직장에서 성실하게 일하셨다. 능력을 인정받는 명장급 기술자셨다. 한·중 수교가 이루어진 1992년. 당시에 아버지는 회사에서 우수 기술자로 선정되셨다. 그리고 그 포상으로 중국에 다녀오시기도 했다. 우리나라에서 50번째 관광객이었다고 얼핏 들은 기억이 난다.

아버지는 공장에 문제가 생기면 밤 11시든, 새벽 3시든 불려 나가셨다. 당신의 분야에서 최고 수준의 '능력자'이셨고, 공장장이든 말단 사원이든 일을 제대로 못하면 아버지에게 욕을 바가지로 먹었다. 문제가 터졌을 때 작업복을 입으면서 통화하시는 내용을 들어 보면 알 수 있었다. 나는 그런 아버지가 꽤 멋있다고 생각했다.

하지만 정작 아버지 당신은 공장에서 뜨거운 열기와 소음, 분진과 싸우셔야 했다. 교대근무나 비상상황 발생으로 수면이 불규칙한 경우도 많았다. 무엇보다 푹푹 찌는 한여름의 더위 속에 수백 도의 쇳물이 쉴 새 없이 쏟아지는 환경에서 일하시는 건 정말 고역이었을 것이다. 처자식을 먹여 살려야 한다는 의무감이 아니면 견디기 힘든 일이었을 것이다.

그래서인지 아버지는 내가 공부를 열심히 해서 이른바 '사'자 들어가는 직업을 갖길 바라셨다. 나도 기대에 부응하려 어릴 때부터 열심히 공부했다. 성적도 꽤 좋은 편이었다. 초등학교 2학년 때부터 수학경시대회에서 꾸준히 상을 받았다. 반에서 공부로는 1등을 거의 놓치지 않았다. 나름 뭔가를 알아 가는 것에도 흥미가 있어서 책 보는 것도 즐겨했다. 그런 나에게 아버지는 큰 기대를 거셨다.

그런데 내가 중학생이 되면서 문제가 생겼다. 환경이 바뀐 탓인지, 사춘기가 찾아와서 그랬는지 모르겠지만 나는 극심한 시험 스트레스에 시달리기 시작했다. 당시 중학교에는 매달 시험이 있었다. '월례고사'라는 이름으로 3월에 시험을 치고 나면 4월에는 중간고사, 5월에는 또 월례고사, 6월에는 기말고사가 이어졌다. 나는 무조건 1등을 해야 한다는 사명감으로 똘똘 뭉쳐 있었다. 그래서 수업

시간에 칠판을 뚫어져라 집중했다. 쉬는 시간에는 선생님께 쪼르르 달려가 애매한 부분을 질문하거나 아니면 앉아서 숙제를 했다.

쉬는 시간에 다른 아이들이 뛰어놀고 서로 싸우고 난리여도, 나는 자리에 꿋꿋하게 앉아 공부했다. 노트 필기를 꼼꼼하게 해서 수업 시작하기 전에 선생님들이 내 노트를 보고 지난 수업 내용을 확인하는 경우도 많았다.

그런데 언젠가부터 시험을 다 보고 나서도 마음이 후련하지 않았다. 보통 시험이 끝나면 '이제는 놀 수 있다'라는 생각에 들뜨고 후련해야 하는데 이상하게 가슴이 답답했다. 그 이유는 시험이 끝난 그 시점부터 다음 시험을 걱정했기 때문이다. 그래서 나는 항상 마음이 편하지 않았다. 위에 구멍이 난 듯 쓰리고 심장이 두근거렸다. 부모님과 이 문제에 대해서 이야기를 나누어 보아도 어떻게 해결할지 구체적인 방법을 찾지 못했다.

지금이라면 심리 상담을 받든지 할 텐데 당시에는 그런 상담이 일반적이지 않았다. 가족들은 내 마음을 편하게 해 주려고 노력했다. 하지만 뿌연 진흙탕 물을 손으로 휘저을수록 더 혼탁해지듯이 내 마음은 점점 더 어두워져 갔다.

그러면서 가위에 눌리기 시작했다. 잠을 자다가 분명히 깨서 일어나려고 하는데 몸이 움직이지 않았다. 거실에서 가족들이 TV를 보며 도란도란 이야기하는 소리가 생생하게 들리는데 이상하게 손가락 하나 까딱할 수가 없었다. 극심한 공포로 소리를 지르고 싶었지만 그마저도 마음대로 되지 않았다. 귀에서는 이상한 소리가 들리는 것 같고, 누가 쳐다보고 있는 것 같기도 했다. 가위눌림의 공포는 경험해 본 사람만이 알 수 있다.

심신이 지쳐 가면서 나는 절박한 심정이 되었다. 이대로 가다가는 신경쇠약이라도 걸릴 것 같았다. 틈만 나면 시내 제일 큰 서점에 가서 영혼, 신비주의, 명상, 수행, 마음 관련 책을 찾아 읽기 시작했다. 문득 나쁜 생각이 들기도 했다. '죽으면 마음이 편해질까? 나를 괴롭히는 이 문제의 이유를 알 수 있을까?'라고. 어려움을 정면으로 이겨 내지 않고 비켜 가려는 비겁함과 비뚤어진 호기심이 문제였다.

지금은 정확히 제목이 기억나진 않지만 우연히 명상을 소개한 책을 보고 집에서 혼자 따라 해 보았다. 평소와는 달리 의식적으로 깊게 호흡을 하는 과정에서 몸과 마음이 안정되고 평안을 느꼈다. 사람은 해 보고 좋은 것은 누가 시키지 않아도 계속하게 되어 있다. 나는 하루에 5분이든 1시간이든 가능한 시간만큼 명상하는 습관을 들였다. 그러면서 마음의 불안이 점차 줄어들었다. 중학교를 졸업할 즈음엔 더 이상 시험을 지나치게 걱정하지 않게 되었다. 물론 남들이 하는 정도의 걱정은 했지만 말이다.

봄비가 촉촉이 내리던 대학 시절 어느 날 우연히 스님 한 분에게 우산을 씌워 드린 일이 있었다. 같이 10분 정도 걸어가며 이야기를 나눴다. 알고 보니 그분은 우리 학교 근처 승가대학교의 원장님이었다. 그분이 한번 놀러 오라고 해서 승가대학교에 가서 한 시간 정도 이런저런 이야기를 나누었다. 우주의 비밀이 뭔지, 인생은 어떻게 살아야 하는지 등등.

원장 스님은 내가 마음에 드셨는지 "자네도 출가해 보는 게 어떤가." 하셨다. 수행과 명상을 평생 할 수 있는 제안이라 잠시 고민했다. 하지만 나는 역시 현실이 좋았다. 그래서 "말씀은 감사합니다만…." 하고 거절했다. 큰일 날 뻔했다. 우리 사랑스런 아이들을 못 볼 뻔했다.

몸과 마음은 연결되어 있다. 긴장하면 침이 바짝바짝 마르고, 공포를 느끼면 손발이 오그라든다. 마음이 편하지 않으면 호흡이 가빠지고 심장이 불규칙하거나 빠르게 뛴다. 반대로 몸을 편하게 하면 마음도 따라 편해진다. 조용히 깊은 호흡을 하면 몸과 마음이 모두 편안해지는 것을 느낄 수 있다. 나는 짧게라도 명상하는 시간이 너무나 좋다. 아무런 걱정 없는 갓난아이로 돌아가는 것 같기 때문이다.

매일 명상을 하면서도 나는 '명상으로 평화로운 마음 갖기'가 소원이다. 그 이유는 명상을 할 만한 시간, 정확히 말하면 정신적인 여유를 확보하기가 그만큼 쉽지 않기 때문이다. 평범한 회사원으로, 가장으로 살아가는 30대는 신경 쓸 일, 할 일이 너무 많은 것 같다. (물론 우리 집사람이 더 그럴 것이다.) 아이들을 겨우 재워도 자다가 일어나 보챈다. 퇴근하고도 내일 보고할 자료에 혹시 빠진 것이 없나 계속 생각한다. 주말에 어르신들에게 깜빡하고 전화를 못 드렸는데 언제 드려야 할지 고민이다.

나의 소원은 세속의 중력에서 벗어나 좀 더 여유 있게 살아가는 것이다. 아무리 돈이 많더라도 내 마음속에 여유가 없어 찬찬히 자신을 관조하면서 호흡을 고를 시간이 없다면 과연 행복하다고 할 수 있을까?

03

유럽 클래식 테마 투어하기

저래도 되나 싶을 정도로 심각하게 배가 나온 한 남자가 느릿느릿 무대로 걸어 나온다. 화이트 셔츠에 화이트 나비넥타이 그리고 멋들어지게 블랙 턱시도를 걸쳤다. 이 턱시도는 그를 조금은 덜 비대하게 보이게 하는 효과가 있는 것 같다.

그가 나오자 커다란 공연장을 가득 메운 수만 명의 관객들이 환호성을 지른다. 몇 분간 이어지던 환호성이 잦아든다. 그러곤 나비가 날갯짓을 서너 번 할 정도의 짧은 시간, 숨 막히는 긴장이 흐른다. 기침 소리 하나 들리지 않는다. 상상 이상의 감동을 받을 것이라는 기대감과 전설적인 테너의 카리스마에서 비롯된 짜릿한 긴장이다. 스크린 밖에서 보고 있는 나조차도 긴장감에 숨조차 크게 쉴 수 없다.

드디어 현악기들이 연주가의 손끝에서 떨리기 시작한다. 현의 떨림은 악기의 울림통을 휘휘 돌다 박차고 나와서는 관객들의 고막으로 거침없이 흘러 들어간다. 이제 시작이다. 남자의 울림통에서 숙성된 소리가 더 이상 참지 못하고 입을 열고 터져 나온다. 이 세상 것이 아닌 것만 같은 단단하고 군더더기 없는 아름다운 소리다.

역사상 가장 위대한 테너 루치아노 파바로티, 최고의 오페라 작곡가 푸치니. 파바로티의 〈Nessun dorma(아무도 잠들지 말라)〉는 두 천재들의 최적의 조합이 만든 기적이다. 어느 나른한 봄날 오후, 천재들의 울림은 공부에 지쳐 정서가 메말라 가던 한 고등학생에게 벼락같은 3분의 감동을 주었다. 전율 그 자체였다. 내 눈에는 열정적으로 노래하는 파바로티만 보였다. 주변을 둘러싸고 있던 음악실의 풍경은 새하얗게 fade-out(페이드아웃; 영화나 텔레비전에서, 화면이 처음에 밝았다가 점차 어두워지는 일)이 되었다. 마치 한눈에 반해 버린 첫사랑을 본 그 순간처럼. 귀에는 아름다운 선율만이 흘러 들어왔다. 지루하다고 잡담하고 떠드는 친구들의 목소리는 더 이상 들리지 않았다.

고등학교 시절 기억에 남는 음악 선생님이 있다. 당시 내가 다니던 학교는 사립 학교라 그런지 전 교직원이 학생들의 대학입시 결과에 목숨을 걸고 있었다. 그래서 아침 일찍부터 자율학습을 시작했다. 하루 수업이 끝나면, 자율학습이 저녁 10시까지 이어졌다. 그리고 조금 더 공부하고 싶은 학생들에게는 한 시간 더 연장할 수 있도록 친절하게 배려도 해 주었다. 그런 분위기에서 국어, 영어, 수학 같은 주요 과목이 아닌 과목의 선생님들은 고등학교 2, 3학년에게 수업을 열심히 해 주는 경우가 드물었다. 보통 간단히 수업하고 자율학습을 할 수 있도록 시간을 주시거나 아예 처음부터 자율학습시간이었다.

음악 선생님도 다른 비주류 과목 선생님들과 마찬가지로 체계적인 수업은 많이 안 하셨다. 그렇다고 우리에게 자율학습시간을 주시지도 않으셨다. 교실보다는 음악실에서 수업을 진행하셨다. 그러면서 엎드려 자는 한이 있더라도 들으라고 음악을 틀어 주셨다. 아바(ABBA)의 〈Dancing Queen〉 같은 팝송, 우리나라 성악곡, 클래식 등을 종종 들려주시곤 했다. 선생님께서 들려주셨던 음악 중에서 가장 기억에 남는 건 3대 테너로 유명했던 루치아노 파바로티, 호세 카레라스, 플라시도 도밍고의 공연 곡이었다.

"너희들 중 나중에 한 사람만이라도 이런 오페라나 클래식에 관심을 갖고 취미로 듣는다면 내 수업은 성공이다. 공부만 하지 말고 이런 음악도 즐길 줄 아는 교양인이 되었으면 좋겠다. 음악은 우리 삶을 풍부하게 해 준다. 인간이 인간인 이유는 이런 문화를 만들고 즐길 수 있기 때문이다."

대부분의 친구들은 당장 닥친 시험을 준비하느라 마음의 여유가 없어서인지 음악 선생님의 말씀을 귀담아듣지 않는 듯했다. 하지만 선생님 덕분에 파바로티에 '꽂힌' 나는 클래식에 관심을 갖고 이따금씩 취미로 듣기 시작했다.

클래식은 좀 지루하다. 요즘 나오는 빠른 비트의 랩, 강한 사운드의 헤비메탈이나 록, 신나는 댄스곡, 귀를 살살 녹이는 발라드 등 감미롭고 파괴력 있는 음악에 비하면 아무래도 사람을 끌어당기는 매력은 좀 부족하다. 클래식은 너무 잘 정돈되고 정제된 느낌이 있고, 형식도 뻔하다. 곡에 따라서는 너무 분위기가 가라앉아서 자동차를 운전하면서 듣다가는 졸음이 쏟아져 위험할 수도 있다.

그럼에도 불구하고 나는 클래식을 즐겨 듣는 편이다. 특히 모차르트가 작곡한 곡이나 오페라를 좋아한다. 모차르트의 곡은 정갈하게 잘 차려진 한식 느낌이다. 깔끔하고 군더더기가 없다. 곡을 좀 길게 뽑아 보려고 질질 끄는 느낌도 거의 없다. 오페라는 호소력이 짙고, 귀에 익은 곡도 많아서 즐겨 듣게 된다.

물론 유행가가 귀에는 더 잘 들어오긴 한다. 그런데 생각해 보면 오페라도 수백 년 전 그 시대의 유행가다. 우리가 지금 듣는 가요나 팝송 중에 몇 곡이나 수백 년 뒤에도 살아남을까? 클래식은 말 그대로 Classic(고전)이다. 수백 년의 세월을 이겨 내고 사람들의 마음을 움직이는 명곡이다.

나는 스스로를 거창하게 '클래식 애호가'라고 말하기 어렵다. 하지만 내가 클래식을 좋아하다 보니 아이들에게도 기회가 있을 때마다 들려주려고 노력한다. 특히 첫째 아들이 아주 어릴 때 음악에 관심을 보여 많이 들려주었다. 큰아이는 돌 전후에 오페라에 홀딱 빠졌다. 3대 테너 공연 DVD를 틀고 지휘봉을 쥐어 주면 30분이고, 1시간이고 땀을 뻘뻘 흘리면서 지휘를 하고 놀았다. 표정까지 지휘자를 흉내 내며 꽤 그럴 듯하게 지휘를 하곤 했다. 그래서 집사람과 내가 한참을 깔깔거리고 웃는 경우도 많았다.

나는 아이가 지휘하는 그 모습이 너무 사랑스러워서 동영상을 찍어 파일을 많이 남겨 뒀다. 그런데 아쉽게도 컴퓨터가 한 번 고장나면서 저장해 둔 대부분의 파일이 복구가 힘들게 되었다.

아이가 세 살 때의 일이다. 한번은 내가 아이의 음악적인 천재성을 키워 주겠다는 일념으로 '예술의 전당'에 데리고 간 적이 있다. 매번 DVD로만 음악을 들려주는 것이 안쓰러워 꼭 실제 공연을 보여 주고 싶었다. 물론 너무 어린아이들은 공연장에 들어갈 수 없다는 것쯤은 알고 있었다. 그렇지만 사람이 하는 일에 안 되는 게 무엇이 있으랴. 가서 우기든지 협박을 하든지 어떻게든 아이에게 실제 공연을 보여 주자는 생각에 무작정 데리고 갔다.

예상한 대로 직원은 초등학생이 되기 전에 공연은 볼 수 없다고 완강하게 말했다. 그 사람에게 화도 내고 사정도 해 봤지만, 내 말이 전혀 먹히지 않았다. 몇 마디 더 했다가는 건물에서도 쫓겨날 판이라 어찌할지 고민하고 있었다. 그런데 어느새 바이올린 협주 공연이 시작되었다.

'예술의 전당' 공연장 바깥 대기 홀에는 여러 대의 화면이 있어 공연을 볼 수 있었다. 심지어 소리까지 나왔다. 나는 '이거다' 싶어서 아이와 화면을 통해서 공연을 보았다. 1분 정도가 지나자 아이에게 슬슬 발동이 걸리기 시작했다. 지휘봉으로 쓸 만한 물건을 찾길래 기다란 빨대를 주었더니 아이는 그것을 잡고 지휘를 시작했다. 나는 너무 재미있어서 흐뭇하게 바라보았다. 그러는 사이 사람들이 신기하다고 몰려들기 시작했다. 아이는 무아지경으로 지휘하다가 어느새 우리를 둘러싼 사람들을 보고는 부끄러운지 내 품속으로 달려들었다.

지금은 아들이 초등학생이 되어서 어지간한 공연에는 데리고 갈 수 있다. 하지만 이제는 흥미가 줄어든 것이 문제다. 공연을 즐기기보다 빨리 집에 가서 TV를 보고 싶어 한다. 클래식보다는 〈베이블레이드 버스트〉 주제가를 더 좋아하는 나이다.

언젠가 나는 아이들을 데리고 클래식의 본고장인 유럽으로 테마 여행을 떠나고 싶다. 파바로티, 모차르트, 푸치니는 그들 몫의 위대한 업적을 남긴 채 지구별 여행을 마치고 돌아가 버렸다. 나는 그런 그들의 자취를 느껴 보고 싶다. 이탈리아, 스페인, 독일의 유명한 공연장에서 아이들과 여유롭게 공연을 보면서 클래식을 제대로 즐겨 보고 싶다. 새해를 맞이하는 유럽의 신년음악회에 가족들과 함께 참석하고 싶다.

　내가 눈을 감는 순간에 운 좋게 병원이 아닌 집에 있을 수 있다면, 혼자가 아니라 날 지켜보는 가족들이 있다면, 나는 두 가지를 부탁할 것 같다. 하나는 내 손을 잡아 달라는 것. 또 다른 하나는 파바로티의 〈O sole mio (오 나의 태양)〉를 들려 달라는 것이다.

두 아이와 공저 쓰기

"탯줄은 아버님이 잘라 주세요."

간호사가 건네주는 가위를 받아 들고 잠시 머뭇거렸다. 생전 처음 해 보는 일이라 얼어 버린 것은 아니었다. 실수할까 봐 머뭇거리는 것도 아니었다. 아내와 아이를 갖기로 하고 정성스럽게 준비해 온 시간이 스쳐 지나가서도 역시 아니었다. 낯설기 때문이었다. 아이와의 첫 만남이기 때문이었다. 세상에 없던 내 분신, 아니 나 자신과도 같은 생명과의 첫 만남. 낯선 설렘으로 잠시 주춤하는 건 어쩔 수 없다.

"이렇게 바로 세워서… 네, 자르세요."

탯줄 자르는데 거의 반은 간호사가 한 것 같다. 아이는 시원한 울음으로 내 정신을 깨웠다. 손가락, 발가락 수를 확인하고, 발바닥 도장을 찍고, 몸무게를 재고 나서야 아이를 안았다. 무척 가벼웠지만 힘찬 기운이 그대로 전해졌다. '그래, 내가 너를 만나려고 이번 생을 살아왔구나. 네가 나를 아빠로 선택해 줬구나. 고맙다, 고마워!'

2011년 9월, 사랑하는 첫아이는 기적처럼 내 품에 왔다. 모든 것이 꿈만 같았다. 인형처럼 작은 손과 발, 나를 닮은 눈과 엄마를 닮은 코, 입. 작은 생명이 하품도 하고, 웃기도 한다. 하루 종일 바라보고만 있어도 지루할 틈이 없었다. 혹시나 불편할까 작은 수건으로 만든 베개를 이리 괴었다 저리 괴었다 하면서 고개를 돌려주었다. 조용히 누워 있으면 '혹시 숨을 쉬지 못하는 거 아닌가' 싶어 새근새근 숨 쉬는 소리를 확인했다.

우리 부부는 정성껏 아이를 키웠다. 세심한 성격의 아내는 아이를 먹이고 재우는 환경을 최고로 만들어 주었다. 나는 아이를 영재로 만들고 싶어 조기 교육 책도 잔뜩 사서 읽어 주었다. 아이들이 좋아할 만한 노래를 불러 주고, 클래식도 들려주었다. 퇴근 후나 주말이면 아이를 유모차에 태우고 집 주변을 산책했다. 그러면서 동물들과 나무들에게도 인사하게 하고 재미있는 이야기도 들려주었다.

여느 가정과 마찬가지로 아이를 키우면서 항상 웃음만 가득했던 것은 아니었다. 시간이 흐르면서 우리 부부 사이에는 갈등이 생기기 시작했다. 회사 일로 내가 늦는 날이 많아지면서 말다툼을 하는 경우가 잦았다. 내가 회사 일로 늦으면 부모님이나 친척들이 자주 와서 아이를 같이 봐 줬으면 좋았을 것이다. 하지만 불행히도 우리는 양가 부모님과 멀리 떨어져서 살고 있었다. 주변에 가까운 친척 하나 없었다.

게다가 아이가 태어날 때부터 아토피가 심해 육아의 난이도는 일반적인 경우에 비해 몇 배는 높았다. 아이는 깨어 있는 내내 온몸을 긁었다. 온몸에 손톱자국이 나고 피가 흐르고 진물이 생겼다. 손에 양말을 신겨 긁지 못하게 했다. 아토피에 좋다는 약이란 약은 다 사서 발라 봐도 좀처럼 낫지 않았다. 한약이 증세의 진정에 어느 정도 도움은 되었지만 완치의 효과는 볼 수 없었다.

아토피가 있는 아이를 키워 본 부모는 알 것이다. 아토피의 진정한 무서움은 밤에 느낄 수 있다. 잠을 자다가도 시도 때도 없이 깨서 온몸을 긁고 울어 댄다. 그런 아이를 돌보다 아내의 체력은 완전히 방전되었다. 당시 나는 회사 일이 바빠서 일주일 내내 일하는 경우도 있었다. 평일에는 무조건 야근이었다. 결국 피로가 쌓인 나까지 대상포진에 걸려 입원해야 했다.

아이의 아토피 치료를 위해 여러 가지 방법을 시도했다. 그러다가 우리 부부는 좀 더 공기가 좋은 곳으로 이사 가기로 결정했다. 그때 아이의 나이가 만 세 살이 될 무렵이었다. 신기하게도 이사를 하고 얼마 지나지 않아 아이의 아토피 증상이 거의 없어졌다. 적정 나이가 되어서 몸의 면역기능이 정상화된 덕분인 듯했다. 또한 좋은 공기를 마시게 되어 아토피 증상이 좋아진 것 같았다.

여전히 회사 일로 늦는 날이 많았지만 어느 정도 아이가 크자 부부 사이의 갈등은 거의 잦아들었다. 나는 아이를 아주 좋아하는 편이다. 하지만 첫째 아이를 키우면서 아내가 너무 고생하는 것을 보아서 둘째 아이를 가지는 것은 엄두도 못 내고 있었다. 아내도 가끔 '아이를 가지는 건 어떨까' 하고 생각하는 것 같았다.

"나는 왜 동생이 없는 거야. 다른 친구들은 동생이랑 재미있게 노는데…"

아들이 어린이집을 다녀와서 목 놓아 우는 사건이 발생했다. 마트에서 장난감을 사 달라고 떼쓰며 우는 것과는 차원이 달랐다. 네 살밖에 안 된 아이가 어찌나 서럽게 울던지… 아내와 나는 큰아이가 조금 진정되고 나서 진지하게 이야기를 나누었다.

"정말 동생이 그렇게 있었으면 좋겠어?"

"응."

"장난감 동생이 다 가져갈 텐데 괜찮겠어?"

"같이 갖고 놀면 돼. 동생이 있었으면 좋겠어."

혹시 몰라서 아이 옷가지며, 장난감 같은 갖가지 유아용품들을 다용도실 한쪽에 모아 두었다. 아마 어렴풋이 '언젠가는 둘째 아이를 만날 수 있겠구나' 하는 생각을 가졌는지도 모르겠다. 한 지인 분이 이렇게 말씀해 주셨다.

"아이는 낳고 나면 절대 후회하지 않아요. 아이와 함께하는 시간이 너무 행복하고, 아이들이 같이 노는 것을 보면 세상을 다 가진 것 같아요."

큰아이를 가질 때와는 달리 둘째는 쉽사리 들어서지 않았다. 어떻게 하면 임신이 잘 되는지 책이나 인터넷을 샅샅이 뒤졌다. 다니던 산부인과에 문의해서 좋은 날짜를 받아 보기도 했다. 8개월 정도 아내가 마음고생을 많이 했다.

"핑크색 옷을 준비하셔야겠네요."

우여곡절 끝에 아내가 임신했다. 둘째 아이가 딸이라는 소식에 우리 부부는 너무도 놀랍고 감사했다. 딸을 갖게 되다니… 첫째 아이는 같이 놀기 좀 힘든 것 아니냐며 볼멘소리를 했다. 하지만 딸을 가졌다는 소식에 양가 부모님들을 비롯한 가족들 모두가 정말 기뻐했다.

사람은 태어나서 무엇을 남겨야 할까? 사람마다 여러 가지 답을 이야기하겠지만, 나는 육체의 자식과 영혼의 자식이라고 말하고 싶다. 전자는 말 그대로 자식을 의미한다. 여기에는 구체적인 설명이 필요하지 않을 것이다. 후자는 영혼을 다해 만든 '작품'이다. 어떤 사람에게 작품은 말 그대로 그림이나 조각, 음악과 같은 예술작품일 수 있다. 그리고 어떤 이에게는 회사나 단체일 수도 있다. 또한 누군가에게는 돈이나 권력, 명예일 수도 있다. 하지만 나에게 영혼을 다해 만든 작품은 바로 사람들의 의식에 긍정적인 영향을 주는 콘텐츠, 문화 상품이다.

그런 콘텐츠 생성의 대표적인 예시가 바로 책을 쓰는 것이다. 두 번의 기적으로 나는 두 아이의 아빠가 되었다. 너무나 사랑스럽고 행복하게 잘 자라는 아이들을 보면서 나는 인생의 목표 절반은 이룬 것 같은 느낌이다. 그리고 나머지 절반의 목표를 이루기 위해 몇 권의 저서를 준비하고 있다. 저서를 준비하는 과정에서 어느 날 문득 '아이들과 같이 책을 써 보면 어떨까?' 하는 생각이 들었다.

둘째 아이는 아직 세 살이라 너무 이르다. 하지만 첫째 아이는 초등학교에 입학했다. 아들은 어릴 때부터 아이 엄마와 내가 이야기책을 많이 읽어 줬다. 그래서인지 집에 있는 수백 권의 책을 혼자서도 몇 번씩 읽었다. 그뿐만 아니라 도서관에서도 종종 책을 빌려 본다. 그리고 집에서 혼자 곰곰이 생각에 잠겼다가는 A4용지를 접고 자르고 붙여서 10페이지 정도 분량의 손바닥만 한 작은 책을 만들기도 한다.

그러고는 세상에 한 권밖에 없는 그 책 속에 나름 상상력을 발휘해서 재미있는 이야기를 곧잘 엮어 낸다. 엄밀히 말하면 그림책에 가깝다. 정의의 용사와 악당, 용 등은 단골 소재다. 가끔은 내가 아이가 만든 세계를 정확하게 이해하지 못하는 경우도 있다. 하지만 자신이 생각한 세상의 이야기를 신이 나서 들려줄 때면 흐뭇해진다.

나는 아들보다 먼저 작가가 된다. 2018년에는 공저 1권과 개인 저서 2권, 최소 3권의 책을 낸다. 이후 적어도 세 달에 한 권 책을 내서 2019년이 끝나는 시점에는 7~10권을 출간한 작가가 될 것이다. 개인저서가 5권이 넘어가는 시점에 첫째 아이와 함께 동화책을 쓴다. 이런 기세를 몰아 매년 아이도 2권 이상 책을 쓰게 하면 초등학교를 졸업할 때쯤에는 10여 권의 저자가 되어 있을 것이다. 세상의 어떤 스펙보다도 멋지지 않은가? 둘째 아이는 오빠를 보고 자극을 받아 자연스럽게 책을 같이 쓸 수 있을 것이다. 작가 가족, 너무 멋지지 않은가!

살아오며 미안했던 일 사과하기

이번 생의 여행을 끝내고 생명의 불이 꺼져 가는 그 순간을 상상해 본 적이 있는가? 나는 어릴 때부터 영혼과 사후의 세계에 관심이 많았다. 그래서 임사체험에 관련된 책은 꼭 찾아서 읽곤 했다. 그러면서 죽음의 그 순간을 상상해 보기도 한다. 임사체험 사례를 보면 어느 문화권의 사람들이나 이야기에 공통되는 부분이 있다.

먼저 사람이 죽어 가는 그 순간에는 살아온 정경이 파노라마처럼 눈앞을 스쳐 지나간다고 한다. 그리고 몸에서는 영혼이 빠져나와 누워 있는 자신의 몸을 본다고 한다. 이때가 스스로 죽음을 자각하는 순간이다. 그러다가 어떤 빛과 같은 존재가 와서 빛의 터널로 인도해 간다고 한다. 대부분의 사례에서는 이 터널의 입구에서 혹은 터널에 들어가고 얼마 지나지 않아 누군가를 만난다. 먼저 돌아가신 가족이나 천사 혹은 신과 같은 존재다. 그리고 "너는 아직

올 때가 아니다. 할 일이 남았으니 돌아가라. 주변 사람을 더 사랑해라"와 같은 메시지를 받는다고 한다. 이후 정신을 차려 보면 죽었다가 깨어난 기적의 사례가 되어 있는 것이다.

나는 임사체험 자체도 신기하지만, 죽음의 그 순간에 초월적인 존재인 누군가에게서 받은 메시지에 주목한다. 그들의 메시지 중 공통적인 것 중의 하나가 바로 "주변 사람을 더 사랑하라"다. 인간이 태어난 목적 중의 하나가 바로 나를 둘러싼 사람들과의 관계, 사랑을 통해서 성숙해 나가는 것이 아닐까.

어느 날 문득 내가 이번 생에서 어느 정도의 시점에 서 있는지 돌아보았다. 훌륭하신 부모님의 사랑을 느끼면서 자란 어린 시절, 뒤돌아보지 않고 학업에 집중했던 청소년 시절, 방황하고 이리저리 부딪치며 살아온 20대…. 그리고 30대에는 결혼하고, 직장을 다니고, 두 아이를 만나 키우면서 정신없이 지내 왔다. 그러다 어느새 내 나이 서른아홉 살.

서점을 가 보면 '마흔에 읽는…', '마흔이라면…'과 같은 제목의 책들이 잔뜩 꽂혀 있다. 인간의 평균 수명을 80세 정도로 본다면 확실히 40세는 인생의 절반 정도를 지나온, 중간 점검의 시기인 것 같다. 나는 그간 주변 사람들과 어떻게 관계를 맺고, 사랑해 왔을까? 혹시 누군가에게 상처를 주고 사과조차 제대로 하지 않은 것은 아닐까?

나는 사람을 좁고 깊게 사귀는 편이다. 여러 사람과 두루두루 원만하게는 지내지만, 마음을 터놓고 친하게 지내는 사람은 극소수다. 타고난 내성적인 성향 때문이다. 모든 사람에게 친절하게는 대한다. 하지만 쉽게 말문을 열거나 사람들과 어울리는 편은 아니다. 그래서인지 차가운 인상이라는 이야기도 많이 듣는다. 그리고 오는 사람 안 막고 가는 사람 안 붙잡는다는 생각이 있어서 친했던 사람들과 어느 순간 자연스럽게 멀어진 경우도 종종 있다.

고등학교 시절 친하게 지낸 L이라는 친구가 있다. L은 학교에서 정말 많은 친구들과 친하게 지냈다. 그 이유를 생각해 보면 본인이 스스로 잘 망가졌기 때문인 것 같다. 굉장히 재미있는 사람들에는 두 가지 유형이 있다. 자신이 망가지면서 스스로를 개그 소재로 삼는 유형이 첫 번째다. 그렇게 해서 주변 사람들을 즐겁게 한다. 그리고 다른 사람을 희화화해서 웃음을 주는 두 번째 유형이 있다. 친구 L은 첫 번째 유형이었다. 그래서 누구에게도 상처를 주지 않고 언제나 유쾌함을 이끌어 냈다.

당시 청소년들 사이에서는 농구가 가장 인기 있는 스포츠였다. 정말 농구 전성기였다. 〈슬램덩크〉라는 농구만화가 굉장한 인기를 끌었다. 그 만화책을 수업 시간에 돌려 보는 것이 기본이었다. 그리고 야간자율학습시간에 문제집 밑에 깔아 두고 보는 경우도 많았다. 또한 허재, 강동희와 같은 농구 스타들이 인기몰이를 했다. 때

마침 대학 농구에서도 이상민, 서장훈, 현주엽, 문경은과 같은 슈퍼
스타들이 나와 응원부대를 몰고 다녔다. 그뿐만 아니라 농구 관련
소재의 TV 드라마가 최고의 인기를 누리던 탤런트들을 출연시켜
히트를 쳤다.

우리 학교에서도 농구를 좋아하는 남학생들은 시간만 나면 농
구를 했다. 50분 수업하고 10분 쉬는 그 짧은 시간에도 농구공을
들고 뛰쳐나가서 잠깐 공을 던지고 오는 친구들도 많았다. "너도
농구해 볼래?" 나는 농구에 관심은 있었지만 쉽게 새로운 것을 시
작하지 못하는 성격 탓에 구경만 했다. 하지만 친한 친구인 L이 고
등학교 1학년 때 같이 해 보자고 제안해서 얼떨결에 농구를 시작
했다.

그 친구는 키는 작은 편이었지만 센스 있게 농구를 잘했다. 특
히 상대를 돌파하는 척하다가 옆쪽으로 공을 전달하는 'No Look
Pass'는 탄성을 자아냈다. 나는 L과 그의 농구 사단과 주말마다 아
침에 일어나 농구를 했다.

아침잠이 많아 주말이면 아침 10시까지 자던 아들이 6시면 일
어나 농구 하러 나가는 것을 보고 어머니께서 신기해하셨다. 토요
일 아침 일찍 나가 하루 종일 농구를 했다. 그러곤 완전히 녹초가
되어 오후 5시부터는 실신해서 잠을 잤다. 밤에 잠깐 일어나 밥 먹
고 또 잔 다음 일요일에는 또 내내 농구만 했다.

서로의 생일이나 시험 마지막 날과 같이 신나게 놀아도 되는 날

에는 어김없이 L의 집에 놀러 갔다. 취미나 관심사도 비슷한 점이 많아서 이야기를 시작하면 끝없이 이어졌다. L의 아버지는 의리를 상당히 중요하게 여기시는 분이었다. 그래서 아들에게도 친구에게 아낌없이 베풀라고 가르치셨다. 그래서인지 L도 나에게 뭐든지 나누어 주었고, 잘 챙겨 주었다.

나도 L에게는 다른 친구들보다 살뜰하게 대했다. L이 공부를 하다가 모르는 문제가 있으면 나에게 많이 물어 왔다. 그럴 때면 친절하게 잘 설명해 주었다. 고등학교 3학년, 입시 준비로 힘들 때도 서로에게 많은 힘이 되어 주었다. 고3 여름방학 때 농구 골대를 잡다가 미끄러져 내 팔이 부러진 일이 있었다. 그때도 L은 내가 불편함이 없도록 많은 것을 도와주었다.

수학능력시험이 끝나고, 나는 3년간의 고생이 고스란히 묻어있는 《수학의 정석》부터 시작해서 모든 책과 참고서를 갖다 버렸다. 지긋지긋한 공부에서 하루라도 빨리 벗어나고 싶다는 생각에 특차전형으로 원서를 넣었다. 대부분의 친구들이 일반전형에 필요한 논술 준비를 했다. 하지만 나는 특차전형 발표 전까지만 잠깐 논술을 준비하다가 합격 발표 후에는 학교에 나가지도 않았다.

L과는 다른 대학에 가게 되었다. 대학 입학 전 겨울에 나는 자동차운전면허를 따고, 컴퓨터도 배우고, 읽고 싶던 책도 실컷 읽으며 바쁘게 지냈다. 그러면서 자연스럽게 L과는 거리가 생겼다. 왜

그때 그 친구에게는 그렇게 신경을 안 썼는지 잘 모르겠다. 답답했던 수험생활을 다 잊어버리고 싶다는 마음에 고등학교 시절의 추억까지 모두 내던져 버린 것일까?

졸업식 이후로 L과는 더욱 서로 연락이 뜸해졌다. 대학생활을 하면서도 충분히 연락하고 만날 수 있었는데, 이상하게 멀어진 느낌이 들었다. 그렇게 어물쩍 시간이 흐르면서 서로 잊힌 고등학교 시절 친구가 되어 버린 것 같다. 그 친구와 연락이 뜸해진 지 어느새 20년이 되었다.

L은 내가 눈 감는 날에 떠오를 사람 중 한 명일 것 같다. 지금도 연락하고 지내는 고등학교 친구들을 수소문하면 연락처를 알아내고 만날 수 있을 것이다. 그런데 이상하게 용기가 잘 나지 않는다. 왠지 모를 미안함이 있어서일까. 아마 그 친구는 내가 먼저 대학에 합격하고 도피하듯이 학교에도 나오지 않은 것이 서운했을 것 같다.

이 글을 그 친구가 읽을 수 있게 책이 나오면 용기를 내어 연락해 봐야겠다. 그리고 꼭 이 말을 전해 주고 싶다. "그렇게 멀어져서 미안했다. 보고 싶었다!"라고.

PART 3

엔젤 투자와 베스트셀러
작가로 억대 자산가 되기

- 배 훈 -

배　훈　주식 멘토, 자기계발 작가, 동기부여가

(주)해성디에스 대리로 재직 중이다. 사회복지법인 나눔터 운영위원으로 활동하고 있다. 작가이자 동기부여가 이며, 주식을 잘 모르는 직장인들의 멘토로 상담 활동을 하고 있다. 현재 '자기계발'을 주제로 개인저서를 집필 중이다.

Blog　blog.naver.com/shareinvest　　　　　　　　C · P　010.6650.3877
Instagram　hun96.bae

01

베스트셀러 작가가 되어
TV 출연하기

　나의 아버지는 내가 한 살이 되기 전 병으로 일찍 돌아가셨다. 어머니는 생계를 위해 어쩔 수 없이 누나와 나를 할머니 댁에 맡기셨다. 아버지 형제는 8남매로 그때 당시엔 일반적인 가족의 형태인 대가족이었다. 할머니 댁에는 아직 시집 장가를 가지 않은 6남매 형제분들이 계셨다. 그 와중에 큰아버지가 일찍 이혼하셔서 할머니와 같이 생활하셨다.

　큰아버지께서는 미군부대에서 일하셔서 영어를 잘하셨다. 내가 어릴 때, 큰아버지는 내게 영어로 말을 거시면서 영어를 잘 가르쳐 주셨다.

　할머니는 이혼한 큰아들 외 6남매 뒷바라지도 힘든 터라 손자 교육은 엄두도 못 내는 실정이었다. 초등학교 입학하기 일주일 전, 나는 그제야 한글을 배웠다. 뒤늦게 한글을 배운 내가 또래에 비해

학습 능력이 떨어지는 것은 어쩌면 당연한 결과였다.

　그렇게 나는 초등학교를 마치고 중학교에 진학했다. 큰아버지에게서 영어의 기초를 배운 탓인지 영어 수업 시간에 흥미를 많이 느꼈다. 중1 영어 선생님은 그런 나를 잘 알아보시고 연구학생으로 만드셨다. 다른 반에 홍보도 해 주셨다. 영어는 이렇게 하면 된다고 칭찬하시면서.

　고등학교에 진학해서도 영어가 여전히 좋았다. 고1 야간자율학습 시간에 교단에 나와 반 친구들에게 시험 전 출제 예상문제를 찍어 준 적이 있었다. 그때의 기분은 아직도 잊지 못한다. 나는 영어 선생님이 되고 싶었다. 하지만 수학 실력이 형편없었기 때문에 좋은 대학에 진학하지 못했다. 청소년의 꿈이 다 그러하듯 영어 선생님은 꿈으로만 남았다. 그러다 대학에 가고, 1996년에 취업하게 되었다.

　직장생활을 하면서 더 이상 내게 꿈이 뭐냐고 물어보는 사람은 없었다. 취업 후 꿈은 더 이상 꿀 필요가 없었다. 직장이 남들이 가고 싶어 하는 삼성이었기 때문이다. 회사 동료들은 꿈은 학창 시절에만 꾸는 거라고 정의를 내린 듯했다.

　취업하고 월급을 받으면서 지금의 종잣돈을 모으기 시작했다. 재테크에 관심을 가지기 시작한 것은 1997년. 같은 회사의 한 선배가 주식에 대해 많이 알고 있었다. 그 선배를 따라 객장에 가 보고 전표로 주문도 해 보았다.

지금은 인터넷이나 유튜브, 아프리카 TV를 통해 많은 정보를 접할 수 있다. 하지만 그 당시에는 대부분 증권사에서 제작한 상장사 분석집이나 신문, 방송을 통해 주식 정보를 얻을 수 있었다. 그때 위성 방송이나 케이블 방송은 추가로 설치해야 볼 수 있는, 경제적으로 여유가 있는 사람들이 보는 유료방송이었다.

케이블 방송은 1995년 Mnet에서 YTN 순서로 시작되었다. 본격적인 경제채널 방송은 1996년 매일경제 TV가 첫 시작이라 볼 수 있다.

내가 애청하던 경제 전문 케이블 방송인 이데일리는 2000년 1월 출범했다. 타 방송사 대비 후발주자였기 때문인지 국내 증권 및 해외 실물 경제, 부동산 등 각 분야의 전문가가 출연해 이해하기 쉽게 풀어주는 코너들이 많았다. 그것이 일반 시청자들의 반응을 크게 얻었던 것 같다.

이데일리 경제 TV를 통해 주식 관련 전문가의 방송을 보며 저렇게 방송에 나오려면 얼마나 많은 경험과 수익을 내야 할까 궁금해 했었다. 당시는 인터넷이나 카페, 개인의 블로그가 그리 활성화되지 않았다. 그저 유명 전문가의 소속 회사나 전무가 대표 홈페이지에서 수익률만 강조하는 정도였다. 출연하는 전문가 대부분 기술적 분석을 통해 매수를 추천하고 부수적인 업계 현황을 설명하며 추천 이유를 설명해 주었다. 시청자 상담 시에는 해당 종목이 지금 어떤 상황이니 반등 시의 부분 매도, 교체 매매를 권하기도 했다.

전문가가 출연해 장기 보유할 주식이라고 이야기한 적은 거의 없었던 것 같다. 전문가처럼 상황을 계속 예의주시해서 볼 수 없는 일반 투자자들에게는 계속적인 단기 매매만 부추기는 상황이었던 셈이다. 방송은 짧은 시간에 전문가의 모습을 보여 주어야 하기 때문에 시간이 한정적이라는 부분은 이해가 갔다. 나는 저 정도면 나도 하겠다는 소리를 곧잘 하곤 했다.

지금의 경제방송에는 대부분 나이가 젊은 전문가가 나온다. 그러니 전문가가 되기에 내 나이가 늦은 나이일 수도 있다. 하지만 나이는 숫자에 불과한 것이다. 나이만큼 주식시장에서 쌓은 많은 경험은 주식을 시작하는 사람들에게 충분히 도움이 될 수 있다고 생각한다.

이데일리에 출연하는 사람들은 한 분야에서 오랜 경험과 노하우를 쌓은 사람인 것은 확실하다. 대학교수나 기자, 해당 분야의 기업체에 다년간 근무한 이력 등을 프로필에서 확인할 수 있었다. 하지만 이데일리에 출연한다고 해서 다 책을 출간한 사람은 아니었다.

마음속 나의 장바구니에 25년간 담아 놓기만 했던 영어 선생님의 꿈을 꺼낼 수 있는 계기가 찾아왔다. 바로 〈한국책쓰기1인창업코칭협회(이하 한책협)〉의 김태광 대표 코치와 신상희 코치를 만난 것이다. 이 두 분은 내가 마음속에 25년간 담아 오기만 했던 선생님 역할을 할 수 있게, 다시 꿈을 이루게 도와주셨다. 그래서 나는 꿈을 실현할 수 있다. 책을 출간했기 때문이다.

책 출간은 그 분야에 많은 지식과 노하우가 있어야 가능하다. 책을 통해 작가로, 전문가로 거듭날 수 있기 때문에 그 어떤 역할도 능히 감당할 수 있다고 생각한다.

나는 매일 성공 확신을 적으며 의식화를 실천하고 있다. 저번 주말에는 방송에 입고 나갈 맞춤정장도 의뢰해 놓은 상태다. 꿈은 꾸는 자의 것이고, 이루고자 하는 사람의 것이 아니던가.

"나는 베스트셀러 작가가 되었고, 증권 전문가로서 이데일리 TV에 출연할 것이다!"

02

주식투자 컨설팅 전문가 되기

나는 학창 시절부터 다른 사람에게 내가 알고 있는 것을 알려 주는 것을 좋아한 것 같다. 내가 아는 것을 남에게 전달할 때 다른 것에서는 느낄 수 없는 희열을 느낀다. 성격도 받는 것보다 주는 것이 더 마음 편하다. 선물도 받는 것보다 주는 기쁨이 더하다. 지인들과의 모임 후 계산도 내가 해야 마음이 편하다.

서양의 별자리로 볼 때, 나는 양자리에 해당된다. 양자리이면서 혈액형이 O형인 사람은 남을 잘 도와주며 책임감이 강하다고 한다. O형인 사람을 일명 오지라퍼(오지랖이 넓은 사람이라는 뜻)라고 많이들 이야기한다. 나는 2007년부터 지금까지 경남 창원 신촌동에 위치한 나눔터 사회복지법인에서 봉사활동을 해 왔다. 봉사활동을 하다 보면 내 주위에 O형인 사람들이 많은 이유가 이 때문인 것은 아닐까 싶다.

봉사활동을 하면서 장애인들의 체험활동, 레크리에이션 등의 기획과 진행을 맡고 있다. 직장에서는 사원 대표로 활동한 경험이 있다. 팀 소통 리더로서 회사의 정보나 소통의 다리 역할을 한다. 그리고 회사의 복지 프로그램 행사, 부서의 조직 활성화 프로그램 등의 진행을 도맡아 하고 있다. 그 정도로 대외적인 일에 적극적인 성격이다.

하지만 처음부터 이런 성격은 아니었다. 나는 8남매를 두신 할머니 댁에서 자랐다. 작은아버지들께서는 타 지역으로 일하러 가셨다. 나는 남은 4명의 고모와 친누나, 사촌 누나 2명 총 7명의 여성들 사이에서 성장했다. 그러다 보니 성격이 아주 여성적이었다. 용돈이 생기면 내 방을 꾸미기 위해 팬시상품이나, 강아지 모양 점토인형, 캐릭터 인형, 열쇠고리, 오르골을 샀다.

그런 나를 보고 큰아버지, 작은아버지들께서는 혀를 찰 정도로 걱정하셨다. 어머니는 소극적인 성격을 바꿔 보라며 웅변 학원에 다니는 것을 권하셨다.

나는 결혼하고 아기를 가지면서 육아를 어떻게 해야 할지 몰랐다. 아버지가 일찍 돌아가셔서 아버지의 역할을 눈으로 보고 체험하지 못했기 때문에 두려웠다. 그래서 시작한 것이 독서였다. 나는 내가 경험하지 못한 부분을 책을 통해 간접 경험하게 되었다. 딸을 낳으면서 자식이 뭘 물어보면 대답은 할 수 있어야겠다 싶어서 독서를 게을리하지 않았다. 자기계발서, 경제 서적 등 다양한 분야의 독서 경험이 쌓이면서 다른 사람과 대화할 때 자신감이 생기기 시작했다. 또한 책을 통해 자존감도 커지면서 소극적인 성격도 적극적인 성격으로 바뀌게 되었다.

직장생활을 하면서 월급으로는 재테크가 힘들다는 생각을 많이 했다. 직장인이 쉽게 할 수 있는 재테크는 주식이라 생각했다. 주식에 관한 책을 보고 트레이딩을 해 보았다. 하지만 책에 나와 있는 용어나 기법은 개미투자자가 보고 이해하기에는 역부족이었다.

많은 실패 경험은 곧 경제적 손실을 가져왔다. 단기간에 최대의 효과를 얻으려고 테마주식, 급등주식, 저가주식에 한꺼번에 몰아서 투자한 것이 실패의 원인이었다. 그러다 다른 사람들의 성공 사례와 실패 사례들을 접하게 되었다. 나는 성공 사례를 나에게 적용해 보면서 내 것으로 만들었다. 그리고 다른 사람의 실패를 복기하면서 나의 투자 실력은 점점 향상되었다.

퇴근 후에는 집에서 HTS(Home Trading System)를 통해 마감된 주식시장 확인을 게을리하지 않았다. 오늘 이슈가 된 20여 개의 종목들을 살펴봤다. 왜 급등했는지, 매수·매도 주체는 누구인지, 일봉, 주봉, 월봉 일목균형표 등을 조합해 분석했다. 그렇게 흑자로 전환하고 이익이 증가하는 회사를 지속적으로 찾아서 추적, 관찰했다. 그리고 차트를 살펴보니 HTS상에서 일정한 형태가 만들어진다는 것을 알게 되었다. 일종의 공식이 존재하고 있었던 것이다.

나는 차트를 보며 세력의 진입 여부를 판단할 수 있는 수준에 이르렀다. 그러곤 자연스럽게 전문가들이 방송에서 이야기하는 용어들을 이해할 수 있었다. 이평선, 매물대, 일목균형표 등 여러 기법들과 대차대조법을 볼 수 있었다. 전문가들이 방송에서 말하지 않는 일종의 법칙을 발견할 수 있었다. 이를 복기하고 나의 것으로 만들어 점점 수익이 나고 있다.

나뿐만 아니라 내 주위 동료들도 주식을 보유하고 있어 쉬는 시간이면 모바일 앱으로 시세를 확인하느라 여념이 없다. 그런데 다른 사람의 종목을 볼 때 참 안타까운 적이 한두 번이 아니다. 내가 지나온 길을 밟고 있기 때문이다. 그들은 대부분 저가주, 급등주, 테마주 등 단기간에 큰 수익을 좇는 그런 종목을 가지고 있다.

그것을 보면서 다른 사람들이 내가 지나온 길을 밟지 않았으면 좋겠다는 생각이 들었다. 그래서 종목을 물어보고 한마디 조언을 할 때도 종종 있다. 하지만 가장 큰 문제는 신뢰를 만드는 과정이 쉽지 않다는 것이다. 같은 회사 동료이다 보니 네가 알면 얼마나 알겠냐는 표정들이다. 그중 내 절친은 내 말을 따라 해서 수익이 났다. 그러자 나의 실력을 인정하고 계속 신뢰하고 있다. 이런 경험을 하지 않고서는 나를 신뢰할 수 없을 것이다.

나는 다른 사람들의 신뢰를 쌓기 위해, 나중에 자료로 사용하기 위해 수익이 날 때마다 계속 주식시장 화면을 캡처해 두고 있다. 백문불여일견(百聞不如一見)이라 하지 않았던가.

　책을 출간하면 이런 노력은 더 이상 하지 않아도 된다. 시간낭비를 하지 않아도 된다. 책은 나의 모든 스펙을 다 새로 만들어 준다. 컨설팅 전문가에게 더 이상의 스펙은 필요 없을 것이다. 그러기 위해 노력을 게을리하지 않고 있다. 다른 사람에게 지식과 정보를 전달하려면 그 정보에 대해 잘 알아야 한다. 그만큼 한 분야를 파고들어야 한다. 그러면 내가 더 성장할 수 있는 계기가 되리라 생각한다.

　참 다행스러운 것은 직장생활을 하면서 무대에 오른 경험이 많았다는 점이다. 사원 대표를 하면서 대중 앞에 나설 기회도 많았다. 회사, 부서의 행사 진행을 맡으면서 두려움은 없어졌다. 부서의 신입사원 환경안전교육, 약품 사용 교육도 진행했었다. 봉사처에서 다년간 봉사활동 프로그램 진행 경험도 쌓았다. 이런 여러 경험들이 나의 꿈을 더욱 채찍질하지 않았나 생각한다.

　또 하나. 《성공해서 책을 쓰는 것이 아니라 책을 써야 성공한다》란 책을 통해 〈한책협〉의 김태광 대표 코치를 만났다는 점이다. 김태광 대표 코치의 책 쓰기 열정은 엄청나다. 대표 코치님을 통해 수많은 작가와 1인 기업가가 탄생했다. 나도 〈책 쓰기 과정〉에 참여해 현재 개인저서를 준비 중이다. 책은 나의 가장 큰 브랜드가 될 것이라 확신한다. 내가 주도해 나가는 컨설팅 전문가보다는 같이 꿈을 이루어 가는 컨설팅 전문가가 되고 싶은 게 나의 꿈이다.

03

동기부여 강연가 되기

나에겐 자신 없는 신체 부분이 몇 가지 있다. 그중의 하나가 코(鼻), 나머지 하나는 혀다. 내 코는 살짝, 아니 많이 들려 있다. 일명 들창코다. 어릴 적부터 이 때문에 많이 놀림을 받았다. 비 오면 물이 안 들어가느냐고 어른들이 많이 놀리셨다. 한편, 우리 가족만 아는 사실인데, 나는 혀와 밑의 돌기가 거의 붙어 있다.

다행히 이건 유전이 안 되었는지 우리 딸 소윤이는 괜찮다. 아내를 닮았나 보다. 눈도 아내를 닮아 얼마나 다행인지 모른다. 가끔씩 딸과 아내는 나에게 혀를 내보이라며 놀리기도 한다. 평소 말할 때는 잘 알 수 없지만 긴장을 하거나 빨리 말할 때는 혀가 짧은 게 표시가 난다. 그래서 어릴 때 그런 놀림을 받지 않으려 천천히 또렷이 말하고자 무지 노력했다.

직장생활을 하면서 결재 받을 일, 회의석상의 임원 앞에서 발표

할 일이 자주 생기기 시작하니 이 부분이 신경이 쓰였다. 큰 결심을 하고 병원에 가서 레이저로 혀 앞부분을 절개하기로 결심했다. 우리 가족 주치병원에서 원장님과 상의했다. 그런데 원장님은 지금껏 잘 살았는데 꼭 해야겠냐고 물어보셨다. 꼭 해야겠다고 말씀드렸더니 레이저와 장비를 갖추시고 좀 따끔할 거라고 하시면서 시술을 하셨다. 마취를 하긴 했지만 지방이 타는 냄새가 입에서 났다. 수술하고 나면 혀가 좀 길어지고 자신감이 생기겠지 기대하며 참아 냈다.

절개 후, 원장님께 왜 조금만 절개하셨냐고 물어보았다. 그러자 원장님은 더 자르면 침샘에 문제가 생겨 침이 잘 나오지 않을 수 있다고 하셨다. 많이 절개하면 좋을 줄 알았는데 의외의 복병을 만난 셈이다. 원장님은 나에게 내일 하루 더 병원에 오라고 하셨다. 하루가 지나면 수술 부위에 재생이 일어나 다시 붙는다고 했다.

다음 날 병원에 들러 치료 순서를 기다렸다. 원장님은 수술 부위를 마취 없이 그냥 오징어 찢듯이 찢으셨다. 정말 원장님을 때릴 뻔했다. 그 정도로 아팠다. 절개 부위가 붙지 않도록 혀 스트레칭을 많이 하라고 주문하셨다. 3~4일 동안은 절개 부위가 붙지 않도록 열심히 노력했다. 시간이 지나다 보니 신경이 덜 쓰였다. 생각보다 혀 길이가 길어지지는 않았지만 노력했다는 것에 위안 삼았다. 이제는 언어를 정확히 전달하기만 하면 된다고 생각했다.

내가 동기부여 강연가가 되려고 하는 이유는 다음과 같다.

첫째, 책 속 여러 선배들이 전해 준 동기부여를 통해 내 삶이 바뀌고 바뀐 습관들을 통해 내가 더 성장했음을 알리고 싶기 때문이다.

삼성에 근무하면서 연 1회 조직개발 교육 프로그램을 듣게 되었다. 1996년 입사 후 IMF 시절을 제외하고는 매년 교육이 있었다. 나는 강사로 오시는 분들을 보며 동기부여 강연가의 꿈을 가지게 되었다.

처음 조직개발 교육을 받을 때는 의무감으로 참석했다. 하지만 딸을 낳고부터는 1년에 한 가지라도 습관을 바꿔 보자고 다짐하며 조직개발 교육에 참여했다. 게임 그만두기, 책 읽기, 딸과 잘 놀아주기, 긍정적 사고하기 등 조직개발 교육이 끝나고 나면 변화되는 내 모습이 너무도 좋았다.

둘째, 나도 조직개발 교육 강사들처럼 동기부여를 해 주며 더 나은 삶을 살고 싶기 때문이다.

삼성그룹에 동기부여 강연가로 오시는 분들은 적지 않은 경험과 유명세를 타는 분들이다. 또한 삼성에서 한번 강연하면 이력서에 더 특별한 커리어가 보태진다. 나의 여섯 번째 버킷리스트는 삼성전자에 동기부여 강연가로 출강하는 것이다. 삼성에 출강하는 것은 이미 성공한 강연가, 성공한 인생이 되었다고 해도 과언이 아니다. 삼성에 초빙되면 의전 또한 다른 곳과 차원이 다르다. 이른 아침 강연 스케줄이면 전날 고급 호텔 숙박이 제공된다. 그리고 다음 날 아침 고급 승용차를 끌고 대표이사 운전기사가 픽업하러 간다. 유명세에 걸맞은 대우를 받는 것이다. 강연료도 타의 추종을 불허한다. 앞자리 숫자가 다르다. 그러니 삶이 달라지지 않겠는가?

셋째, 나를 브랜딩하기 위함이다.

주식투자 전문가로서 컨설팅하며 경험한 경제 분야뿐만 아니라 인생의 모든 것들을 동년배와 우리의 다음 세대인 젊은이들에게 이야기해 주고 싶다. 나도 선배 강연가에게서 받았으니 받은 것보다 더 전해 줘야 하지 않겠는가? 나만 알고 있으면 그게 무슨 지식이겠는가? 지금은 공유의 시대다. 공유를 얼마만큼 효율적으로 하느냐에 따라 삶이 달라진다. 신체 핸디캡을 극복해 보려고 살을 찢는 고통도 참아 내며 혀 절개 시술까지 받지 않았는가. 그러니 무슨 어려움이 있더라도 참아 낼 수 있을 것이다. 〈한책협〉의 김태광 대표 코치와 1인 창업에 최적화된 시스템이 있기에 더 걱정이 없다.

"나는 동기부여 강연가로서 삼성전자에 갈 것이다!"

04

엔젤 투자로 200억 원
자산가 되기

자본주의의 꽃은 주식이라고 말하기도 한다. 자본주의의 정신을 가장 잘 대변해 주고 자본시장과 뗄 수 없는 것이 증권시장이다.

주식투자를 하면서 투자 기업체의 정보를 꼼꼼히 살핀다. 기업의 매출액, 영업이익이 증가하면서 기업의 가치가 상승하는 것을 보았다.

그 전환 시점에 기관과 외국인 투자가들이 먼저 매수에 가담하고 외인이 팔 때 기관이 외인 물량을 받는다. 점점 매수세가 증가하기 시작하면 투자 심리도 증가하고 거래량 증가를 통해 가격이 상승한다. 가격이 상승해 주가가 50~100% 이상 오르면 일반 개미투자자들에게 보이기 시작한다. 개미투자자가 매수하기 시작하면 기관들이 물량을 개인에게 넘긴다. 일정 물량이 소화되면 짧게는 한 달, 개인이 많이 산 테마주, 급등주의 경우 길게는 1년 이상 조정을 거친다.

이런 이유로 개미투자자들이 주식을 사면 주가가 내린다는 속설이 생긴 것이다. 그렇게 개미투자자들의 주식은 비자발적 장기투자로 전환된다. 그리고 개미투자자들은 본전 근처에서 주식을 팔고 나오게 되는 것이다. 그 결과 개미투자자들은 '나는 주식하면 안 된다'라고 단정 지어 버리게 되는 것이다.

"10년 이상 볼 것이 아니면 10분도 가지고 있지 마라."라는 워런 버핏의 명언이 이를 잘 보여준다.

내가 삼성에서 근무한 지 20년 되던 2013년. 그룹지배구조와 관련된 여러 사건과 연관되어 삼성그룹에서 분리하게 되었다. 내가 근무하는 사업부 자체가 삼성에서 해야 할 일이 아니라면서 계열 분리를 주장하는 것이었다. 청천벽력과 같은 사건이었다. 다들 부러워하는 삼성에 취업되었다고 기뻐하던 게 엊그제 같은데 말이다.

나는 삼성에 남을지 독립법인으로 이직해야 할지 고민하게 되었다. 내 나이가 30대 중반이었으면 고민하지 않았을 것이다. 당시나는 애매한 40대 초·중반이었다. 삼성에 남아도 늦은 나이에 새로운 일을 시작해야 한다. 독립법인으로 옮기면 하던 일은 계속할수 있을 것이다. 그러나 대기업 임직원 타이틀과 복지 혜택, 삼성맨의 프라이드는 이제는 내려놔야 한다. 또한 집안 어른들과 처가 어른들께도 삼성을 그만두었다는 이야기를 못 할 것 같았다. 실제로 삼성에서 독립법인으로 이직 후 신용등급에도 변동이 생겼다. 대기업의 영향을 직접 체험한 것이다.

내가 주식투자를 하면서 기업 정보를 분석 및 활용할 계기가 찾아왔다. 독립법인으로 이직하는 사원들에겐 퇴직금을 출자금으로 전환해 주식으로 준다고 했다. 1년 후 상장도 하겠다고 약속했다. 내 인생이 걸린 중요한 문제였다. 상장된 회사 중 현재 회사와 매출 규모와 이익률, 인당 매출액 등이 비슷한 회사를 찾아보았다. 동일한 업종은 있었으나 재무제표가 비슷한 회사는 없었다. 동종 업종의 매출 규모를 비교해 보았다. 액면가 5,000원 기준으로 25,000원의 가치가 있다고 판단했다.

현 사업부가 2년 연속 흑자인 상태이고, 1년만 더 흑자를 유지하면 코스피 상장 조건도 되는 것이다. 동종업계에 자기자본이익률(ROE)이 8%대 회사는 없다. 투자의 개념으로 생각하면 400%의 수익률을 얻게 되는 내 인생의 최상의 투자 시점이라 판단했다. 상장 전 유상증자도 있었다. 나는 앞으로의 일들을 기대하며 독립법인에 남기로 결정했다.

회사가 코스피에 상장하는 날 국내외적으로 큰 사건이 발생했다. 영국의 브렉시트 결정과 세월호 사건이 같이 발생했다. 브렉시트만 아니었으면 좀 더 주가가 상승할 수 있었는데 참 아쉬운 결과였다. 하지만 회사가 계속 이익을 내고 성장해서 21,500원까지

주가가 상승했다. 유상증자의 규모만 제외한다면 내가 생각했던 25,000원에 유사한 금액이라 볼 수 있다.

만약 독자분들이 잘 알고 있는 업종에서 유망한 회사가 매출액과 영업이익이 증가하고 성장가능성이 커 상장할 가능성이 있다면 투자를 하지 않겠는가? 사실 혼자서는 투자를 결정하기가 쉽지 않다. 투자금액에도 한계가 있고 정보에도 한계가 있다.

개인들이 돈을 모아 이러한 성장 가능성 높은 기업과 벤처기업의 창업에 필요한 자금을 대고 주식으로 그 대가를 받는 투자 형태를 엔젤 투자[투자한 기업이 성공적으로 성장해 기업가치가 올라가면 수십 배 이상의 이득을 얻을 수 있는 반면 실패할 경우에는 투자액의 대부분이 손실로 확정된다. 기업을 창업하는 사람들 입장에서는 천사 같은 투자라고 해서 붙여진 이름이다. 한편, 이렇게 투자하는 사람을 엔젤 투자자라고 한다.(출처: 네이버지식)]라 한다.

엔젤 투자자로 200억 원 자산가가 되는 것이 나의 버킷리스트 중 하나다. 이를 위해 주식투자 시 기업 재무구조를 꼼꼼히 살피자는 투자 원칙을 정했다. 투자비율 원칙은 6:2:2 (장기:단기:현금)를 지킨다. 투자에는 인내와 절제가 필요하다. 단기 투자로 크게 성공하는 사람이 없다고 한다. 투자하면서 이익이 발생하면 원금을 제외한 수익은 다른 곳에 재투자해야 한다. 그렇지 않으면 손실이 발생했을 때 원금의 개념이 없어진다. 나는 주식투자를 통해 수익이 나면 재투자한다는 원칙을 세워 두고 있다.

1. 100만 원 이하는 주식 재투자

2. 500만 원 이하는 자사주, 고 배당주 매수

3. 1,000만 원 이상은 부동산 투자

4. 부동산 수익은 꼬마 빌딩 투자

이 원칙을 통해 현재 창원에서 가까운 김해 진례에 부동산을 보유하고 있다. 앞으로 이 지역에 터널이 뚫린다고 하니 더 많은 수익이 예상된다. 부동산으로 꼬마 빌딩을 보유하고 나면 돈이 돈을 벌어오는 시스템이 본격적으로 정착되리라 생각한다.

최근에 읽은 엠제이 드마코의 《부의 추월차선》에 나오는 우화가 떠오른다. 이집트의 파라오가 젊은 조카 추마와 아주르를 불러 피라미드 2개를 건설하라 명령했다. 그러자 아주르는 오직 몸을 사용해 기초를 다졌다. 이 과정에서 아주르는 1년이란 시간을 보내야했다. 반면, 추마는 기계를 발명해 기초를 만드는 데 고작 일주일이란 시간이 걸렸다. 그다음 층은 아주르보다 30배 빠르게 올렸다. 8년 후 추마는 피라미드를 완성했다. 시스템을 만드는 데 3년, 효과 발생에 5년이 걸렸다. 파라오는 피라미드를 완성한 추마에게 왕자의 지위와 엄청난 부를 선물로 주었다.

나는 본격적으로 주식을 시작한 지 3년 차다. 책의 우화를 본보기 삼아 5년 후의 자진 퇴직을 결심하고 계획을 세웠다. 추마와 같을 순 없지만, 주식으로 나의 '부의 추월차선' 하나가 완성된다. 또 다른 부의 추월차선 하나는 책 출간이다. 이를 통해 나를 브랜딩하고 블로그와 카페, SNS를 통해 지속적으로 회원을 늘릴 생각이다. 엔젤 투자 회사명도 이미 만들어 놓았다. 가칭 〈꿈을 함께 나누는 사람들〉이다.

"꿈을 함께 나눌 사람들이여. 어서 오라. 함께 가자!"

05

롤스로이스 팬텀과
S63 AMG 보유하기

회사에서 일하고 있는데 아내에게서 연락이 왔다. 원래 좋지 않았던 아내의 이가 빠졌다는 것이다. '음… 올 것이 왔구나'라는 생각이 들었다. 치과에 가서 X-ray를 찍었다. 결과를 보니 치조골의 상태가 좋지 않았다. 감자에 이쑤시개를 꽂아 놓은 것 같은 상태였다. 나는 아내를 다독이며 집으로 왔다.

그런데 그날. 저녁식사를 하기 전에 아내의 치아가 하나 더 빠졌다. "헐"이란 말이 자연스럽게 나왔다. 이런 상태로 조금만 더 지나면 남은 이들도 빠질 게 불 보듯 뻔했다. 더 고민할 필요 없이 전 치아를 임플란트 하기로 했다. 독자분들도 상상이 되시는지 궁금하다. 모든 치아를 임플란트 한다는 게 어떤 상황인지. 나도 임플란트를 2개 하고 있지만, 시술할 때의 고통은 다들 아실 것이다.

아내는 윗니부터 먼저 하기로 했다. 비용도 적지 않게 들어갔다.

나이도 젊은 아내가 전체 틀니를 할 수는 없지 않겠는가? 설상가상으로 타고 다니는 차가 여기저기 문제가 있어 수리비용이 만만찮게 들어가고 있었다. 결국, 차를 소형차로 바꿀 수밖에 없었다. 아내는 지금도 미안해하고 있다. 이제 4년 차인 소형차는 꾸준히 관리를 해서 지금도 여전히 잘 타고 있다.

몇 년 전, 한 지인이 김해 정산 CC에 초대해 방문한 적이 있다. 내가 타는 차는 1500cc 소형차다. 그날 클럽 하우스 입구에서 골프백을 내릴 때 직원들의 눈빛이 얼마나 따가웠는지 모른다. 주차라인 폭은 고급 승용차 크기에 맞게 여유로웠다.

아반떼를 주차 해 놓으니 꼭 티코가 주차한 느낌을 주었다. 주위를 둘러보니 수입차 판매 전시장을 보는 듯했다. 경남에서 좋은 차는 다 모아 놓은 듯했다. 인맥 확대와 스트레스 해소를 위해 취미로 배우기 시작한 골프가 그날처럼 원망스러운 적이 없었다. 이런 기분으로 라운딩에 나서자 멘탈이 무너져 버렸다. 골프가 제대로 되지 않았다. 라운딩 동안에 스코어가 최악으로 나왔다. '내 마음도 모래밭이요, 내 공도 모래밭에 있고, 입안에도 모래가 가득이네' 나는 다음에는 꼭 돈 많이 벌어 좋은 차를 타고 여기에 오리라 굳게 마음을 다잡았다.

여자에게 명품백이 있다면 남자에겐 뭐가 있을까? 남자의 자존심은 차(車)부심이 아닐까 생각한다. 대부분의 남자들은 차에 관심을 가지고 있을 것이다. 남자의 성공 여부는 차로 가늠되는 경우가 많다. 올바른 방법이 아닐 수 있지만 아마 짧은 시간에 사람을 판단하는 방법은 옷차림과 그 사람이 타는 자동차를 보는 것일 것이다. 그래서 요즘 젊은 사람들은 집 대신 차에 더 많은 관심을 보인다. 유튜브 동영상에서 본, 한 전문직 남자가 작은 차를 타고 소개팅을 갔다가 퇴짜당한 일화는 웃을 수만은 없는 상황인 것이다.

내가 다니는 회사가 상장된 후 주식이 3배 이상 오르면서 회사 동료들이 차를 바꾸는 사례가 늘어났다. 점점 수입차 비중이 늘고 있다. 나 또한 올해 1월에 차를 교체했다. 작년부터 투자한 주식 수익률이 좋아 차를 바꿀 시기에 참 고민을 많이 했다. 형편에 맞지 않지만 나는 벤츠 E클래스를 사고 싶었다.

차에 대해 고민하고 있는데 아는 선배에게서 김해 진례에 땅이 나왔다고 전화가 왔다. 나는 "꿩 대신 닭"이라고 벤츠 대신 땅을 사야겠다고 생각했다. 땅의 가치가 몇 배로 불어나면 벤츠가 문제겠는가? 지금도 이 결정은 잘했다고 생각한다. 앞으로 더 좋은 기회가 있을 것이라 확신한다.

차를 아는 사람은 롤스로이스 브랜드를 잘 알고 있을 것이다. 럭셔리 세단이며, 주문제작의 끝판 왕이라 할 수 있다. 결정할 수 있는 색깔만 4만 4,000여 가지. 차량의 모든 부분을 자신의 취향대로 고를 수 있는 주문제작형 고급 세단이다. 판매가격은 옵션 포함 7억 원 이상을 호가한다. 결정 장애를 가지신 분들은 구매 불가할 수도 있다. 우리나라에 판매점은 딱 두 곳 있다. 서울과 2017년 10월에 오픈한 부산 해운대 판매점이다.

남자의 성공을 대변하는 또 다른 브랜드는 '벤츠 S클래스'이다. 이에 이의를 제기하는 사람은 많지 않으리라 생각된다. 흔히 사장님, 회장님 차로 많이 알려진 브랜드이기도 하다. S63 AMG의 경우 주행 안전성과 스피드를 즐길 수 있는 데일리 슈퍼카라고 할 수 있다. 가격은 옵션 추가 시 2.5억 원을 호가한다. 롤스로이스와 벤츠 S63 AMG를 소유한다는 것은 엄청난 성공과 부를 이루었다는 의미다.

꿈을 이야기할 때, 이야기만 하는 사람과 그 꿈을 이루려 노력하는 사람 두 부류로 나뉜다. 꿈은 클수록 이루는 것도 크다. 한치 앞만 보고 가면 한 치 앞 밖에 보이지 않는다. 최고를 바라보고 가야 최고를 만날 수 있다. 운동, 음악, 미술 등 레슨을 받을 때 가격 때문에 주저하지는 않는가? 프로의 세계는 돈이다. 돈이 곧 그 사람의 명함이라 해도 과언이 아니다. 지불한 돈만큼 제값을 한다. 지불한 돈만큼 제값을 못하면 시장에서 소멸된다.

누구나 차를 만들 수 있다. 그러나 아무나 최고 수준의 차를 만들 수는 없다. 최고의 전문가들이 모일 때 최고의 제품이 나오는 것이다. 당신은 최고가 되고 싶은가? 그럼 그 분야의 최고를 만나야 한다. 왜 성공한 사람들이 롤스로이스, 벤츠 S클래스를 타는지 생각해 본 적이 있는가?

난 지금 전 세계의 최고를 만나 내 꿈을 펼치고 있다. 바로 〈한 책협〉의 김태광 대표 코치다. 책 쓰기에 있어 타의 추종을 불허하는 분이다. 〈한책협〉은 작가를 위한 최고의 종합 관리 시스템을 갖추었다. 요즘 읽고 있는 책, 네빌 고다드의 《상상의 힘》에 이런 말이 있다. "상상이 현실을 창조한다." 상상하면 이루어진다. 믿기만 하면 이루어지는 것이다. 지금 내 컴퓨터 바탕화면에는 롤스로이스 팬텀과 S63 AMG 차량 사진이 있다. 하루가 지날수록 S63 AMG의 우람한 엔진 소리가 들려오는 것이 느껴진다. 내 꿈을 이루는 그때가 머지않았다.

PART 4

아이들을 이끌어 주는
1인 지식창업가 되기

- 박 진 희 -

박진희   연애심리 코치, 자기계발 작가, 동기부여가

주변 지인들의 연애상담을 해 주다가 연애에서의 성숙한 마인드와 태도의 중요성에 대해 깊이 생각하게 되었다. 내적 성장을 통한 청춘들의 건강하고 아름다운 연애를 응원하며, 동기부여가로서 많은 사람들에게 영향력이 있는 사람이 되는 것이 목표다. 현재 개인저서를 집필 중이다.

Email pjnny@naver.com   Blog blog.naver.com/pjnny

01

아이들의 잠재의식을
열어 주는 학교 설립하기

몇 년 전 방영된 화제의 드라마 〈응답하라 1988〉(tvN)을 모르는 사람은 거의 없을 것이다. 극 중에서 선우의 여동생이자 모두의 귀염둥이 진주는 〈요술공주 밍키〉와 〈달려라 하니〉 주제가를 열심히 따라 불렀다. 그것을 보면서 '나도 저랬었는데…' 회상하며 웃음 짓곤 했다. 1980년대는 고도 경제 성장기로 과외와 입시 경쟁이 치열해지기 시작하던 때이기도 하다.

당시 우리 동네는 서울 중심부에 있었다. 10층짜리 아파트 다섯 동(가, 나, 다, 라, 마)이 나란히 있었다. 아파트에 사는 대부분의 아이들은 나이가 비슷비슷했다. 때문에 다섯 동의 아파트를 넘나들며 어머니들 간, 아이들 간의 교류가 활발했다. 마치 〈응답하라 1988〉의 주 배경인 쌍문동의 아파트 버전 같았다. 놀이터에서 놀고 있으면 5시쯤 여기저기 베란다에서 "A야, 밥 먹자!", "B야, 그만

놀고 들어와!"라고 외치는 목소리가 들렸다. 그러면 다들 "야! 너희 엄마가 불러.", "나 먼저 갈게." 하며 흩어졌다.

나의 어머니는 경상남도 마산의 한 시골에서 장녀로 태어났다. 아래로 두 남동생이 있었기 때문에 어머니는 대학교 진학을 포기해야만 하셨다. 외할아버지가 강하게 반대하셨기 때문이다. 그나마 울며 매달린 끝에 고등학교는 다닐 수 있으셨다고 한다. 얼마나 섭섭하셨는지 어머니는 가끔 외할아버지께 그 얘기를 하셨다. 그런 어머니이기 때문에 배움의 한을 풀듯, 자식들에게 배움의 기회를 주시려 애쓰셨다.

우리 집은 가난하지도 그렇다고 부잣집도 아니었다. 아버지는 은행원, 어머니는 주부인 평범한 가정이었다. 어쩌면 그 흔한 레퍼토리인 '빚보증 사건'마저도 평범할 정도다.

어머니의 교육열은 시대를 앞서 가셨다. 나는 또래들과 다르게 좀 더 다양한 배움을 경험했다. 공부는 기본이었다. 여섯 살에 처음 피아노를 시작했고, 일곱 살에는 유치원과 한국 무용 학원에 다녔다. 초등학교에 들어가서는 양손에 학원 가방을 3개씩 들고 온 동네를 돌아다녔다.

그나마 다행인 것은 내가 학원에 다니는 것을 즐겼다는 것이다. 가르치는 대로 곧잘 했고 스스로도 성취감을 느꼈기 때문이다. 물론 얼음장처럼 차가운 바닥이 싫어서 무용 학원에 가는 도중에 오락실에 숨어 있기도 했다. 피아노 콩쿠르 준비로 밤 10시가 되도록 1평 남짓한 방 안에서 예선곡, 본선곡을 주야장천 치는 것이 지겹기도 했다. 그러나 그 시간을 견디면 성과가 나온다는 것을 몸소 깨닫기도 했다. 콩쿠르가 없을 때는 방과 후 서예, 미술, 속셈 학원을 1~2시간 단위로 나누어 다녔다. 저녁에는 어학원에서 영어와 일본어를 목청껏 떠들었다.

이렇게 하루를 보내고 나서도 뭐가 그리 좋은지 밤 10시면 꾸중을 들으면서도 오빠를 따라 아파트 단지 내를 뛰어다니며 놀았던 기억이 있다. 어머니는 나에게 방학 때는 YMCA 체육 수업을 신청해 스키를 배우게 하셨다. 심지어 볼링도 가격을 맞추기 위해 일일이 아주머니들에게 전화해 친구들을 모아 가르치셨다. 초등학교 4학년 때는 걸스카우트 활동이 추가되었다. 안국동에 있는 걸스카우트 회관을 볼 때마다 옅은 갈색 빵모자와 유니폼이 생각난다. 이런 다양한 경험들은 초·중·고를 거쳐 대학교를 졸업할 때까지, 심지어 사회생활을 할 때까지 우려먹을 수 있는 재료가 되었다.

어느 한 분야의 전문가가 되지 않았던 것에 아쉬움이 없다고 하면 거짓말일 것이다. 사실 나는 피아니스트가 되어 보려고 했다. 오랜 시간 해왔던 피아노였기 때문에 어머니는 시험만이라도 보자고 했다. 어머니의 은근한 기대 속에 예술중학교 입학시험에 응시했다. 별로 기대하지 않는 결과는 꼭 실현되는 것인지 턱걸이로 붙었다.

그렇게 나는 또 다른 세계를 '경험'하게 되었다. 예술중학교에 들어갔지만 나는 음악에 몰입할 수 없었다. 개성 넘치는 아이, 부잣집 아이, 천재적인 아이들 사이에서 나는 정말 평범했다. 평범하면 안 되는 곳에서 말이다. 자존감이 하락했다. 무대공포증도 생겼고, 학우관계는 급격히 좁아졌다. 나의 자존감을 살려 보기 위해 일본 유학생들과 얘기를 나누곤 했다.

그러다 2학년이 되던 해에 나는 처음 행복이라는 단어를 스스로 생각하기 시작했다. 여기서 멈춰야겠다고 결심했다. 나의 학비, 레슨비, 학원비는 아버지의 월급만으로는 부족했다. 때문에 어머니는 진즉 일을 구해 돈을 벌고 계셨다. 미쳐 있지도 않은 피아노를 전공한들 누구도 행복하지 않을 것이 분명했다. 행복은 간판이나 겉옷으로 실현되지 않는다는 것을 깨달았다.

당연히 어머니는 충격을 받으셨다. 그동안 아무 말 없이 시키는 대로 잘하던 애가 처음으로 안 하겠다고 말했으니 말이다. 그래도 나는 어머니를 설득했다. 행복하지 않을 것 같다고 말이다. 우스갯소리지만 그때부터 어머니는 나 때문에 처음으로 철학원을 다니기 시작했다고 한다. 어머니의 마음속 희망과 기대감이 와르르 무너지고 허탈감에 속상했을 것을 생각하면 죄송한 마음이 든다. 애초에 솔직했어야 했던 것이다.

그래도 그때라도 솔직했던 것은 잘한 일이었다. 그다음 해에

IMF 외환위기가 닥쳤기 때문이다. 그때부터 나는 피아노는 시험용으로 외워 칠 정도로만 치고 대신 공부를 했다. 결국 나는 인문고에 진학했다. 그러곤 일본어를 특기로 대학에 들어갔다.

나는 실패했다고 생각하지 않았다. 내가 원하는 삶을 정할 수 있다는 것을 알았기 때문이다. 그것이 얼마나 좋은지 알게 되었기 때문이다. 간혹 주변 사람들은 그렇게 가르쳐 봤자 다 똑같다며 한 소리씩 했다. 심지어 친척들도 그랬다. 하지만 다양한 학습을 고루 경험한 나는 무엇이든 하고 싶으면 할 수 있고, 되고 싶은 것은 하면 된다는 긍정적 관점을 유년 시절에 얻었다.

20대에는 그 당시 유행하던 재즈 댄스 인터넷 동호회에 가입해 주말마다 춤추고 사람들과 어울려 노는 데 빠져 지냈다. 대학교의 수업은 직장에 다니듯 충실히 들었다. 공강이 생기거나 쉬는 시간마다 도서관으로 달려가 아르바이트하며 용돈을 벌었다. 하교 후에는 춤을 배우러 인천까지 왕복하곤 했다. 1년간 일본에 교환학생을 간 것을 빼면 20대에는 춤추는 시간이 집에 있는 시간보다 더 많았던 것 같다. 직장을 다니면서는 퇴근 후에 매일같이 춤을 연습했다. 춤추고 있는 그 자체가 좋았다. 춤추며 느낌과 감각에 몰입해 있을 때의 희열은 중독성이 정말 강하다. 힘들어 숨을 가쁘게 쉬며 뻗어 있다가도 음악이 시작되면 기어서라도 일어나 또 한계까지 내닫는다.

30대에는 바리스타라는 새로운 직업에 도전했다. 카페인 때문에 커피를 많이 즐기지는 않았다. 그런데도 바리스타가 하고 싶었던 것은 순전히 커피 추출의 매력 때문이었다. 요리처럼 커피도 세계 각지에서 나는 커피콩이란 재료와 다양한 도구로 수만 가지의 향과 맛을 낼 수 있다. 에스프레소를 추출하는 짧은 순간에 많은 것을 느끼고 즐길 수 있다. 그런 커피를 수백 잔을 내려도 지겹지가 않았다. 또한 서비스라는 활동도 즐거웠다. 내가 만들어 낸 커피를 마시는 사람이 기분이 좋았으면 한다. 때문에 자연스럽게 완성해 가는 매 과정에 집중하게 된다. 그러다 좋은 피드백이 반복되면 행복해진다.

나는 무언가를 오래 했다고 해서, 또 미치도록 좋아한다고 해서 그것을 업으로 삼아야 하는 것은 아니라고 생각한다. 그래서 직장도 대기업처럼 연봉 높은 회사를 가길 바랐던 적이 없다. 연봉이 높을수록 내 시간과 에너지를 바쳐야 한다는 것을 알았기 때문이다. 그게 마음에 들지 않았다. 차라리 나의 능력을 알아주는 데가 좋았다. 그렇게 프로젝트를 주고 그에 따른 돈을 지불하거나 새로운 업무를 접하게 하는 곳이 좋았다. 그 자리, 그 시간 속에서 충분히 즐기는 것이 진짜 삶처럼 느껴지기 때문이다.

나에겐 두 살 터울인 오빠가 있다. 오빠가 안정된 직장에서 연차에 따른 월급을 받으며 승진하고, 저축해 결혼하고 집을 사고 아이를 낳아 오순도순 사는 모습을 보면 진심으로 대단하다는 생각이 든다. 나는 너무나도 내 마음대로 하고 싶은 것만 하며 살아온 것은 아닌가 생각해 봤다. 하지만 후회는 없다. 앞으로는 내 경험과 도전정신을 바탕으로 1인 지식창업가가 될 것이기 때문이다.

어릴 때부터 많은 경험을 할 수 있는 것은 축복된 삶이다. 꼭 무엇이 되어야 한다는 의무감 없이 자신에게 몰두하는 경험은 소중하다. 그래서 나는 초·중·고 진학의 경계를 허물고 싶다. 모두가 다 다른데 획일적인 시간표대로 공부하고 같은 시험을 본다는 것은 앞으로의 시대와는 맞지 않는 관념이라고 생각한다. 입시경쟁이 아니어도 충분히 좋은 경쟁을 할 수 있다고 믿는다.

나는 아이들의 성장에 따른 커리큘럼을 짜고, 다양한 경험을 자유의지로 마음껏 할 수 있도록 잠재의식을 열어 주고 싶다. 그리고 물질적 배움만큼이나 내면의 힘을 알아차리게 하고, 마음을 자유자재로 쓸 줄 아는 힘을 기를 수 있게 돕고 싶다. 이 의식의 힘을 확장하는 것이야말로 인생의 궁극적인 목표가 아닐까.

02

다양한 취미를 즐기는 삶 살기

초등학교도 안 들어갔을 때였던 것 같다. 오후 3시쯤이면 멀리서 동요가 들려왔다. 날마다 듣는 소리는 아니었다. 나는 그 노랫소리가 들리면 재빨리 아파트 복도 끝으로 달려 나갔다. 까치발을 한채 창문 밖으로 목을 쭉 빼고 눈을 크게 떴다. 그 소리가 가까워질수록 내 심장도 두근거렸다.

그토록 기다린 것은 바로 목마였다. 리어카 두어 개를 개조한형태에 앞면과 천장에는 빨강 파랑 노랑 초록색의 천막이 둘러져있었다. 나는 어머니에게 100원만 달라고 졸랐다. 마지못해 쥐어주시는 그 동전 하나를 받자마자 자리를 뺏길지도 모른다는 생각에 뛰어 내려가곤 했다. 단돈 100원으로 낭랑한 목소리의 동요를들으면서 신나게 목마를 탈 수 있었다.

친구들은 노래가 두 곡 정도 끝나면 슬슬 자신의 엄마를 찾아

내려갔다. 하지만 나는 30분씩이나 더 버티다가 아쉽게 내려왔다. 내려와서도 다른 친구들이 타는 것을 또 한동안 바라보곤 했다.

지금은 동전만 넣고 가만히 앉아 있으면 예쁜 목마가 알아서 움직인다. 하지만 그때는 사방에 스프링을 단 목마를 온몸을 움직여서 타야 했다. 단순한 움직임의 반복인데도 나는 땀이 나고 손잡이를 잡은 양손이 벌게져도 이상하리만큼 행복감이 들었다. 아니 행복감이라기보다 신명이라고 하는 게 맞을 것 같다.

어머니는 매일 뛰어놀기를 좋아하는 딸에게 꼭 필요하다고 생각하셨는지 초등학교 2학년 때부터 나를 서예 학원에 보내셨다. 시커먼 벼루에 물을 넣고 먹을 간다. 새하얗고 얇은 화선지를 펴고 서진으로 말끔하게 고정시킨다. 그런 다음 붓을 돌려가며 먹물을 잘 흡수시킨다. 떨리는 마음으로 온 정신을 집중하며 한 획을 긋는다. 그러다 보면 어느덧 1시간이 훌쩍 넘어가 있다. 선생님은 어린 나에게도 진지하게 결과물에 대해 조언과 칭찬을 해 주셨다.

나는 어릴 적부터 또래 친구들과 논 기억보다 두 살 위 오빠와 놀았던 기억이 많다. 운동신경 DNA를 가진 남매가 집 안에서 하지 못할 운동은 없었다. 세울 수 있는 모든 양념통과 물건들을 꺼내 식탁 가운데에 늘어놓고 책받침을 라켓 삼아 탁구를 쳤다. 둘 다 승부욕이 강해서 몇 세트고 지칠 줄 모르고 쳤다. 그러다 어느 순간 어머니의 발걸음 소리가 들리면 미친 듯이 재빠르게 정리하고 아무 일도 없었던 듯 각자의 방에 들어가 숨을 고르곤 했다.

　탁구는 아주 조용한 운동 쪽에 속했다. 축구, 야구, 피구, 농구, 볼링, 유도, 씨름, 레슬링… 좀 더 활발한 운동을 하다 보면 당연히 싸우기도 했다. 그러면 나는 울고, 오빠는 어머니에게 맞아 집이 난리도 아니었다. 그러다가도 2시간 뒤면 오빠는 내 방으로 부루마블, 체스, 장기, 바둑 등을 들고 나를 꾀러 왔다. 지금 생각해 보니 오빠 덕에 많은 경험을 했다.

　《몰입의 즐거움》의 저자인 미하이 칙센트미하이는 몰입했을 때를 '물 흐르는 것처럼 편안한 느낌', '하늘을 날아가는 자유로운 느낌'이라고 했다. 나는 목마를 타며 하늘을 나는 듯 자유로운 느낌을 받았던 것 같다. 몰입은 무언가에 흠뻑 빠져 있는 무아지경의 상태를 말하기도 한다. 그래서 누구든 몰입해 있을 때 행복감을 느낀다. 어릴 적 많은 과외활동에도 스트레스를 받지 않고 모두 소화해 낼 수 있었던 것은 순간순간의 몰입을 즐겼기 때문이 아닐까 생각해 본다.

　피아노를 칠 때도 마찬가지로 몰입을 경험했다. 소리를 통한 심리적인 만족감. 처음에는 이게 무슨 곡인가 싶을 정도로 땅, 똥 거리며 한 음씩 따라 연습했다. 그러다가 한 마디가 이어지고, 한 소절이 이어졌다. 마침내 한 곡이 완성될 때, 욕망이 확장되었다. 그 한 곡을 자유자재로 치게 되면서부터는 내 감정을 표현할 수 있게 되었다. 그때 새로운 세계가 열렸다. 한 곡이 끝나는 4~10분 동안 내가 펼치는 세계에 빠져 있다 보면 자유로움과 기쁨이 솟아난다. 몰입은 항상 이런 긍정적인 느낌을 주기 때문에 중독성이 있다. 이러한 일련의 과정은 우리가 좋아하는 것을 잘하게 되는 이유일 것이다.

20대에는 열정적으로 춤에 빠져 살았지만 30대 때부터는 취미가 거의 없어졌다. 일하고 돌아오면 TV나 휴대전화로 이거저것 보며 시간을 보냈다. 아니면 다음 날 회사에서 해야 할 일들을 점검하거나 잔업을 하다가 잠들곤 했다. 그러다 어느 순간 다시 예전처럼 기쁨을 느끼고 몰입하는 시간들을 가지고 싶어졌다. 그런데 그렇게 하지 못하고 있었다. 괜히 예전 춤 영상을 들춰 보거나 해외에서 방영하는 춤 오디션 프로그램을 보며 대리만족을 얻었다.

시간이 없어서는 아니었다. 기회가 없어서도 아니었다. 문제는 내 안의 욕망을 들여다보지 않았기 때문이었다. 어릴 때처럼 순수하게 사물을 바라보는 눈은 사라졌다. 고정관념이 생기고 남을 의식하게 되었다. 10여 년간 인간관계에 상처받고 실망하면서 더 이상 대외적인 활동도 즐겨하지 않게 되었다. 몸과 마음이 변하는 것을 모른 척하며 살아왔던 것은 아닐까. 일을 통해 성취감을 느끼려고도 했다. 하지만 그것은 결코 나의 욕망을 채워 줄 수 없다는 것을 오랜 시간이 지난 후에야 알았다. 스스로든 타인에 의해서든 인정받고자 하는 욕구는 순수한 기쁨의 욕망과는 다른 것이었다.

다시 몰입을 경험하며 살아 있다는 것을 느끼기 위해서 나는 나의 가치를 다시 생각해 봐야 한다는 것을 알게 되었다. 나를 사랑하고 돌보아야 한다. 내 마음에 귀 기울이고 원하는 것을 들어주어야 하는 것이다. 마치 사랑하는 사람의 말을 정성껏 들어주고 원하는 것을 도와주듯이 말이다.

그때부터 책을 읽고 명상을 하기 시작했다. 내 일생을 훑었다. 그러면서 내가 지금 가지고 있는 모든 감정들을 보며, 현재에는 없는 그 일들을 계속 끌고 왔다는 것을 알게 되었다. 지금은 아무것도 일어나고 있지 않는데 내가 머릿속으로 찍어 놓은 사진들을 보며 내가 나를 힘들게 하고 있었다. 내 눈에만 보이는 그 사진들을 하나씩 없애며 감정들도 정리되었다. 원래 없는 것을 있다고 믿으며 살아온 것이다.

그러기 위해서 나는 총체적으로 내 삶을 바꾸기로 했다. 1년이 넘게 3개월씩 월급을 밀려 받는 바보스러운 일도 그만뒀다. 일과 경험에 가치를 두고 지켜보려고 했다. 하지만 결국 회사는 밀린 월급을 해결해 줄 돈이 생겼을 때도 직원들을 챙기지 않았다.

시쳇말로 이런 말이 있다. "호이가 계속되면 둘리인 줄 안다." 즉, "호의가 계속되면 권리인 줄 안다."는 얘기다. 특히 서비스업에 종사하다 보면 이런 경우가 비일비재하다. 그러나 나는 스스로 더욱 반성했다. 내가 선택하고 자초한 일이었기 때문이다. 그리고 앞으로의 내 삶은 내가 통제하고 싶다는 강한 열망을 느끼기 시작했다. 누군가 나를 풍요롭게 해 주기를 바라지 않고 내가 주체가 되어 돈을 버는 삶을 살고 싶다고 말이다.

그 생각 끝에 나는 1인 기업가가 되기로 했다. 막연했지만 다시 돌아갈 수는 없었다. 실업급여를 받으며 방법을 모색하고 있었다. 그러다 우연인지 필연인지 〈한책협〉을 알게 되었다. 김태광 대표 코치를 만나게 된 것은 행운이다. 나의 삶을 바꾸는 데 필요한 내적 촉매제를 알려 주시고 이끌어 주시는 데 깊이 감사한다. 아직 성공이라고 할 만한 것은 이루지 못했지만 곧 내 소명을 실현할 수 있게 되리라 믿는다. 앞으로는 나 자신의 가치를 높이고 내가 내 가치를 책정할 것이다. 그리고 메신저가 되어 사람들에게 동기를 부여해 주는 사람으로 살아갈 것이다.

건강을 유지하면서 조금이라도 더 젊을 때 하고 싶은 취미생활을 시작하고 싶다. 내 삶이 다할 때까지 다양한 취미생활을 즐기며 기쁨을 느끼고 싶다. 꾸준히 배우고 노력해서 프로 같은 아마추어가 되고 싶다. 머리가 희끗희끗한 할머니지만 열정적으로 무언가에 심취해 아름다움을 창조하는 모습은 정말 멋지지 않을까. 또한 나의 취미활동의 결과물들이 누군가를 행복하게 하거나 감동을 준다면 정말 가치 있는 일일 것이다. 누군가를 가르쳐 줄 정도의 실력이 되어 봉사를 할 수 있다면 더욱 멋진 삶이 아닐지. 상상만으로도 행복하다. 그 과정 속에서 나의 실력뿐만 아니라 지혜도 확장될 것이다.

　"지혜는 학교에서 배우는 것이 아니라 평생 노력해서 얻는 것이
다."

　"관습적인 성공을 인생의 중요한 목표라고 젊은이들에게 설교하
지 말아야 한다. 학교와 인생에서 가장 큰 동기는 일의 기쁨, 그 결
과에서 얻는 기쁨, 그리고 지역에 이바지한 가치를 아는 것이다."

　이는 알버트 아인슈타인의 말이다. 앞으로 나의 다양한 내적 경
험과 그 속에서 얻는 기쁨들을 기대해 본다.

03

나이가 들어도 멋지게 춤추기

1990년대부터 2000년대까지 클론, 박미경, 엄정화, 신승훈 등 당시 인기 최고의 가수들의 콘서트에 출연하거나 댄스 안무를 했던 이가 있었다. 2000년에는 《춤에 미친 여자》라는 자서전을 펴내기도 했던 그는 바로 재즈 댄서 박명수다.

일반 사람들에게는 잘 알려져 있지 않을지도 모른다. 하지만 그 당시 춤을 전문적으로 추는 사람들 사이에서는 그녀를 모르면 간첩이었을 만큼 유명했다. 그녀는 우리나라 재즈 댄스의 전설과도 같은 존재이기 때문이다. 그녀는 자신이 추고 싶은 춤을 위해 서른 살이 넘어 단신으로 외국에서 춤을 배우기도 했다. 그만큼 열정적으로 스스로의 삶을 개척해 가는 의지가 강한 사람이었다.

재즈 댄스는 파트너와 함께 추는 춤이 아니다. 신기하게도 혼자 추어도 좋고, 같이 추면 더 좋다. 재즈 댄스라고 해서 재즈 음악에 맞추어 추는 춤은 아니다. 재즈처럼 즉흥적이고 다채롭다는 것이다. 마음속 감정을 표현하는 몸짓이다. 재즈 음악이 자유롭고 즉흥적인 가운데 규율이 있듯 재즈 댄스도 마찬가지다. 자유롭게 몸을 쓰기 위해 기본적으로 단련해야 하는 것들이 있다. 몸을 마구 쓰는 게 아니기 때문이다.

내 나이 스물여덟 살, 재즈 댄스에 최고조로 빠져 있을 때였다. 나도 박명수 선생님의 수업을 듣고 싶어서 찾아간 적이 있었다. 나는 전문 댄서는 아니었다. 하지만 직접 수업을 듣고 같은 공간에서 춤출 수 있다는 것 자체만으로도 벅찼다. 그리고 영광이라고 생각했다. 이미 그때만 해도 박명수 선생님의 연세는 50세가 넘으셨다. 그럼에도 불구하고 많은 제자들과 같이 춤출 때는 누구 못지않게 뜨거운 열정이 뿜어져 나왔다. 그 강렬한 에너지는 보고만 있어도 기분이 좋아졌다. 굉장하다고 느껴질 정도였다.

대학교 1학년 1학기가 끝나 갈 무렵이었다. 중학교 단짝 친구에게서 연락이 왔다.

"진희야, 이번 방학 때 재즈 댄스 수업 같이 듣지 않을래?"

갑작스러웠지만 이렇다 할 취미 없이 인터넷만 하고 있던 터라 흔쾌히 동의했다. 처음이지만 친구와 같이하는 것이라 부담도 덜했다. 친구가 알려 준 대로 온라인 동호회 카페에 가입해 스케줄을 살펴보았다. 친구가 말한 재즈 댄스 수업은 토요일 오후 4시였다.

곧바로 신청하고 그날을 기다리고 있었다. 그런데 수업 이틀 전 친구가 통보 아닌 통보를 해 왔다.

"진희야, 어떡해. 나 반수하게 됐어!"

"뭐? 그럼 이번 주 춤 수업 못 가?"

"응, 이번 주말부터 단과 학원에 가. 미안해."

"…"

이미 입금해 놓은 상태라 나는 하는 수 없이 혼자서 첫 수업을 가게 되었다. 그리고 그것이 나의 10년간의 재즈 댄스 역사의 첫날이 되었다. 이렇게 잘 기억하는 이유는 그 첫 수업 날이 바로 내 스무 살 생일날이었기 때문이다.

그 이후로 춤에 열정적으로 빠져 버린 나에게 '주말은 휴식'이라는 개념은 없었다. 주말은 하루 종일 마음껏 사람들과 함께 춤추는 날이었다. 모든 스케줄은 춤추는 시간을 기준으로 정해졌다. 그만큼 내게는 행복한 시간들이었다.

춤은 인간의 본능적인 욕망을 표출하는 행위다. 이제 걷기 시작한 아기들도 흥겨운 음악이 나오면 절로 몸을 흔들며 어찌할 바를 모르는 것을 보면 알 수 있다. 춤은 몸으로 표현하는 것이지만 기본적으로는 마음으로 추는 것이라고 생각한다. 그래서 같은 안무여도 사람마다 다른 느낌이 나온다. 그 사람이 느끼는 감정의 색깔과 강도가 다 다르기 때문이다. 말로 설명할 수 없는 느낌이나 감정을 몸짓으로 표현한다는 것은 정말 매력적이다. 춤을 추는 사람들에게 왜 춤을 추냐고 묻는다면 그들은 오히려 되묻고 싶어 할 것이다. 왜 춤을 추지 않느냐고 말이다.

사람들은 자신을 가리켜 몸치여서, 박자감이 없어서, 유연성이 없어서 등의 이유를 대며 춤추기를 꺼려한다. 하지만 그런 것들은 춤출 수 있는 자격 조건이 절대 될 수 없다. 나 또한 처음에는 몰랐지만 시간이 가면 갈수록 어떻게 이런 몸으로 춤을 추려고 했을까 싶었으니 말이다. 안무를 따라 하기에도 바빴다. 그래서 아는 노래임에도 언제 어디에서 어떻게 맞춰야 할지 알 수 없어 많이 헤매기도 했다.

정말 춤추는 것이 꺼려지는 이유는 따로 있다. 서투른 자신의 몸짓이 못나고 바보같이 느껴져 별로 하고 싶지 않은 것이다. 나도 처음 춤추러 갔을 때 아무것도 모르고 정신없이 동작을 따라 했다. 그러다 슬쩍 거울을 보게 되었는데 충격을 받았다. 그리고 그 이후로 한동안 차마 거울을 볼 수 없었다. 몇 개월이 지나서야 겨우 나 자신을 마주할 용기가 생겼다.

그럼에도 불구하고 계속 춤을 추었던 것은 이유가 있었다. 바로 내 마음이 즐거워하고 있다는 것을 부정할 수 없었기 때문이다. 잘 추고 못 추고를 떠나 음악에 고조된 흥을 담아 몸을 움직이면 기분이 좋을 수밖에 없다.

춤은 마음을 투영한다. 다르게 말하면 마음을 춤에 투영시킨다고도 할 수 있다. 재즈 댄스는 항상 신나는 음악에만 맞춰 추지는 않는다. 가수 거미나 휘성의 애절한 발라드 곡에 맞춰서도 출 수 있다. 가사가 없는 곡들로도 출 수 있다. 모든 춤의 끝에는 재즈가 있다고 해도 과언이 아니다. 그만큼 자유롭다. 그래서 같은 동작이어도 자신이 느끼는 감정을 담아 추면 전혀 다른 춤이 되기도 한다. 춤추면 힐링이 되어 계속 춤추는 원동력이 되기도 한다. 솔직히 말하면 출 때는 몰라도 녹화한 것을 보면 민망하다. 그래도 계속 도전하게 된다. 온전히 자신에게 집중하는 그 순간을 또 느끼고 싶어서다.

나는 춤을 추기 시작하면서 나에 대해 알게 된 점이 한 가지 있었다. 자의식이 강한 나는 나의 감정을 다른 사람들 앞에서 꺼낼 줄 모른다는 것이다. 꺼내고 싶은데 꺼내지지가 않는 것이다. 감정이 마음속에 갇혀 있다는 느낌을 알게 되었다. 그것을 깨는 데 의외로 오랜 시간이 걸렸다. 여기에 춤이 많은 도움이 되었다고 생각한다.

서른 살이 되면서 직업이라는 것을 생각해 보게 되었다. 춤을 직업으로 삼을까 생각도 했다. 그러나 직업으로서의 춤은 다르다는 것을 알게 되었다. 춤추는 것을 좋아하는 것과 가르치며 사람들의 호응에 맞게 안무를 창작하는 것은 또 다른 세상이다. 사실 전문적으로 춤을 추고 싶었다면 발레부터 다시 배우거나 오디션을 봤어야 했다. 그러나 그렇게 하지 않았다. 춤은 나에게 온전한 기쁨과 힐링을 주는 대상이었기 때문이다.

바리스타라는 직업을 새로 갖게 되면서 춤은 내게서 멀어졌다. 9시간 내내 서서 손님들과 마주하며 일하고 집에 오면 쓰러져 있다 자기 일쑤였다. 그러나 마음 한구석에는 춤에 대한 갈망이 항상 있었다. 그래서 현재도 방영되고 있는 오디션 프로그램인 〈So, You Think You Can Dance(SYTYCD)〉를 유튜브로 챙겨 보며 대리만족을 하곤 했다. 나는 절대 그들만큼 잘 추지는 못한다. 하지만 그들이 느끼는 것을 나도 느끼고 싶었다. 심지어 피겨여왕 김연아의 각종 대회 프로그램들을 보며 어느새 팬이 되어 있기도 했다.

춤을 추는 데는 많은 체력이 소모된다. 특히 재즈 댄스는 많은 체력을 요한다. 그래서 나이가 들어서도 춤출 수 있으려면 지금부터 몸을 꾸준히 만들어야 한다는 것을 알고 있다. 무엇이든 오래 하면 내공이라는 것이 생긴다.

나는 외국 안무가 중 미아 마이클스라는 안무가를 좋아한다. 그녀는 현재 댄서로 활동하고 있진 않다. 하지만 안무가로서 동작이나 포인트를 설명할 때 대략적인 안무를 보여 주는데도 그 자체로 느낌이 강렬하게 다가온다. 진짜 고수는 100%의 에너지를 내지 않더라도 아우라가 남다르다는 것을 그때 알았다. 나도 그런 내공을 가지고 싶은 욕심이 있다.

누구나 저마다의 행복한 삶을 꿈꾼다. 사람들을 돕고 사회에 기여하며 행복감을 느끼는 것도 좋다. 하지만 나의 개인적 욕망을 실현하며 삶을 사랑하는 것도 좋은 것이다. 나는 그러기 위해 여기에 왔다. 그런 날이 더 빠른 시일 내에 올 수 있기를 기도한다.

04

월 1억 원 받는 빌딩주 되기

어느 여름밤 9시. 쾅 하는 소리와 함께 주위에서 빛이 사라졌다. 거실에서 TV를 보고 있던 나와 오빠는 놀라서 한동안 그대로 얼어붙었다. 정전이었다. 어머니는 촛불을 켜고 현관문을 열었다. 그제야 나는 가슴을 쓸어내리며 안도의 한숨을 내쉬었다. 사람들이 삼삼오오 웅성거리며 집 밖으로 나오기 시작했다. 무슨 일이 일어난 것인지 궁금해서였다. 오빠와 나도 아파트 밖으로 나가 어른들 틈에 꼈다. 어린 나의 눈에는 불빛 하나 없는 아파트의 풍경이 신기했다. 온통 컴컴했다.

"이게 대체 무슨 일이에요?"

"관리소장님, 어디 계세요?"

어른들은 한마디씩 거들었다. 금세 시끄러워졌다. 에어컨 사용량이 늘어나면서 전력이 일시적으로 부족했던 게 원인이었다. 소란

스러웠던 정전 해프닝이 끝났다. 어머니가 부르는 소리를 듣고 오빠와 나는 다시 집으로 돌아갔다. 그리고 불이 켜지기만을 기다리며 촛불을 가지고 놀고 있었다.

그때였다. 초인종 소리가 들렸다. 아버지가 오셨나 싶어 현관문 쪽을 바라봤다. 낯선 남자가 서 있었고, 어머니는 조금 당황하신 것 같았다. 그 남자가 돌아가고 어머니께 누구냐고 물었다. 형사라고 하셨다. 나이가 어려서 집안의 돈 문제에 대해서는 잘 모르고 있었다. 그리고 어머니도 그때 새로운 사실을 알게 되셨다. 아버지가 큰아버지의 사업에 연대 보증을 섰다는 것을…. 큰아버지는 부도가 나자 연락을 끊고 잠적했다. 그래서 채권자들의 고발로 형사가 우리 집까지 찾아온 것이었다.

부모님은 우리가 아주 어릴 때부터 한 푼, 두 푼 저축하셨다. 그렇게 모은 돈으로 남양주 덕소에 아파트 한 채를 사 두셨다. 그리고 아버지는 어머니 모르게 그 아파트를 파셨다. 빚을 갚기 위해 주식을 하신 것이다. 결국 그 돈은 사라지고 오히려 빚만 더 늘었다. 그것을 나중에 어머니가 알게 되면서 한바탕 난리가 났었다. 그 후로 어머니는 일을 시작하셨고, 아버지는 술을 마시고 들어오시는 날이 많아졌다. 그리고 몇 년 후, 아파트 재건축 사업이 시작되면서 우리는 반월세 주택으로 이사를 가야만 했다.

그때부터였던 것 같다. 어머니는 큰댁과 시동생들에 대한 섭섭함을 나에게 풀곤 하셨다. 처음에는 분에 못 이겨 쏟아 내는 어머니의 분노들을 들어주었다. 하지만 시간이 갈수록 한번 시작된 한풀이는 끝없이 길어지고 무한 반복되었다.

그렇게 몇 년을 지내던 어느 날 나는 내 속이 곪아 가고 있다는 것을 알게 되었다. 누가 업어 가도 모를 만큼 잘 자던 내가 6년째 불면증에 시달리고 있었다. 잠을 잘 못 자니 신경이 쇠약해졌다. 작은 소리에도 예민해졌다. 어머니는 내게 좋은 소리보다는 독기 가득한 말을 더 많이 하셨다. 그런 것들이 나의 몸과 마음을 병들게 했다. 신경이 날카로워지고 어머니와 말다툼하는 날이 잦아졌다.

어느 일요일 오후, 우울함에 빠져 있던 나는 결국 화를 참지 못하고 폭발했다. 나를 존중하지 않는 어머니가 미웠기 때문이다. 그리고 나는 어머니에게 모진 소리를 하고 말았다. 어머니는 펑펑 우셨다. 그때 갑자기 아버지가 내 방으로 뛰어 들어와 집에서 나가라며 고함을 지르고 나를 떠미셨다. 서러움에 나도 엉엉 울었다.

다음 날 회사에서 일하고 있는데 아버지에게서 전화가 왔다. 아버지는 미안하다며 내게 진심으로 사과하셨다. 그리고 그날 저녁, 술을 드시고 오신 아버지가 말씀하셨다. 어떻게든 잘해 보려고 했었는데 결과적으로 잘 안 되었다고 말이다. 그러시고는 조용히 방으로 들어가셨다. 평소 말이 없으신 아버지의 한탄을 들으니 마음이 쓰라렸다.

그래도 생활력이 강하신 부모님 덕분에 오빠와 나는 큰 불편

없이 자랄 수 있었다. 하지만 오빠도 나도 대학교에 들어가서부터는 각자 용돈 버는 것을 당연하게 생각했다. 그리고 마음 한구석에서는 얼른 집에서 독립할 수 있기를 바랐다.

큰아버지는 사업이 부도난 지 얼마 안 되어 이혼하셨다. 그때 나는 아홉 살이었다. 부모님은 제사며 모든 집안 행사를 도맡아 하기 시작했다. 할아버지 댁은 마산에 있었다. 명절 때마다 우리 집은 분주해졌다. 할아버지 댁에 내려가기 전날에 나는 졸린 눈을 비비며 엄마를 도와 전을 부치고 나물을 무쳤다. 우리 가족은 그 음식들을 아이스박스에 가득 넣어 차에 실었다. 그리고 밤새 달렸다.

큰아버지는 다시 작은 사업을 시작하셨다. 자동차 부품 하청 업체였는데 꽤 잘되는 모양이었다. 오랜만에 만난 사촌 언니가 큰아버지가 사 주셨다며 차를 보여 주었다. 나는 그 이후로 큰댁에 가지 않았다. 큰아버지는 편하게 지내면서도 아버지가 힘들어 손을 내밀었을 때는 핑계를 대며 한 번도 도와주지 않았다. 돈이 없다며 빚도 갚지 않았다. 아버지는 명예퇴직 후 빚을 갚느라 집과 차를 팔고 홀로 고군분투하고 계셨는데 말이다.

나는 그때서야 아버지가 할머니 돌아가신 후 마산에 일절 발길을 끊으신 이유를 알 수 있었다. 하지만 어머니는 혼자서도 일이 끝나면 고속버스 막차를 타고 내려가셨다. 그리고 묵묵히 음식을 하시고 제사를 지내셨다. 단지 자신의 할 일을 다 하고 싶으셨던 것이다. 때문에 시간이 흐른 지금까지 그 누구도 어머니에 대해서 함부로 얘기하지 못한다.

나는 어릴 적부터 나만의 방과 집에 대한 로망이 있었다. 둘째라는 이유로 항상 작은 방에서만 살았다. 어릴 적 내 방에는 침대와 책상, 피아노가 다닥다닥 붙어 있었다. 문을 열면 서 있을 수 있는 공간이 없었다. 이사를 가서도 조금 넓어지긴 했지만 내 방만은 햇빛이 거의 들어오지 않았다. 아침에 일어나도 밤인지 낮인지 구분이 안 되었다. 방문을 열고 나가면 환한 빛이 들어왔다.

반대로 오빠 방은 내 방의 4배만큼 넓었다. 창도 커서 햇살이 눈부실 정도였다. 상대적 빈곤감이 들었다. 한번은 오빠가 군대에 가 있는 동안 오빠 방을 쓰려고 했는데 어머니는 왠지 석연찮아 하셨다. 슬펐다. 하지만 모른 척하고 지냈다. 오빠가 결혼하고 나서야 그 방은 내 것이 되었다.

그러나 얼마 지나지 않아 나는 독립했다. 인터넷으로 원룸을 알아보고 무작정 부동산을 찾아갔다. 계약금을 걸었다. 순식간에 이삿날이 잡혔다. 그리고 나는 그날 저녁, 부모님께 독립을 선언했다. 부모님은 조금 놀라셨지만 포기하신 듯 고개를 끄덕이셨다. 그동안의 나의 마음고생을 모르시지 않으셨기 때문이다.

집에 대한 나의 로망은 버킷리스트에도 있다. 바로 '내 집은 내가 지어 살기'다. 구조와 설계부터 자재, 인테리어까지 내가 원하는 집을 만들어 살 것이다. 또한 부모님도 좋은 집에서 남은 삶을 즐겁게 보내실 수 있도록 하고 싶다. 흙과 꽃, 나무를 좋아하시는 어머니를 위한 정원을 만들어 드리겠다. 운동을 좋아하셨던 아버지를 위해 운동공간도 마련해 드리고 싶다. 아버지가 다시 활력을 찾으셨으면 좋겠다.

나는 아버지와의 추억이 많지는 않다. 하지만 언제나 생각나는 기억이 있다. 어릴 적 아버지는 술을 드시고 기분 좋게 취해 집으로 오시곤 했다. 한 손에는 큼지막한 빵 봉투가 들려 있었다. 마치 빵집의 남은 빵을 다 담아 온 듯했다. 그리고 우리 남매를 부르셨다. 그러곤 다짜고짜 오늘 잘 지냈냐고 물으셨다. 가끔 학교에서 받아 온 상장을 자랑스럽게 보여 드릴 때면 아버지는 항상 큰 소리로 "우리 딸 최고!", "박진희 최고!", "유 캔 두!"를 외치셨다. 그때는 잘 몰랐는데 크면서 그런 아버지의 격려와 칭찬이 나에게 큰 힘이 되었다는 것을 알게 되었다.

아직 건강하게 살아 계실 때 부모님을 모시고 여행하며 좋은 추억을 많이 남기고 싶다. 그리고 그동안 부모님의 마음에 상처를 준 사람들에게 보란 듯이 행복하게 해 드리고 싶다. "그 동안의 고생이 헛되지 않았네!" 하며 모두에게 축하받으시도록 만들겠다.

나는 월 1억 원을 받는 빌딩 주인이 되고 싶다. 몇 년 전, 친구와 서울 근교로 여행을 간 적이 있었다. 한참 놀다 숙소로 들어와 침대에 누워 이야기를 나누고 있었다. 그때 친구가 나에게 물었다.

"너는 지금 당장 얼마가 있으면 행복하게 살 수 있을 것 같아?"

그 물음에 내 머릿속이 갑자기 멍해졌다. 한 번도 생각해 본 적이 없었기 때문이다. 그냥 돈이 많았으면 좋겠다고만 생각했지, 구체적인 금액을 생각해 본 적은 없었다. 나는 머뭇거리며 머릿속으로 복잡한 계산을 하기 시작했다. 친구는 내가 미처 답하기도 전에 먼저 말했다.

"나는 지금 100억 원이 있으면 좋겠어."

100억 원. 생각해 본 적 없는 숫자였다. 내가 생각한 최고액은 소심하게도 10억 원이었다. 하지만 친구의 말을 들어 보면 100억 원은 다분히 현실적인 숫자였다. 100억 원 정도는 되어야 했다. 그 후로 내 마음은 100억 원만큼 더 커졌다.

월 1억 원의 빌딩 수입은 내 삶뿐만 아니라 가치 있는 삶을 살기 위해 필요한 최소한의 금액이다. 앞으로 부자에 대해 가지고 있던 부정적 느낌을 지워 버리겠다. 행복한 부자가 되기 위해 그들처럼 생각하고 행동하겠다. 나는 앞으로 부의 추월차선을 타고 목표를 이루기 위해 전력 질주할 것이다. 혼다 켄(일본의 유명 경영 컨설턴트)은 스스로 세운 인생의 목표에 헌신하는 사람은 삶이 즐거워 어쩔 줄 모른다고 했다. 그의 말처럼 나도 열정적으로 꿈을 이루기 위해 노력할 것이다.

05

1년에 책 4권 쓰기

마음이 힘들면 누군가에게 혹은 어딘가에 토로하고 싶어진다. 나는 주로 나 자신에게 토로하는 편이다. 요즘은 쉽고 간편하게 일상을 공유할 수 있는 '인스타그램'이 대세다. 그전에는 '미니홈피'가 대세였다. 나는 아직도 그 공간을 좋아한다. 즉각적이고 세련된 느낌의 인스타그램보다는 마음의 방구석 같은 느낌의 미니홈피가 더 편하다. 특히, 나는 다이어리 쓰는 것을 좋아했다. 예전만큼은 아니지만 마음을 어디엔가 풀어놓고 싶을 때는 지금도 그 공간을 찾는다.

연애할 때는 상대방에게 투정을 부리기도 하지만 진짜 내 속내는 조용히 글로 옮기고 곱씹었다. 어떤 상황이 불만스러울 때는 무엇이 문제이고 이러저러한 방법으로 개선되어야 한다는 식의 자기 평론을 펼쳤다. 물론 비공개다. 왠지 모르지만 혼자서만 얘기하고 싶었다.

그러고 나면 신기하게도 그 문제로 인한 감정이 많이 사라졌다. 근본적인 문제는 바로 사라지지 않았지만 내 속은 평온해졌다. 나는 편지도 많이 썼다. 헤어진 연인에게, 부모님에게, 나에게. 그리고 속으로 미워하던 누군가에게도. 또한 나의 계획에 대한 결심이 필요할 때나 깨달은 것이 생기면 글을 썼다. 잠이 안 올 때, 반성하고 싶을 때, 기분이 좋을 때도 썼다. 어디선가 좋은 글을 보면 옮겨 적기도 했다.

살면서 글을 쓰고 싶다는 생각은 누구나 한 번쯤 하는 것 같다. 나도 짧든 길든 단편적인 생각들을 웹상에 올리고 싶었다. 그 시간에 내가 어떤 생각들을 하고 있었는지 남기고 싶었다. 하지만 책을 쓰겠다는 생각은 하지 못했다. 모두가 그렇듯 먼 훗날 자서전을 내보고 싶다고만 막연하게 생각했다. 그리고 적어도 자서전을 낼 때 내 나이가 50세는 넘어야 한다고 생각했다. 그 정도 나이는 되어야 내 이야기를 꺼냈을 때 주변의 반응을 어느 정도 감당할 수 있을 것 같았기 때문이다. 내 이야기를 꺼낸다는 게 엄두가 나지 않았던 것이다.

그런 내가 이제 책을 쓰고 싶다고 생각한 것은 반복된 나의 소망 때문일 것이다. 회사의 소모품 같은 느낌에 회의감이 들었다. 회사에 나가지 않으면 돈이 끊어지는 현실을 생각했다. 그러면서 이런 삶에서 벗어나려면 어떻게 해야 하는지 생각해 보곤 했다.

나는 대학교 졸업 직후 전공과 특기를 살려 국립산림과학원에 계약직으로 들어갔다. 거기에서 일본어 통번역 업무와 사무보조 일을 시작했다. 그 후 일본국제교류기금으로, 다시 무역회사로 이직했다. 무역회사는 대학교 선배가 지인들과 함께 차린 신생 회사였다. 각자 본업이 있지만 따로 팀을 꾸려 부수익을 얻기 위해 차린 것이다. 그들은 자신들 대신에 일해 줄 직원이 필요했다. 나는 앞으로 어떤 일이 일어날지도 모른 채 연봉 2,400만 원이라는 선배의 제안에 응했다.

회사 사무실은 청담동에만 있을 뿐이지 6평도 안 되는 허름한 오피스텔이었다. 나는 거의 혼자서 회사에 있었다. 그래서 마치 나 혼자 회사를 운영하는 기분이었다. 사당동 가구거리에 있는 사무 가구점에 가서 책상과 파티션을 샀다. 전화와 인터넷 설치, 사업자 등록 신청도 했다. 또한 위임장을 작성해 은행에 가서 거래통장을 만들었다. 이렇게 사무실의 형태를 갖추고 나서 본격적으로 내 업무를 시작했다.

회사는 일본 화장품의 수입, 판매를 기본으로 자체 화장품을 브랜딩 해 성형외과, 피부과에 납품했다. 나는 수출입 통관 업무와 면장 업무는 처음이었기 때문에 혼자 이리저리 동분서주하기도 했다. 그뿐만이 아니었다. 마케팅을 위한 온라인 쇼핑몰을 만들었다. 상품 이미지 작업을 하고 간간이 걸려오는 고객의 전화에 응대했다. 그리고 오후 5시가 되면 포장한 상품 박스들을 들고 우체국에 갔다. 차라리 내가 온라인 쇼핑몰을 운영할 걸 그랬다는 생각이 들기도 했다.

정신없이 일하다 보면 항상 저녁 8시가 넘었다. 하루 종일 해도 끝나지 않는 업무에 퇴근 시간이 따로 없는 삶의 반복이었다. 물론 그런 기회들이 감사하지 않은 것은 아니었다. 하지만 갑갑한 사무실에서 움직임도 거의 없이 밥만 꼬박꼬박 먹고 모니터만 보는 일은 재미도 비전도 없었다. 이렇게 일해 봐야 내 것으로 돌아오는 것은 200만 원도 안 되는 월급뿐이었다. 돈 버는 수단으로 꼬박꼬박 회사에 나가고 그렇게 저축한 돈으로 결혼해야겠다는 생각은 나에겐 정말 매력적이지 않았다. 결혼해도 내 인생은 변하지 않을 것이 뻔했기 때문이다. 인생이 별로 기대되지 않았다.

서른 살이 되면서 내가 앞으로 어디에서 무엇을 하면서 살아가면 좋을지 생각하게 되었다. 그 생각 끝에 나는 엉뚱하지만 그동안 해 보고 싶었던 바리스타로 전업했다. 1년 정도 아르바이트로 경험을 쌓으면서 국제자격증을 땄다. 그리고 바로 정규 바리스타가 되었다. 바리스타로 일하면서 노동의 보람과 기술적 노하우를 얻었다. 하지만 바리스타도 결국 똑같은 월급쟁이일 뿐이었다.

6개월 후, 나는 푸드트럭 사업을 생각하게 되었다. 하지만 집도 차도 없던 나는 대출을 받는다고 해도 빠듯했다. 중고차와 장비들을 사고 나면 남는 게 없을 것이기 때문이었다. 시작한다고 바로 돈이 벌리는 게 아닌데 여유자금 없이 무작정 시작했다가 더 어려워질 것 같았다. 그래서 나는 계획을 바꿨다. 마지막으로 다시 한 번 회사로 들어가 돈을 모아 나와야겠다고 말이다. 경험과 노하우를 쌓고 나서 나의 작은 사업을 시작하기로 마음먹었다. 곧바로 매장에서 직접 로스팅을 하고 전문적으로 커피를 다루는 카페에 지원했다.

회사생활에서 가장 힘든 것은 일보다 출근이 아닐까 싶다. 특히 서비스 업종은 출근이 빠르다. 바리스타의 스케줄은 보통 일주일 간격으로 오픈과 마감 업무로 근무 시간대가 나뉜다. 오픈 업무 때의 출근은 적응하기가 힘들었다. 특히 겨울은 더 그렇다. 추위에 일어나기도 힘든 새벽, 어둡고 차가운 공기를 뚫고 출근하는 게 고역이었다. 아침 7시 반까지 출근해서 오픈 준비를 해야 하기 때문에 적어도 6시에는 일어나야 한다. 이마저도 집이 먼 경우에는 새벽 5시에 일어나야 한다. 아침밥은 당연히 패스다. 출근하고 나면 이제 하루의 절반은 성공한 것 같은 기분이 든다. 노동은 신성하다고 누가 그랬던가. 현대의 노동에는 열매가 없다.

나의 계획은 어느새 연기처럼 사라지고 있었다. 일한 지 2년이 넘어가는데 어찌된 일인지 나의 자산은 불기는커녕 오히려 줄어들고 있었다. 회사의 재정 상태가 좋지 않았던 것이다. 입사 후 6개월 후부터 월급이 밀리기 시작했다. 그러던 것이 어느새 3개월 단위로

밀리는 것이 일상이 되고 있었던 것이다.

입사한 지 2년 2개월. 나는 퇴사를 결심했다. 나 말고도 월급이 밀린 사람이 수두룩했다. 실업급여를 신청하고 1인 기업가가 되기 위한 방법을 모색하기 시작했다. 이런저런 책을 보고 자기계발 영상들도 보다가 지금 여기에 와 있다.

이제야 나는 내 의식을 고양시키는 것이 얼마나 중요한지 새삼 알게 되었다. 당장 굶지 않고 집이 있고, 적은 금액이라도 꼬박꼬박 월급이 들어오면 그것에 안주하게 되는 것이 사람이다. 그러다 점점 막다른 골목으로 들어서면 멘탈 붕괴가 시작된다. 이 기간을 견디고 새로운 삶을 살기 위해서 나의 마인드부터 바꿀 필요가 있었다.

대형서점에 가면 이 많은 책들은 도대체 누가 쓰고 어떻게 나오게 되는 것인지 궁금했다. 이미 저명한 작가들의 신작, 연예인들이 쓴 책, 경제 분야 도서, 그리고 끊임없이 나오는 자기계발 도서들을 보면서 신기하다고 생각했다. 예전에는 나도 과연 저렇게 책을 쓸 수 있을까 싶은 생각이 들었다. 하지만 이제 나도 할 수 있다고 믿는다. 내 안에는 내가 생각하는 것보다도 더 큰 내가 있다고 믿는다.

"바깥세상을 바꾸려 노력하지 말고 인상이 각인되는 자신의 내부를 바꿔라. 그러면 외부라는 세상에 모습을 드러낸 것들은 스스로를 돌볼 것이다."

《믿음으로 걸어라》의 저자인 네빌 고다드가 한 말이다. 그는 현대 자기계발 강사들에게 많은 영향력을 끼친 형이상학자다. 그의 저서를 읽으며 이제는 잃어버리지 않을 나의 가치를 되찾고 있다. 네빌 고다드의 말 중에서 인상 깊은 것이 하나 더 있다.

"'보는 것이 믿는 것이다'라는 말을 뒤집어서 '믿는 것이 보는 것이다'로 바꾸기 시작하라."

내가 믿는 만큼 나의 가치는 오를 것이다. 내가 퇴사한 후 다른 직원들도 전부 한 달 간격으로 퇴사했다는 소식이 들렸다. 입사 동기였던 동료는 예전에 일했던 스타벅스에 다시 입사했다. 다른 동료들도 취업 준비를 위해 재정비 중이다. 하지만 나는 이제 더 이상 시간과 노동을 저당 잡히며 살지 않을 것이다.

'1년에 책 4권 쓰기'는 앞으로 나의 삶의 방향이자 삶 그 자체다. 어떤 내용을 적어 나갈지 아직은 모른다. 하지만 분명한 것은 나는 책을 쓰며 점점 풍요로운 삶을 살게 될 것이라는 것이다. 단순히 작가로서의 삶이 아니라 영향력 있는 사람이 되기 위해 끊임없이 나에게 투자할 것이다. 내 가치는 내가 책정한다.

PART 5

내 집 마련하려는
신혼부부 코칭하기

- 김 석 준 -

김석준 내 집 마련 코치, 자기계발 작가, 동기부여가

전세대출 받아서 신혼생활을 시작했다. 지독한 절약과 부동산 공부를 통해 2년 만에 전세대출을 모두 갚고 서울에 있는 아파트 마련에 성공했다. 그 기간 동안 습득한 지식, 노하우와 경험을 나눔으로써 내 집 마련 코치로 활동하고 있다. 현재 '내 집 마련'을 주제로 개인저서를 집필 중이다.

Email treasurecompany@naver.com   Blog blog.naver.com/treasurecompany
C·P 010.3477.1639

01

한강이 보이는 아파트에서 살기

우리나라 어린아이에게 스케치북을 주고 그리고 싶은 것을 그려 보라고 하자. 그러면 대부분의 아이들은 네모, 세모로 집을 그리고, 동그라미로 해를 그리고, 그 사이에서 웃고 있는 사람을 그린다. 그림의 디테일은 다를 수 있겠지만 나는 우리 모두가 대부분 비슷한 그림을 머릿속에 떠올린다고 생각한다. 이런 현상을 가리켜 어느 심리학자는 부동산에 대한 열망이 어릴 때부터 대단하다는 것을 보여 준다고 했다.

그리고 부모의 직간접적인 영향으로 아이들은 살고 있는 집의 종류와 평수를 구분 지어 친구를 사귀기도 한다. 아파트에서 사는 아이들은 빌라나 주택에 사는 아이들과 어울리지 않는다. 그리고 큰 평수의 아파트에서 사는 아이들은 작은 평수의 아파트에서 사는 아이들과 어울리지 않는다. 큰 평수의 아파트에서 살수록 부자라고 생각하고 경제적 수준이 비슷한 친구들을 사귄다. 어려서부터 집은 그 사람의 부의 수준을 평가하는 기준이라고 생각하는 것이다.

나는 불과 10년 전까지 1970년대에 지어진 낡은 주택에서 살았다. 오래된 집이라 단열이 잘되지 않았다. 집 안의 온도가 여름에는 외부보다 더 덥고 겨울에는 더 추웠다. 천장에는 쥐가 살았다. 조용한 밤이면 천장에서 쥐들이 움직이는 소리가 선명하게 들렸다. 여기까지는 견딜 만했다. 나를 힘들게 했던 것은 화장실이 집 밖에 있다는 것이었다. 볼일을 보려면 비가 오나 눈이 오나 무조건 집 밖으로 나가야 했다. 수세식 화장실이면 그나마 다행일 텐데, 재래식 화장실이었다. 더운 여름에는 화장실에 갈 때마다 악취와 파리와 싸워야 했다.

이런 집에서 20년 넘게 살다 보니 좋은 집에 대한 열망이 있었다. 아파트로 이사 가고 싶었다. 부모님께서는 지금 살고 있는 낡은 집을 부수고 새로운 집을 짓겠다는 목표가 있었다. 때문에 아파트로 이사 갈 생각이 없으셨다. 나는 스스로 집을 구하게 되면 꼭 좋은 아파트로 가겠다고 다짐했다.

나는 대학을 졸업하고, 자취방을 구하지 못할 정도로 급작스럽게 일을 시작해야 했다. 그래서 회사 근처에 있는 고시원에 등록했다. 그곳에서 몇 개월 지내면서 적당한 방을 알아보았다. 그렇게 나의 첫 집은 고시원에서 시작되었다. 방은 정말 좁았다. 빨래를 하면 말릴 곳이 없어 침대 위의 옷걸이에 걸어야 했다. 창문이 없어 습기가 빠지지 않았고, 방 안에서는 냄새가 났다. 천장도 낮아서 침대에서 몸을 일으키면 마르지 않은 빨래에 머리가 닿았다. 그리고 방음 처리는 전혀 안 되어서 양쪽 방에서 숨 쉬는 소리가 들릴 정도였다. 더구나 아래층이 노래연습장이어서 밤마다 목청 높여 부르짖는 노래를 자장가 삼아 잠을 청해야 했다. 화장실, 샤워실, 주방, 세탁기를 공용으로 사용하니 고시원은 개인적인 공간이라는 생각이 전혀 들지 않았다.

도저히 고시원에서는 일반적인 생활이 안 되었다. 그래서 근처의 고시텔로 옮겼다. 고시텔은 고시원보다 비싸지만 화장실이 방 안에 있고 방음이 잘되어 있다. 주방과 세탁기는 공용으로 사용하기 때문에 고시원과 원룸의 중간 형태다. 고시원보다 나은 생활을 할 수 있었지만 여전히 좁았다. 20명이 같이 사용하는 주방이라 개인적으로 음식을 해 먹기가 불편했다. 친구를 초대할 수도 없었다.

고시텔을 나와서 드디어 첫 개인 공간인 원룸을 구해서 이사했다. 4층 건물의 501호였다. 그렇다. 옥탑방이다. 하지만 내가 원할 때 밥을 해 먹을 수 있고, 내가 원할 때 빨래할 수 있었다. 옥상에 빨래를 널어 두니 방 안에 습기가 차지 않아서 너무 좋았다. 하지만 옥상에 지어진 가건물인지라 여름에는 뜨겁게 달구어진 옥상의 열기를 집 안에서 그대로 느낄 수 있었다. 엘리베이터가 없어서 생수를 들고 계단을 오르는 것이 상당히 힘들었다.

회사를 옮기면서 원룸으로 옮겼다. 2층에 위치한 일반적인 원룸이었다. 옥탑방보다 쾌적한 환경이어서 행복했다. 다만 외벽 전망인 방이었다. 창문을 열어 손을 뻗으면 옆 건물 외벽에 손이 닿았다. 형광등을 켜지 않으면 24시간 어둠을 유지했다. 창문을 열어도 맑은 날인지 흐린 날인지 가늠할 수 없었다. 분명 비가 오는데 창문을 열고 손을 밖으로 내밀어도 빗방울이 떨어지지 않는 신기한 곳이었다. 창문이 전혀 제 기능을 못했다.

원룸에서 지내던 어느 주말, 1층 세입자가 이사 나가는 것을 보게 되었다. 창문이 마당 쪽으로 나 있는 방이었다. 순간 나는 집주인에게 전화를 걸었다. 1층이 이사 나가는 것 같은데 아직 세입자를 못 구하셨으면 내가 내려가서 살아도 되겠냐고 물어봤다. 나는 2년째 이곳에서 살고 있고 월세를 한 번도 밀린 적이 없다는 이야기도 빠뜨리지 않았다. 집주인은 흔쾌히 그렇게 하라고 했다. 나는 같은 월세로 마당이 보이는 방으로 옮겼다. 마당 전망인 방이었다. 1층인데 창문이 마당 쪽으로 나 있었다. 그러니 창문을 열면 원룸 앞을 지나다니는 사람들이 모두 내 방을 볼 수 있었다.

결혼을 하면서 빌라 전세를 구했다. 북향인지라 햇빛과 바람이

들지 않았다. 원룸보다는 조금 더 큰 평수였지만 방이 2개여서 방과 주방의 크기는 정말 작았다. 그래도 골목 전망인 집이었다. 다행히도 3층에서 살았으니 지나다니는 사람들이 집 안을 볼 수는 없었다. 비록 좁은 빌라였지만 신혼의 꿈을 펼치기에는 충분했다.

경제적 목표가 같은 아내와 함께 절약하는 생활을 했다. 그렇게 우리는 전세 대출을 갚았다. 그러곤 경제와 부동산을 공부하고, 1년 동안 임장을 다닌 노력 끝에 내 집 마련에 성공했다. 서울 내 아파트로 이사한 것이다. 1990년대에 지어진 복도식 아파트를 샀지만 내부 수리를 해서 깔끔한 집이다. 결혼해서 2년 동안 아내와 함께 노력한 결과가 집으로 나타났다. 아파트를 계약하던 날의 행복한 기분은 평생 잊을 수 없을 것이다. 지금도 살고 있는 아파트는 빌라들이 보이는 전망이다. 내가 지금껏 살아온 집들 중에서 최고다.

내 집의 변천사는 내 삶의 변천사를 대변한다. 고시원에서부터 고시텔, 옥탑방, 원룸, 빌라를 거쳐 아파트로 이사했다. 창문이 없는 방에서 외벽 전망, 마당 전망, 골목 전망, 빌라 전망으로 발전했다. 이사할수록 집과 전망이 점점 좋아지고 있다. 지금 살고 있는 아파트는 평범한 직장인 급여로 가능한 수준의 집이다.

내 목표는 앞으로 이사를 두 번 정도 더 하는 것이다. 그래서 공원 전망 그리고 한강 전망 아파트로 이사하는 것이다. 마지막 목표인 한강 전망 아파트는 월급쟁이로는 살기 힘들 것이다. 그것을 이루기 위해선 삶의 변화가 필요하다. 그래서 나는 현재의 신분인 독자, 직장인에서 벗어나 작가, 1인 창업가로 신분상승을 이루기로 결정했다.

한강이 보이는 아파트들 중에서도 한강을 남향으로 보는지, 북향으로 보는지, 흘러 들어오는 한강을 보는지, 흘러 나가는 한강을 보는지 등에 따라서 가격이 천차만별이다. 나는 흘러 들어오는 한강을 남향으로 보는 아파트에서 살 것이다.

낮에는 햇빛에 부서지는 한강의 모습을 바라본다. 밤에는 한강을 건너는 수많은 자동차의 불빛과 한강 건너 보이는 야경을 바라본다. 그런 내 모습을 머릿속에 생생하게 그려 보고 한강을 볼 때마다 열심히 살아온 지난날을 감사하는 나를 느껴 본다. 그러면서 앞으로 더욱 멋진 내가 되겠다고 다짐하는 마음을 느껴 본다. 나는 지금 살고 있는 집보다 더 나은 집에서 사는 내 모습을 상상한다. 그것을 현실로 만들 것이다. 그래서 마지막 목표인 한강이 보이는 아파트에서 사는 모습을 매일 상상한다. 그러면서 그 꿈을 현실에서 이룰 수 있도록 노력하고 있다.

당신이 살고 싶은 집은 어떤 집인가? 지금 살고 있는 집에 만족해서 평생 그곳에서 살 것인가? 나는 천장에 쥐가 다니고 재래식 화장실이 있는 좋지 않은 주거 환경에서 살았기 때문에 좋은 집에 대한 열망이 누구보다 강했다. 기회가 될 때마다 더 나은 주거 환경으로 이사하려고 힘썼다.

살고 있는 집은 그 사람의 경제적 수준을 나타낸다. 때문에 나는 내 성공이 눈에 보이도록 더 좋은 집으로 이사하길 원한다. 그 꿈을 실행하기 위해 나는 직장인에서 성공한 작가, 대한민국 최고의 내 집 마련 코치가 될 것이다. 그래서 나 자신과 주변의 모든 사람들이 내 성공을 알아볼 수 있도록 부의 상징, 한강이 보이는 아파트에서 살 것이다.

02

신혼부부 10만 쌍
내 집 마련 코칭하기

통계청 발표에 따르면 2017년 한 해 혼인 건수는 44년 만에 제일 낮은 수치인 26만 건이 약간 넘는다. 28만 건이던 2016년에 비해 6%가량 하락했다. 이는 N포세대인 청년들의 삶이 힘들어지는 대한민국의 상황을 보여 주는 통계수치다. N포세대의 시작은 삼포세대다.

이는 2011년 경향신문의 기획 시리즈 〈복지국가를 말한다〉 특별 취재팀이 만든 신조어다. 특별 취재팀은 삼포세대를 "불안정한 일자리, 학자금 대출 상환, 기약 없는 취업 준비, 치솟는 집값 등 과도한 삶의 비용으로 인해 연애도, 결혼도, 출산도 포기하거나 기약 없이 미루는 청년층"으로 정의했다. 연애, 결혼, 출산을 포기한 삼포에 인간관계와 내 집을 추가로 포기한 세대가 오포세대다.

삼포세대를 극복하고 어렵게 결혼에 성공해 행복한 신혼생활을 하면서 내 집 마련을 준비하는 친구들이 많다. 하지만 대부분 내 집 마련을 현실로 만들지 못하고 전셋집에서 산다. 신혼부부에게 내 집 마련 방법을 알려 주는 사람이 없기 때문이다. 주변 친구들이나 회사 선배들을 보면 매년 오르는 전세금을 걱정하는 사람들이 많다. 그들은 내 집 마련을 해 본적이 없어 조언을 해 줄 수 없다. 간혹 내 집 마련에 성공한 선배들이 있지만 노하우를 잘 알려 주지 않는다. 나는 그 노하우가 간단하지 않기 때문이라 생각한다. 내 집 마련을 위해서는 경제, 재무, 부동산, 설득 등 많은 부분의 노하우가 필요하다.

그럼에도 불구하고 신혼부부가 내 집을 마련하는 것은 어려운 일이 아니라고 생각한다. 옆에서 조금만 도와주면 모든 신혼부부가 내 집을 마련하는 것이 가능하다.

나는 결혼 후 신혼생활을 11평 빌라 전셋집에서 시작했다. 전세 보증금이 부족해서 전세자금 3,000만 원을 대출받았다. 1년 안에 대출금을 모두 갚았고 전세가 만기될 시점에 내 집 마련에 성공했다. 그리고 서울에 위치한 21평 아파트로 이사했다. 이사하면서 알게 된 사실이 있다. 임대인이 내가 살고 있던 전셋집 보증금을 2,000만 원 더 올렸다는 것이다. 만약 내 집을 마련하지 않고 계속 그 전셋집에서 살았다면 나는 매번 오르는 전세 보증금을 맞춰 줘야 했을 것이다. 그리고 전세 보증금보다 더 큰 폭으로 오르는 집값을 원망하며 내 집 마련을 다음 기회로 미뤘을 것이다.

　내 집 마련에 성공한 지금은 오르는 전세 보증금을 걱정하지 않는다. 그리고 2년 전세계약 만기가 도래할 때 걱정할 필요도 없다. 한 번이라도 전셋집에 살아 본 경험이 있는 사람은 알 것이다. 전세계약 만기가 돌아올 때의 부담감을. 임대인이 보증금을 올리자고 하면 어떻게 할까. 요즘 반전세가 대세라는데 올릴 보증금만큼 월세를 내라고 하면 어떻게 할까. 고민들은 끝없이 이어진다.

　만약 보증금을 맞춰 주지 못해서 집을 비워야 한다고 하자. 그럴 경우 전세 만기 일정에 맞춰 들어갈 수 있는 새 전셋집을 계약하는 것도 쉽지 않다. 전세 보증금의 수준, 이사 가능한 날짜를 지금의 전셋집과 맞춰야 하기 때문이다.

　그리고 내 집을 마련하면 집값이 오른다는 뉴스에 걱정하지 않게 된다. 전셋집에 살 때는 집값이 오른다는 뉴스를 보면 절망하며 내 집 마련의 꿈도 점점 멀어지는 것 같았다. 하지만 내 집 마련을 한 이후에 집값이 오르면 내 집값도 오르고 다른 집값도 오른다. 만약 다른 집으로의 이사를 계획하고 있다면 지금 사는 집값과 다음 이사 갈 집값의 차액만 준비하면 된다. 그러니 전셋집에 살면서 집값을 준비하는 것보다 부담이 훨씬 적다.

　신혼부부가 내 집 마련을 해야 하는 이유는 더욱 행복해질 수 있기 때문이다. 부부 공동의 목표를 설정해야 하고 서로의 급여를 솔직히 알려야 하기 때문에 더 많은 대화를 하게 된다.

사랑해서 결혼했지만 30년을 다른 환경에서 살았기 때문에 모든 면에서 나와 배우자가 같을 수는 없다. 연애할 때는 데이트 비용 때문에 소비가 많았다. 그러나 결혼하고 내 집 마련을 준비한다면 이런 소비를 많이 줄여야 한다. 아내는 결혼한 이후에도 남편이 결혼 전과 같이 맛있는 음식도 먹으러 다니고 여행도 많이 다니고 명품 선물도 해 주기를 바란다. 하지만 내 집 마련을 준비하고 있다면 이 같은 소비를 절대 해선 안 된다.

그래서 소비를 줄이기 위해 일방적으로 안 된다고 말하면 배우자는 결혼하면서 바뀐 상대방의 모습에 서운함을 느낀다. 반면에 나는 내 집을 마련해야 하는데 그것도 모르고 자꾸 소비하려고 하는 배우자에게 서운함을 느낀다. 이처럼 대화가 없으면 부부가 서로 무슨 생각을 하는지 알 수 없고, 마음에 상처만 받는다.

그렇기 때문에 배우자와 평소보다 더 많은 대화를 통해 공동의 목표를 정해야 한다. 부부는 서로 마주 보는 것이 아니라 한곳을 바라봐야 한다. 공동의 목표를 설정하고 한곳을 바라본다면 신혼생활은 이전보다 훨씬 더 의미 있고 행복해질 것이다.

신혼부부가 내 집 마련을 준비한다면 서로의 급여와 앞으로의 직장생활 계획에 대해서도 솔직해져야 한다. 연애할 때는 자존심을 지키느라 급여가 얼마인지 공개하지 않는다. 심지어 결혼 후에도 서로의 급여를 공개하지 않고 각자 따로 소비하고 따로 저축한다.

내 집 마련에는 큰 자금이 필요하다. 수억 원이 넘는 가격이므로 살아오면서 구입한 것들 중에서 가장 큰 자금을 요구한다. 대부분은 그것도 부족해서 대출을 받아야 한다. 그리고 어쩌면 그 대출금을 평생에 걸쳐 상환해야 할 수도 있다.

이렇게 큰 자금이 필요하니 부부가 급여를 솔직하게 공개해서 개인이 아닌 가계의 수입과 지출을 철저하게 파악해야 한다. 연애할 때 지출했던 데이트 비용으로 미루어 대부분의 아내는 남편의 급여가 실제보다 많을 것이라고 생각한다. 그러니 솔직하게 공개해야 한다. 필요하다면 급여를 속인 것에 대해 용서를 구하라. 그리고 '우리에게 필요한 자금이 얼마인데 우리 급여가 얼마이니 매달 용돈과 생활비로 이 정도만 사용하자'라는 목표를 세우고, 부부가 함께 자금 계획을 세워야 한다.

자금 계획을 세우는 과정과 실행은 고통스럽다. 결혼에 대한, 특히 신혼생활에 대한 환상을 송두리째 뽑아 버리고 현실을 직시해야 하기 때문이다. 만족스럽지 않은 현실은 피하고 싶다. 하지만 현실을 직시하지 않고 더 나은 현실을 위한 계획을 세우지 못한다면 평생을 가난하게 살아야 한다.

나도 이런 어려움들을 극복하고 내 집 마련에 성공했다. 현실을 직시하고 계획을 세우는 과정에서 아내와 다투기도 많이 다퉜다. 아내는 신혼생활을 즐길 수 없어 아쉬워했다. 나는 나를 이해해 주지 못하는 아내에게 서운했다. 어쩌면 그보다 나를 믿고 결혼한 아내에게 원하는 것을 해 줄 수 없는 스스로에게 화가 났는지도 모른다.

그리고 내 집 마련을 하기 위해서는 공부해야 할 것이 매우 많다. '왜 집을 사야 하는지, 부부가 공동의 목표를 어떻게 세워야 하는지, 자금을 어떻게 만들어야 하는지, 우리 가계 재무 상황을 어떻게 파악할지, 어떤 아파트가 신혼부부에게 적합한지, 매매 과정에서 공인중개사무소를 어떻게 활용해야 하는지, 인테리어는 어떻게 해야 하는지' 등등. 나는 혼자서 공부했다. 독서, 세미나, 강연 등을 충분히 활용했다. 그리고 실행했다. 잘못된 내용이 있으면 수정하고, 다시 실행했다.

나는 내 집 마련의 목표 설정부터 인테리어까지 모든 것을 직접 공부하고 겪어 봤다. 때문에 이 과정이 얼마나 어려운지 잘 안다. 신혼부부가 내 집을 마련하는 과정은 쉽지 않다. 하지만 불가능한 것은 아니다. 전세자금을 대출받고 신혼생활을 시작한 나도 전세계약 만기 시에는 내 집으로 이사했다.

나는 나의 희망적인 이야기를 신혼부부들과 나누고 싶다. 많은 신혼부부들이 내 집 마련은 하고 싶은데 어떻게 해야 하는지 모른다. 누군가 옆에서 도와준다면 이런 신혼부부들이 내 집을 마련할 수 있다고 확신한다. 내 집 마련 뒤에 찾아오는 성취감과 행복감은 말로 표현할 수 없을 정도로 크다. 부부가 함께 느끼기 때문에 그 행복감은 더욱 크다. 결혼도 했고 내 집 마련도 할 수 있다. 이 기쁨을 많은 신혼부부들과 함께할 것이다. 그리고 나의 노하우를 통해서 그들이 겪을 어려움을 덜어 줄 것이다.

나는 신혼부부 내 집 마련에 관한 책을 쓸 것이다. 그렇게 대한민국 대표 코치가 되어 신혼부부 10만 쌍에게 내 스토리와 노하우를 전할 것이다. 그래서 대한민국 신혼부부들이 내 집 마련에 성공하게 만들 것이다. 행복한 부자가 되는 초석을 놓아 줄 것이다. 선한 영향력으로 오포세대에게 희망을 주며 대한민국 혼인율 증가에도 기여하겠다.

친구들과의 약속을 지키기 위해
람보르기니 타기

지키기 위해 노력하는 특별한 약속이 있는가? 나에겐 친구들과 했던 "성공해서 마르지 않는 샘을 만들고 슈퍼카를 타고 멋지게 모이자"라는 약속이 그것이다. 약속의 내용은 특별하지 않을 수 있다. 누구나 성공하고 싶어 하고, 슈퍼카를 타고 싶어 하기 때문이다. 그럼에도 불구하고 나에게 이 약속이 특별한 이유는 친구들과 함께했던 술자리 때문이다.

나에게는 고등학교 때부터 지금까지 친하게 지내는 친구들이 있다. 12명의 남자들로 구성된 이 모임을 우리는 '현대 패밀리'라고 부른다. 나를 제외한 모든 친구들이 현대 아파트에서 살고 있어서 그냥 그렇게 불렀다. 참 싱거운 이름이다. 그래서 멋진 이름으로 바꿔 보려고 모두 모여서 아이디어를 나눈 적이 있다. 하지만 '12 몽

키즈', '삼합회', '수영 로터리 클럽' 등 더욱 시원찮은 이름들만 늘어 놓았다. 6시간 정도 아이디어를 교환하고 우리는 결국 '현대 패밀리'를 그대로 유지하기로 했다. 싱거운 이름만큼 싱거운 친구들이다.

　나를 포함한 11명의 친구들은 모두 중학교 때까지 공부를 잘했고 인정받았다. 고등학교 때도 공부를 나름 잘했지만 중학교 때만큼은 아니었다. 그리고 SKY와 같은 좋은 대학교를 가지 못했다. 그저 그런 대학에서 그저 그런 대학생활을 했다. 주말마다 친구들끼리 모여 술을 마시며 게임 이야기, 여자 이야기 등 싱거운 이야기들을 나눴다. 하지만 그 당시에는 세상 무엇보다 재미있는 이야기들이었다. 친구들 모두 세상을 바꿀 만큼 특별한 남자들은 아니다. 하지만 12명이 모여서 만든 우리들의 세상은 그 어떤 세상보다 특별했다.

　대학 신입생 생활을 마치고 그해 겨울방학부터 한 명, 두 명 입대 소식이 들려왔다. 그 당시 우리들에게 입대는 인생 최대의 고비였다. 철없이 놀기만 했던 시간을 뒤로해야 했다. 그리고 무슨 일이 일어날지 모르는 불확실함에 군대 가기를 두려워했다. 12명 중에서 가장 먼저 입대하는 친구를 위한 송별회를 가졌다. 친구가 입대하기 전에 모인 술자리지만 분위기는 평소와 같았다. 그도 그럴 것이 입대하는 친구의 송별회를 어떻게 해야 하는지 아는 사람이 없었다.

시간이 지나면서 술에 취한 친구들이 하나, 둘 생겼다. 하지만 나는 술에 취하지 않았다. 술을 잘 마시지 못하기 때문이다. 술을 잘 마시지 못하는데 취하지 않았다고 하니 앞뒤가 맞지 않는 말 같지만 사실이다. 나는 소주 두 잔만 마셔도 보통 사람들이 소주 두 박스 마신 것처럼 얼굴이 빨개진다. 사실 얼굴뿐만 아니라 온몸이 빨개진다. 몸이 알코올을 받아들이지 못하기 때문이다. 그래서 어느 정도 술에 취하면 몸이 알코올을 거부한다. 이 상황이 되면 나는 곧장 화장실로 달려가서 변기를 붙잡고 오늘 내가 무슨 음식들을 먹었는지 확인하게 된다. 그러면 몸에서 알코올이 빠지기 때문에 얼굴색이 평소처럼 돌아온다. 그뿐만 아니라 정신은 술 마시기 이전보다 더 맑아진다. 그래서 나는 대부분의 술자리를 맨 정신으로 버틴다. 그날의 술자리도 예외는 아니었다. 나는 맨 정신으로 술에 취한 친구들의 이야기를 듣고 있었다. 그러던 중 내 인생의 목표가 되는 특별한 약속을 했다.

당시 입대를 앞둔 친구가 목소리를 높여 "군대에 가서 배짱을 키워 오겠다. 군대에서 배우는 것이 뭐가 있나. 나는 스스로 배짱을 키우겠다."라고 말했다. 입대 후 2년 동안 지내야 하는 자대배치를 받으면 선임 병사에게 곧바로 반말을 하겠다고 했다. 그 정도 깡과 배짱만 있으면 세상을 살아가는 데 어려움이 없을 것이라는 게 이유였다. 맨 정신이었던 나는 '그건 깡이 아니라 미친 거지'라고 마음속으로 생각했다.

하지만 술에 취한 친구들에게는 정말 멋진 발언인 것 같았다. 옆에 있던 한 친구는 "그래! 남자가 그 정도 배짱이 있어야 사업도 하지. 나는 너의 그 배짱에 투자한다!"라며 목소리를 더 높였다. 그러자 "멋지네!", "못할 이유가 뭐냐!"와 같은 말들이 여기저기서 들렸다. 나는 친구들이 이성을 잃었음을 확신했다.

시간이 흐르고, 이야기의 주제는 더 이상 군대가 아니었다. 다들 '나는 ~할 배짱이 있다.'라는 식의 이야기를 시작했다. "나는 조직 폭력배를 이길 배짱이 있다.", "내 배짱이면 큰 사업을 한다.", "저 친구 배짱이면 마약 사업도 할 수 있다." 등등 말도 안 되는 소리들이었다. 그러자 한 친구가 우리는 배짱이 두둑해서 모두가 크게 돈을 번다고 했다. 그러면서 모두가 성공해서 여기 이곳에 다시 모이자고 제안했다. 단, 모두가 슈퍼카를 타고 모이기로 했다.

사실 나는 슈퍼카에 관심이 없었다. 비싸서 살 수 있을 것이라 생각하지도 않았다. 그때부터 친구들은 목소리를 높여 서로 자신이 탈 슈퍼카를 찜하고 있었다. 그 광경을 다른 사람들이 봤다면 흡사 싸우는 장면 같았을 것이다. 슈퍼카를 모르는 나에게 친구들은 '람보르기니 무리시엘라고'를 정해 줬다.

'람보르 뭐시기?' 처음 듣는 이름이었다. 그냥 비쌀 것 같은 차 이름이었다. 맨 정신이었던 나는 친구들에게 말도 안 되는 소리 그만하라고 했다. 무슨 수로 돈을 벌어서 그런 차를 사냐고 구박했다. 그 순간 아직도 잊지 못하는 말 한마디가 들려왔다. 누가 말했는지 기억나지 않지만 그 말은 정확히 기억한다.

"마르지 않는 샘을 만들어야지. 돈이 마르지 않고 계속 나와서 네가 무엇을 하든 너에게 돈을 주는 마르지 않는 샘!"

순간 내 안에서 큰 충격과 울림이 있었다. 내가 무엇을 하든 나에게 돈을 주는 마르지 않는 샘을 만든다고? 그것이 있다면 내가 아무것도 하지 않아도 슈퍼카를 탈 수 있다고? 왜 나는 그저 평범하게 살려고만 했을까?

나는 친구들이 싱거운 녀석들이라 생각했다. 큰 꿈도 없이 좀비처럼 죽지 못한 채 세상을 사는 것이라 생각했다. 하지만 그중에서 가장 싱거운 녀석은 나였다. 비록 술에 취했을지라도 친구들에게는 큰 꿈이 있었다. 성공해서 돈을 많이 벌겠다는 포부도 있었다. 그에 비해 나는 평범하게 대학을 졸업하고 평범하게 취업하고 결혼해서 행복한 가정을 꾸리면 족하다고 생각했다. 그런 나에게 마르지 않는 샘은 본 적도 없고 어디 있는지 알 수도 없지만 꼭 찾아야 하는 숨겨진 보물상자였다.

마르지 않는 샘이란 말에 흥분한 나는 친구들에게 이렇게 약속했다.

"나는 사업해서 성공한다. 마르지 않는 샘을 만든다. 그리고 람보르기니 무리시엘라고를 타고 이곳에 다시 온다!"

친구들은 내 약속을 환영하면서 "당연히 그래야지!"라며 좋아했다. 친구들은 저마다 각기 다른 슈퍼카를 정하고 모두 성공해서 그 슈퍼카를 타고 다시 만날 것을 기약했다. 그러곤 그날의 술자리를 마무리 지었다. 결국 싱겁게 헤어진 술자리였지만 그 약속은 이후 내 마음속에 깊게 자리 잡아 목표가 되었다. 이 약속을 지킨 내 모습을 상상하면 언제나 흥분되었다. 지금까지도 꼭 지키겠다고 다짐한다.

시간이 지나 친구들은 군대를 전역하고 대학을 졸업하고 취업했다. 그리고 다들 평범한 삶을 산다. 나도 비록 지금은 평범한 삶을 살지라도 언젠가 가질 마르지 않는 샘을 만들고 있다. 아직도 친구들을 만나면 나는 그날 약속했던 슈퍼카와 마르지 않는 샘에 대해 이야기한다. 이야기하면서 그 약속을 지킨 모습을 상상하면 기분이 좋기 때문이다. 하지만 그 누구도 그날의 약속을 기억하지 못한다. 그럴 거라 예상했다. 그러거나 말거나 나는 그날의 약속을 지키기 위해 마르지 않는 샘을 다양한 방법으로 만들어 보려고 노력 중이다.

아직까지는 마르지 않는 샘을 만들지 못했다. 하지만 작가로, 코치로 성공해서 마르지 않는 샘을 만들 수 있다는 확신이 생겼다. 성공한 나는 멋진 옷차림에 람보르기니 무리시엘라고를 타고 친구들 앞에 당당하게 서서 "나는 약속을 지켰다."라고 말할 것이다. 그 날 친구들과 한 약속, 사실은 스스로에게 한 약속, 마르지 않는 샘을 만들고 슈퍼카를 탄 내 모습을 상상하니 벌써부터 설렌다.

04

포털 사이트에 내 프로필
검색되도록 하기

"호랑이는 죽어서 가죽을 남기고 사람은 죽어서 이름을 남긴다."

살아 있을 때 성공한 사람들의 이름은 후세에도 남는다는 뜻을 가진 속담이다. 이 속담은 옛날에 사람은 죽어서 묘비에 이름과 업적을 새겼던 데서 유래한다. 지금 우리는 정보화 시대에 살고 있다. 옛날처럼 죽어서 꼭 묘비에 이름을 남기는 것이 아니다. 책, TV, 신문 등 수많은 미디어를 통해서 이름을 남긴다. 이처럼 정보화 시대에서는 죽지 않아도 이름을 남길 수 있다.

옛날에는 정보의 전파 속도가 느렸다. 입소문이 주된 매체였다. 그리고 책을 만드는 데 많은 시간이 걸렸다. 글자를 읽을 수 있는 사람도 거의 없었다. 따라서 살아생전 성공해도 사람들에게 이름을 알리기까지는 상당한 시간이 걸렸다. 그래서 죽은 후 자신의 묘비에 이름과 업적을 남겼다. 그러나 정보화 시대에서는 성공한 사람이 되면 TV, 인터넷 등 다양한 미디어를 통해서 내 이름을 빠르게 알릴 수 있다.

성공한 사람들은 책, 신문, TV, 인터넷 등 다양한 미디어를 통해서 자신의 이름을 알린다. 그중에서도 인터넷은 가장 빠른 속도로 가장 많은 사람들에게 이름을 알릴 수 있게 해 준다. 요즈음에는 많은 사람들이 스마트폰을 통해서 언제 어디서나 인터넷에 접속하기 때문이다. 손가락 터치만으로 포털 사이트에 접속해 뉴스를 보거나 원하는 정보를 쉽게 검색할 수 있다.

네이버는 우리나라 최대의 포털 사이트다. 대부분의 우리나라 사람들은 네이버를 통해서 뉴스를 접하고 필요한 정보를 검색한다. 그만큼 네이버에서 검색되는 것들은 인지도가 높은 것들이다. 그래서 네이버에서 이름을 검색했을 때 프로필이 검색된다는 것은 성공한 사람이라는 뜻이다. 그리고 대중의 관심을 받는 인물이라 할 수 있다. 예를 들어, 네이버에 '김연아'를 검색하면 피겨여왕 김연아의 프로필이 검색된다. 우리나라에 김연아라는 이름을 가진 사람은 많다. 하지만 네이버에서는 가장 유명한 피겨여왕 김연아의 프로필이 대표로 검색된다. 그다음으로 조금 덜 유명한 동명이인의 김연아들이 차례로 검색된다.

혹시 네이버에 내 이름을 검색하면 누가 나올까? '김석준'이라는 이름을 가진 유명한 사람이 누굴까? 나는 담담한 마음으로 검색했다. 아무리 유명한 김석준이 없다고 해도 내 프로필이 검색될 것 같지는 않았기 때문이다. 검색 결과, 부산광역시 교육감 김석준의 프로필이 대표로 검색되었다. 그 뒤로 쌍용건설 회장 김석준, 대학교수 김석준 3명 등이 검색되었다. 그들을 포함해 네이버에서 김석준은 11명이 검색되었다. 당연하겠지만 내 프로필은 없었다. 그래도 생각보다 유명한 김석준들이 많았다.

나에게 목표가 생겼다. 네이버에 김석준을 검색하면 내 프로필이 검색되도록 하는 것이다. 그러기 위해서 나는 지금의 김석준들보다 더 성공해야 한다. 회사원 김석준은 아무래도 네이버에서 프로필이 검색되지 않을 것 같다. 회사에서 성공한다고 해도 네이버에 프로필이 검색될 정도는 아닐 것 같다. 그러니 네이버에서 프로필이 검색되기 위해서는 회사원이 아닌 사회적으로 영향력이 있는 다른 직업을 가져야 한다.

오랜 생각 끝에 나는 작가 겸 코치 김석준이 좋을 것 같다고 생각했다. 그리고 책만 쓰는 것이 아닌 책 쓰기의 연장선인 강연, 컨설팅을 통해서 사회적인 영향력을 미칠 것이다. 그렇게 되면 김석준을 네이버에 검색했을 때, 내 프로필이 보일 것이다.

작가 겸 코치가 되면 네이버에만 내 이름을 남기는 것이 아니다. 작가가 되어 내 이름을 책에 남긴다. 코치가 되어 내 이름을 강연 자료에 남긴다. SNS 마케팅을 통해서 내 이름을 블로그나 카페 등에 남긴다. TV에 출연해 내 이름을 영상 자료에 남긴다. CD를 녹음해 내 이름을 CD에 남긴다. 지속적으로 내 이름이 언급되고 검색되어 네이버에 내 이름이 남겨진다.

나는 학교에 다닐 때부터 내 이름을 알리는 것이 좋았다. 다른 사람들이 내 이름을 기억하는 것 같아 뿌듯했다. 초등학교 미술시간에 그림을 친구들보다 조금 더 잘 그려서 내 그림이 교실 뒤 게시판에 게시된 적이 있었다. 그리고 그림과 함께 내 이름이 게시되었다. 기분이 좋았다. 그리고 뿌듯했다. 왜냐하면 모두에게 칭찬받는 것 같았기 때문이다. 물론 다른 사람들은 내 그림이나 이름을 보지 않았을 수도 있다. 하지만 나는 그림과 함께 걸려 있는 내 이름을 보는 것이 자랑스러웠다.

학교에서 상장을 받기도 했다. 상장을 받을 때도 기분이 좋았다. 무언가를 잘해서 상장을 받았다는 것보다도 내 이름이 상장에 새겨 있어서 기뻤다. 지금까지도 그 당시에 받은 상장들은 집에 잘 보관되어 있다.

이름은 글자로 남기는 것이 좋다. 이름이 많이 불리는 것도 좋을 것이다. 하지만 소리는 순간적으로 존재하지, 시간이 지나면 사라진다. 하지만 글자라면 내 이름이 오래도록 남을 것이다. 나는 어던가에 적혀 있는 내 이름을 볼 때마다 인정을 받는 것 같아 뿌듯할 것이다.

회사생활을 할 때도 나는 내 이름을 알리는 것을 선호한다. 예를 들어, 발표 자료를 만들 때 나는 내 이름을 자료에 넣는다. 내가 만들었다는 것을 남기고 싶기 때문이다. 다른 직원들은 이름을 넣기를 꺼린다. 왜냐하면 잘못된 내용이 포함되어 있으면 작성자가 책임을 져야 하기 때문이다. 하지만 나는 내가 만든 자료가 잘 만들어졌음을 믿는다. 그래서 다른 사람들이 내 이름을 알아줬으면 하는 마음에 나는 이름을 꼭 넣는다.

하지만 학교나 회사에서 이름을 남겨도 그 성공을 알아주는 사람은 한정적이다. 그래서 학교나 회사에서 성공하는 것과 사회적으로 성공하는 것은 다른 것이다. 많은 사람들에게 인정받는 성공은 사회적인 성공이다. 학교에서 상장을 많이 받고 회사에서 좋은 자료를 많이 만들어도 대중들에게는 알려지지 않는다. 그런 것들로는 내 이름을 세상에 알릴 수 없다. 또한 네이버에 내 프로필이 검색되도록 할 수 없다.

네이버에 내 프로필이 검색되는 것은 이름 남기기의 완성형이다. 대한민국 최대의 포털 사이트에서 내 이름을 검색했을 때 내 프로필이 대표로 검색되었다고 가정하자. 이것은 정보화 시대에 맞게 가장 빠르게 많은 사람에게 이름을 남기는 방법이다. 같은 이름을 가지고 있는 동명이인들 중에서 내가 사람들에게 가장 인정받는다는 것이 얼마나 멋진 일인가. 생각만 해도 가슴이 뛴다. 네이버에 프로필이 검색될 정도라는 것은 어마어마한 성공을 했다는 뜻일 것이다. 그래서 그에 따른 경제적인 부는 이미 이루었을 것이라고 생각된다.

다음, 네이트, 야후 등 우리나라에는 다양한 포털 사이트들이 있다. 하지만 네이버의 이용량이 단연 1등이다. 이왕 이름을 남기기로 결정했다면 대한민국 최대의 포털 사이트에 이름을 남기는 것이 좋지 않을까? 네이버에 프로필이 검색된다면 다른 포털 사이트에서도 내 프로필이 검색될 것이다.

교육감, 기업 회장, 교수 김석준들은 네이버에 프로필이 등록될 정도로 사회적으로 인정받고 있는 사람들이다. 그들은 분명 현재의 위치에 서기까지 많은 노력을 했을 것이다. 노출되지 않았을 뿐일 것이다. 네이버에 프로필이 검색되기까지 힘든 과정들을 이겨 냈으리라 믿어 의심치 않는다. 나는 네이버에 나의 프로필이 검색될 정도로 노력했다고 아직까진 생각하지 않는다. 그래서 사회적인 성공을 위해서 더욱 노력할 것이다.

지금까지 네이버에 프로필이 등록된 김석준들 중에서 작가 겸 코치는 없다. 이것은 신의 뜻이다. 신이 작가 겸 코치라는 위치를 나를 위해 남겨 놓은 것이다. 나는 작가 겸 코치가 되어 네이버에서 내 프로필이 검색되도록 할 것이다. 다른 11명의 김석준을 뛰어 넘어 가장 유명한 사람이 될 것이다. 그래서 네이버에서 내 프로필이 가장 먼저 검색되도록 하겠다.

05

TV에 출연해서
내 집 마련 노하우 전하기

〈텔레비전〉이라는 노래가 있다. 유치원에 다닐 때 손으로 네모를 그리는 율동과 함께 이 노래를 불렀던 기억이 있다. 어릴 때부터 TV에 나오는 것은 많은 사람들의 선망의 대상이다. TV에 나온다는 것은 유명하다는 것이고 성공했다는 이야기이기 때문이다. 그당시에는 TV에 내가 나온다는 말이 신기했다.

나도 내가 TV에 나왔으면 정말 좋겠다. TV에 나와서 말을 잘할 수 있을 것 같다고 생각했다. 내가 나왔으면 하는 TV 프로그램도 정해 두었다. 먼저, 나는 많은 사람들 앞에서 가르치는 것을 잘할 수 있다. 그리고 '내 집 마련'이라는 나의 전문성을 살릴 수 있다. 따라서 내 책의 주제는 내 집 마련이다. 나는 이를 잘 살릴 수 있는 TV 프로그램으로 O tvN 〈어쩌다 어른〉과 JTBC 〈차이나는 클래스〉, 두 프로그램을 정해 두었다.

나는 많은 사람들을 가르치는 것이 나에게 맞는 직업이라 생각했다. 유년기 시절 내 꿈은 초등학교 선생님이었다. 초등학교 선생님이 되려면 교육대학교(이하 교대)에 입학해야 했다. 그러나 내 성적으로는 교대 입학이 어렵다는 사실을 알게 되었다. 그래서 고등학교 3학년 때까지만 초등학교 선생님이 내 꿈이었다. 그래도 나는 어린아이들과 함께 놀면서 가르치는 일을 하고 싶었다.

나는 학교에 다닐 때 반장을 한 경험이 있다. 초등학교 6학년부터 고등학교 2학년까지 6년 동안 반장을 맡았다. 그리고 대학 신입생 때 과대표를 도맡았다. 그 때문에 나는 자연스럽게 사람들 앞에서 발표를 많이 했다. 그래서 많은 사람들 앞에서 발표를 한다는 것에 큰 두려움이 없다.

그렇지만 사람들 앞에서 발표하기 전에는 항상 떨린다. 아무런 준비 없이 갑자기 발표해야 하는 경우라면 머릿속에 내용이 정리되지 않아서 더 떨린다. 하지만 준비를 충분히 해도 잘해야 한다는 부담감 때문에 발표하기 전에 떨리기 마련이다. 그러다 발표가 끝나면 안도감을 느낀다. 마무리 지었다는 생각 때문이다. 나는 발표 전의 떨림과 발표 후의 안도감을 즐긴다. 그리고 많은 사람들 앞에서 발표하는 노하우가 생겨 시선 처리를 어떻게 할지 알게 되었다. 나는 발표 중에 듣고 있는 사람들을 번갈아 본다. 그리고 그 사람들의 반응을 살핀다. 내 이야기를 잘 듣고 있는 사람을 찾아 눈이 마주치면 경청해 주셔서 감사하다는 눈빛을 전한다. 그러면 적어도 그들과는 소통이 잘되고 있다는 것을 확신할 수 있어 자신감을 얻을 수 있다.

대학생 때 시험기간이 되면 동기들이 나에게 많은 질문을 했다. 내가 동기들보다 많이 알고 있다기보다는 내가 쉽게 설명해 주기 때문이라 생각한다. 나는 내가 알고 있는 것을 다른 사람에게 전달할 때 내가 아는 것만 전달하지 않는다. 나는 듣는 사람이 궁금해하는 것을 파악한다. 그리고 듣는 사람의 수준에 맞춰서 알고 싶어 하는 내용을 전달한다. 그래서 듣는 사람이 내가 설명하는 내용을 쉽게 받아들일 수 있었던 것이다. 내 설명에 만족한 동기들은 나를 '김 교수'라고 불렀다.

다른 사람에게 무언가를 알려 주기 위해서는 내가 먼저 그 내용을 공부해야 한다. 그리고 다른 사람에게 알려 주면서 다시 한 번 공부한다. 그래서 나는 배우는 것보다 알려 주는 것이 진정한 공부라고 생각한다. 내가 알고 있는 것을 가르쳐 주면 줄수록 질문한 사람보다 내 점수가 더 높다는 사실을 몸소 알게 되기 때문이다.

나는 많은 사람들 앞에서 말할 때 오히려 목소리에 자신감이 생긴다. 목소리의 톤이 올라가고 말의 속도가 조금은 빨라진다. 목소리의 강약을 조절할 수 있고 중요한 내용을 강조할 수 있다. 내용이 지루한 것 같으면 잠시 다른 이야기로 주의를 환기시키기도 한다. 이런 기술들은 강연 및 세미나 참석을 통해서 자연스럽게 배운 것 같다. 많은 강연자들의 특징을 보고 좋은 것을 받아들이려 노력했다. 그래서 내가 알고 있는 것을 듣는 사람에게 효과적으로 전달할 수 있게 되었다.

나는 사람들 앞에서 발표 또는 강연하는 것을 좋아하고 잘한다고 생각한다. 그래서 나는 내 능력을 살려 방송에 출연하고 싶다. 책을 쓰는 것만큼 방송에 출연하는 것도 전문가로 인정받는 길이라고 생각한다. 그리고 유명하지 않더라도 방송 출연 이후에는 유명해질 수 있다. 유명한 사람은 방송을 통해서 더욱 유명해진다. 그런 측면에서 방송 출연은 최고의 마케팅 수단이다.

MBC 〈무한도전〉에서 매년 진행하는 가요제가 있었다. 무한도전 멤버와 가수가 팀을 이루어서 노래를 만들고 무대를 꾸몄다. 이미 성공한 유명한 가수도 출연하고 무명의 가수도 출연했다. 무명의 가수는 〈무한도전〉 출연을 통해서 유명해졌다. 10cm와 혁오가 대표적인 경우라 할 수 있다. 홍대 인디클럽에서 공연하던 밴드들이 〈무한도전〉 출연 이후 일약 스타덤에 올랐다. 그들은 〈무한도전〉 출연을 발판으로 더욱 활발한 활동을 하고 있다.

JTBC 〈냉장고를 부탁해〉를 통해서 방송에 데뷔한 셰프들이 있다. 그들은 TV 출연을 통해서 인지도를 얻고 대중의 관심을 받는다. 그 결과 그들이 운영하는 식당은 대박이 난다. 방송에 출연한 이연복 셰프가 운영하는 식당은 예약이 3개월 후에나 가능할 정도로 손님들로 넘친다. 몇몇 무명이었던 셰프들은 〈냉장고를 부탁해〉 출연을 통해서 유명 셰프로 거듭났다. 또한 TV 출연으로 퍼스널 브랜딩에 성공해 광고를 찍은 셰프도 있다.

TV에 출연하고 브랜딩에 성공하는 경우는 사람뿐만이 아니다. KBS 2TV 〈생생정보통〉, 〈VJ특공대〉와 같은 프로그램에 맛집으로 소개된 식당들은 모두 TV에 방영된 사진을 식당에 걸어 두고 마케팅을 한다. 그리고 그 사진을 보고 손님들이 찾아온다.

이렇듯 TV 출연은 성공적인 퍼스널 브랜딩과 마케팅을 위해 필수다. TV 출연이 필요한 것이라면 기회가 왔을 때 성공할 수 있도록 미리 준비해야 한다. 강연을 하는 방법이나 중요한 것을 강조하는 방법 등은 미리 연습할 필요가 있다. 나는 반장, 과대표 경험, 시험 강의 경험을 통해 이 부분을 어느 정도 연습했다. 언제든 TV 출연을 할 기회가 생기면 망설이지 않고 "YES!"라고 외칠 수 있다.

TV 출연은 퍼스널 브랜딩을 할 수 있는 최고의 수단이다. 그래서 어떤 프로그램에 출연하는지도 중요할 것이다. 나는 내 주제와 관련된 TV 프로그램에 출연하고 싶다. 내 집 마련이 주제이기 때문에 O tvN 〈어쩌다 어른〉과 JTBC 〈차이나는 클래스〉와 같은 TV 강연 프로그램이 적합할 것이다. 더욱이 이것들은 교양이 아닌 어른들을 위한 실천 지식을 강연하는 프로그램이다. 내 주제와 딱 어울리는 프로그램들이다.

나에게도 TV 강연 프로그램을 통해 알게 되어 좋아하게 된 2명의 강사가 있다. 김경일 아주대 심리학과 교수와 유수진 자산관리사다. 두 사람의 TV 강연을 보고 배움을 얻었다. 그 후 저서를 구입해서 읽었다. 지금은 연재 중인 신문 칼럼과 블로그를 구독 중이다.

TV 강연 프로그램에 출연하지 않았다면 나는 두 사람의 존재를 모르고 있었을 것이다. 아마 나뿐만 아니라 많은 사람들이 모르고 있었을 것이다. 하지만 TV 출연을 통해서 두 사람은 자신의 브랜딩에 성공했다. 그리고 많은 사람들에게 자신의 존재를 알렸다. 대중이 찾는 사람이 되어 지금은 강연, 칼럼 기고, 저서 출간 등 성공적인 활동을 이어가고 있다.

나는 TV 강연을 통해서 내 집 마련의 노하우를 전달하고 싶다. 많은 사람들이 내 집을 마련하고 싶어 하지만 방법을 모른다. 나는 책을 통해서 그 노하우를 전달할 것이다. 하지만 대한민국 2030 성인 평균 독서량은 1년에 13권이다. 한 달에 한 권 정도 독서하니 독서량이 많지 않은 셈이다. 그래서 나는 TV 출연을 통해서 나를 알리고, 내 책을 마케팅 할 것이다.

TV를 시청하는 시간은 독서하는 시간에 비해서 월등히 많다. 책은 일주일에 평균 3시간 읽는데 TV는 하루 평균 3시간 시청한다. 책보다 TV를 통해서 나를 알려야 대중들이 알아볼 가능성이 훨씬 높다.

내 집 마련 지식은 TV 강연 프로그램이 지향하는 실전 지식이다. 때문에 나는 책 쓰기와 코칭으로 인지도를 쌓으면 TV 강연 프로그램 출연도 가능할 것이라 생각한다. TV 출연 이후에는 내 저서와 코칭을 찾는 사람들이 더욱 늘어날 것으로 기대한다.

우리 집 TV에는 내가 나오기도 한다. 이모부께서는 늘 캠코더를 가지고 다니시면서 모든 것을 영상에 담으신다. 그래서 우리 집에는 이모부께서 제작하신 비디오테이프와 CD가 많다. 그 테이프나 CD를 재생하면 텔레비전에 내가 나온다. 대중적인 방송이 아니라 개인적인 비디오 영상이다. 하지만 이제는 개인적인 영상이 아니라 대중적인 영상에 내가 등장할 차례다. 몇몇의 우리 가족이 아니라 수많은 대중들에게 나를 보여줄 차례가 온 것이다.

PART 6

마음간호 클리닉을 통해
사람들에게 꿈을 선물하기

- 이 그 래 -

이그래
감정치유 작가, 감정 코칭, 대학병원 25년 차 간호사, 건강검진 코디네이터, 자기계발 작가, 동기부여가

모든 질병은 마음에서 온다는 이유로 감정치유를 통해 사람을 만나고 싶어 한다. 현재 감정에 대한 주제로 개인 저서를 집필 중이다.

01

성공한 자산가 되기

내가 태어나고 성장한 시기는 너 나 할 것 없이 다 가난했다. 가난해서 학교에도 못 가고 병원에도 못 가고, 못 입고, 못 먹고, 못하는 게 많았다. 그런 시절에 태어나 자란 탓인지 우리 세대는 유독 가난을 한스러워하고 재산이나 돈에 대한 집착이 강하다.

부모님은 6남매를 먹이고 입히고 가르쳐야 했다. 지금 생각해봐도 부모님은 그 시절을 도대체 어떻게 살아 냈을까 짐작하기도 어렵기만 하다. 아침 등굣길에 언니, 오빠들이 필요한 돈을 달라고 손을 내밀면 엄마 목소리가 점점 커졌다. 나는 아쉬운 소리하는 것을 유달리 싫어했다. 그래서 슬며시 집을 나와 준비물을 사야 함에도 그냥 학교에 가곤 했다. 꼭 필요한 날에는 엄마가 쥐어 주는 달걀 두 알을 들고 문방구에서 연필이며 노트를 물물교환 했던 기억도 있다.

　나는 다행히 똘똘해서 받아쓰기도 늘 100점을 받았고 선생님들의 귀여움을 받았다. 그래서 준비물을 못 가져가도 매를 맞거나 창피를 당하지는 않았다. 하지만 부잣집 친구들의 3단 크레파스며 만화 캐릭터가 그려져 있는 필통 등을 곁눈질하며 부러워했다.

　가난에 대한 열등감을 공부와 책 읽기, 글쓰기 등으로 극복하며 자존심을 지켰다. 친구도 많고 성적도 좋았던 나는 학교에 가면 인정받고 가치 있는 존재로 느껴졌다. 그래서 학교에 가는 것을 싫다고 느낀 적이 없을 만큼 밝은 모범생이었다. 그래서인지 친구나 선생님들은 나의 결핍을 눈치채지 못했다. 나도 굳이 말하지 않았다

　하지만 경제적인 어려움은 여러 곳에 상처를 남긴다. 넉넉지 않은 살림에 밥상을 차리다 보니 엄마는 많은 형제들 중 누가 밥을 먹었는지 안 먹었는지 챙길 수도 없었다. 반찬이 있네 없네 타박하다가 밥을 굶어도 아무도 몰라주었다. 먹는 것이 생존 그 자체였던 것 같다. 나는 지금도 식탐이 별로 없다. 무엇으로든 한 끼 때우면 된다는 생각이 머릿속에 자리 잡았다. 그렇게 된 건 먹는 것을 두고 다투는 걸 보면서 생긴 이상한 오기 같은 것이다. 먹는 것에 목숨을 거는 시시한 사람으로 살지 않겠다는, 일종의 자존심 지키기가 아니었나 생각된다.

　허기만 때우는 식사가 되다 보니 난 허약해서 늘 아팠다. 감기

몸살을 달고 살고 잦은 잔병치레로 체육시간엔 나무 그늘에서 쉬어야 했다. 그래서 운동은 지금도 영 소질이 없다. 가정 통신문에서 조차도 허약하니 무리한 활동을 시키지 말아 달라는 당부를 할 정도였다.

내가 아프다면 엄마는 짜증과 화부터 냈다. 하지만 이내 엄마는 뭐 먹고 싶은 거 없는지 물어보곤 했다. 나는 라면이 너무 먹고 싶었다. 그렇게 나는 라면을 먹고 다 토했다. 토하면서도 참 아깝다는 생각이 들었던 웃픈 기억이 난다. 그때는 라면이 귀했던 시절이었다.

몸이 허약하니 나의 자존심을 지켜 주었던 공부도 마음껏 할 수 없었다. 시험기간에 열심히 공부하며 밤을 새웠다. 새벽 여명이 밝아 오면 해냈다는 성취감도 느꼈다. 하지만 그것도 잠시, 어김없이 열이 펄펄 나고 입안이 부르텄다. 결국 시험 마지막 하루 이틀은 시험을 못 칠 만큼 심하게 앓았다. 그렇게 한번 앓고 나면 살이 2~3킬로그램씩 쑥쑥 빠질 정도로 된통 고생하곤 했다.

고3이 되자 서서히 대학 진학 이야기가 나오기 시작했다. 하지만 나는 막막하기만 했다. 지금처럼 장학금도 아르바이트도 없던 시절, 뻔한 살림에 대학 얘기는 입도 벙끗 할 수 없었다. 성적이 나쁜데도 잘사는 친구들이 척척 대학에 입학하는 것을 보고 충격과 자괴감에 한 일주일을 호되게 앓았다. 얼마나 아팠던지 헛소리를 하고 사나흘 식음을 전폐했었다. 졸업식 사진도 한 장 남기지 않고 졸업장만을 받아 쓸쓸히 집으로 돌아왔던 아픈 기억이 있다.

대학 진학을 못한 나는 친구들과의 연락을 끊었다. 그러곤 언니들이 있는 도시로 나가게 되었다. 소개받은 첫 업무는 대형병원의 환자 대상 배식 담당이었다. 자존심 강했던 나는 하루아침에 배식 담당자가 된 사실을 받아들이기 힘들었다. 기숙사 생활을 하게 되었는데 근무하시는 분들의 수준을 보고 큰 충격을 받았다. 욕설이 오가는 것이 일상이었다. 하루 일과가 끝나면 군대 내무반같이 생긴 숙소에서 그저 뒹굴고 있는 모습은 내가 가야 할 길이 아니었다. 하루 만에 그만둔다고 하자 모두 기막혀했다. 하지만 나는 개의치 않았다. 그리고 다음 날 직접 구직을 시작했다. 나는 금세 A전자 조립 회사에 취직했다.

월급은 교통비만 빼고 반은 저축하고 반은 생활비로 사용했다. 그리고 나는 반드시 대학을 가겠다는 목표를 세웠다. 고등학교 교과서를 구해서 퇴근 후와 휴일에 집에서 공부를 시작했다. 그 1년 동안은 어느 누구와도 연락하지 않고 지냈다.

혼자 공부를 했으니 수능점수는 그리 나쁘지 않았다. 난 내가 모은 돈으로 입학금을 내고 대학생활을 시작하게 되었다. 틈틈이 식당에서 아르바이트도 하고 근로 장학생도 하며 학업을 마쳤다. 그러곤 취업하게 되었다. 그러나 누구보다 건강해야 할 간호사임에도 교대 근무라는 불규칙한 생활은 건강을 지키기 참 힘들게 했다. 혼자 타지에서 살아남기에는 삶이 너무 고단하고 벅찼다.

결혼을 하며 힘든 직장을 그만두고 1년 정도 육아와 살림을 했다. 그렇게 해 보니 저축과 아기 우유, 전기세 등을 제외하고 나면 한 달을 5만 원으로 버텨야 했다. 돈을 아끼기 위해 라면이나 밥에 김치만 먹게 되니 빈혈과 피로에 시달렸다. 하지만 빈혈약 하나 마음 놓고 사 먹을 수 있는 여유가 없었다.

잘 못 먹으니 모유도 한 달 만에 저절로 말라 버렸다. 그래도 아기 우유만큼은 그 시절 최고로 좋은 파스퇴르 분유를 사 먹였다. 일회용 기저귀는 꿈도 못 꾸던 시절이었다. 이렇게 살아서는 안 되겠다 싶던 차에 재취업이 되었다. 그러곤 최대한 절약해 34평형 아파트를 장만하게 되었다.

많은 형제에게 치이고 가난이 싫어 결혼 후 아이는 안 낳거나 한 명만 낳고 싶었다. 그러나 결혼이란 내가 원하는 대로만 살 수 있는 삶이 아니었다. 서로의 의견을 존중해 주어야 했다. 여자인 나는 결혼의 책임은 당연하고 권리는 없는 허울 좋은 현모양처가 최고 멋진 삶인 척 살아야 했다. 직장은 그냥 부가적으로 주어진 옵션 같은 것이었다.

집도 사고 맞벌이를 하니 돈에 여유가 생기기 시작했다. 자연히 마음에도 여유가 생겼다. 아이들이 원하는 것을 큰 고민 없이 해 줄 수도 있고 좋아하는 고기도 사 줄 수 있었다. 그뿐만 아니라 여행도 다닐 수 있는 데다 부모님 용돈과 생활비도 드릴 수 있었다. 그러니 주눅 들지 않고 사람노릇하며 사람답게 살 수 있었다.

돈을 벌기 위해 육아와 직장을 병행했다. 그 힘들다는 간호사 생활을 이 악물고 버텨냈다. 내 자식들만큼은 내가 돈 때문에 좌절해야 했던 수많은 아픔들을 겪게 하고 싶지 않았다. 그 신념이 나를 버티게 해 주었던 것 같다. "엄마가 어떻게 해서라도 뒷바라지할 테니 너희들 해 보고 싶은 것 다 해봐."라고 할 수 있는 내가 스스로 너무나 감사하다. 내 힘으로 당당히 돈 벌 수 있어서 너무도 감사하다. 직업이 간호사이다 보니 좋은 일 하며 고맙다는 인사까지 듣는다. 소중한 내 새끼들이 돈 때문에 고통 받지 않고 좌절하지 않는 당당한 어른으로 키울 수 있어 감사하다.

이제 나의 소망은 더 성공한 자산가가 되는 것이다. 그래서 내 자식들뿐만 아니라 사회의 소외된 사람들, 돈으로 인해 아프고 결핍된 수많은 사람들에게 작은 희망의 종잣돈을 조금씩 쥐어 주는 것이다. 물론 돈이 인생의 모든 것은 아니다. 하지만 돈은 참으로 많은 것을 해결하고 또 좋은 일을 하고 편리하게 살고 소원을 이룰 수 있게 해 준다. 돈이 가진 위력을 알기 때문에 돈을 좋아하고 사랑한다. 좋은 일을 해서 좋아하는 돈을 원 없이 벌어 보고 싶다.

가난하면 누가 누굴 챙기기에는 서로의 삶이 너무 고달프다. 옛말에 "곳간에서 인심 난다."라는 말이 있다. 풍성한 곳간을 가지고 멋진 곳에 제대로 인심 쓰며 살고 싶다. 그러기 위해 성공한 자산가가 되는 것이 나의 첫 번째 보물지도다.

02

책 쓰고 강연하는 저자 되기

누구나 마음 깊은 곳에 책 한 권쯤은 품고 살아간다고 생각한다. 옛날 어른들은 "아이고, 내가 살아온 얘기 말로 다 못 해. 책을 쓰라고 하면 10권은 쓸 거야."라며 굽이굽이 힘들었던 자신의 인생사를 표현하기도 했다.

책이란 참 묘한 마술을 부린다. 읽다 보면 내 마음대로 상상과 공상에 빠져든다. 그리고 그것을 내 것으로 만들어 버리기도 한다. 격하게 공감해 울컥하기도 한다. 어떤 사람에겐 단 한 줄의 명언이 큰 울림으로 남아 인생을 바꾸게도 한다. 내 마음대로 상상하고 오직 내 것으로 간직할 수 있다는 것이 책만의 매력이 아닐까.

어린 시절의 나는 시골에서 자라서 교과서 외에 책을 접할 수 있는 기회가 없었다. 라디오 어린이 방송이나 연속극을 듣는 것이 문화생활이었다. 새 학년이 되면 학교에서는 새 교과서를 나눠 주었다. 그때 새 책에서 나는 종이 냄새와 새 책이 주는 설렘이 참 좋았다.

나는 유독 국어책을 좋아했다. 반면 수학과 화학 등은 관심이 없었다. 일찍이 수학 포기자의 길을 갔을 정도다. 딱히 수학을 잘 해 보려 노력해 본다거나 수학을 못하는 것 때문에 절망하거나 하지도 않았다. 새 학년이 되어 교과서를 받자마자 단숨에 국어책을 읽었다. 공부라는 생각이 들지 않았고 첫 목차부터 재미있고 신기하기만 했다. 감명 깊게 읽다 보니 딱히 외우려 하지 않아도 저절로 공부가 되었다. 국어 시험공부를 하고 있는 친구들을 보면 참 이상하다는 생각이 들 정도였다. 나중에야 나는 우뇌가 발달한 사람이고 수학자들은 좌뇌가 발달한 사람이란 걸 알았다.

또한 언니, 오빠가 받아 오는 국어 교과서까지도 몰래 다 읽어 버렸다. 그래서 정신적인 성숙이 또래보다 빨랐던 것 같다.

언니가 빌려 온《로미오와 줄리엣》을 몰래 읽으며 느꼈던 흥분과 설렘은 아직도 잊혀지지 않는다. 멋진 로미오와 아름다운 줄리엣이 만나 사랑의 세레나데를 나누는 장면에서는 심장이 터질 것처럼 마음이 요동쳤다. 막 사춘기가 시작되는 중학교 1학년 때였으니 오죽했을까? 사랑이라는 단어만 생각해도 두근거리던 때였다. 그때의 가슴 떨림은 지금 생각해도 미소가 저절로 지어진다. 언니가 빌려다 놓은 책이라 몰래 읽는 재미에 스릴까지 있었다. 이불 속에 가지고 들어가 읽곤 했으니 얼마나 눈을 반짝이며 읽었겠는가?

나의 딸도 유독 책 읽기를 좋아한다. 맞벌이하는 탓에 아침 일찍 일어나야 해서 저녁 9시만 되면 습관적으로 잠자리에 들도록 했다. 유치원 때쯤으로 기억되는데 아이 방에서 불빛이 흘러나와 열어 보니 이불 속에서 플래시를 켜고 동화책을 보고 있었다. 몰래 책을 보던 나의 모습이 떠올라 한참 웃었던 기억이 난다.

책을 많이 접할 수 있게 된 이후로 나는 외국 고전을 참 많이 읽었다. 셰익스피어, 톨스토이, 헤밍웨이, 헤르만 헤세, 앙드레 지드 등 거장들의 작품들을 읽었다. 여고 시절 겨울방학 때였다. 그 경험은 나를 더 크고 특별한 세계로 이끌어 주었다. 물론 무척 어려웠다. '-스키'로 끝나는 무수한 등장인물의 이름이 너무 낯설었다. 좀 익숙해질 만하면 이야기가 끝나곤 했다. 큰마음 먹고 읽기 시작하면 금방 하품이 나고 졸음이 쏟아졌다. 책 중반을 넘어서 재미가 더해 질 때까지 버텨 내는 것이 대작을 읽어 내는 큰 난관이었던 것 같다. 큰 의미를 다 알 수는 없었지만 나의 적극적인 성격, 도덕적 사고, 긍정적 마인드 등은 책을 통해 자연스레 형성되었다고 생각한다. 그것들은 모두 나의 정신세계의 바탕이 되었다.

이런 성장과정을 끝내고 나는 엄마가 되었다. 아이들이 커가면서 자연히 자녀교육에 관심이 많아지게 되었다. 같은 부서에서 근무하던 또래 소아과 의사가 자녀교육에 관한 책을 추천해 주었다. 《아이는 99% 엄마의 노력으로 완성된다》였다. 나는 이 책을 다 읽고 너무 감명 깊어 친구에게 읽으라고 주었다.

우리나라 초대 국무총리의 딸인 재미 학자가 쓴 책이었다. 유학을 마치고 미국 어느 대학의 교수로 재직 중이었다. 부인과 사별하고 삼남매를 키우는 중국인 동료 교수와 결혼했다. 친자식이 아닌 삼남매를 미국 주류층 못지않게 성공시킨 내용이었다. 그녀는 식당 접시닦이를 하며 스스로 학비를 벌어 공부했다. 가난한 유학생활로 인해 결핵을 앓았지만 유학을 포기하지 않았고 미국에서 교수까지 하고 있었다.

자녀교육도 무척 감동이었다. 그녀는 한 번도 자녀들에게 공부하라는 말을 해 본 적이 없었다. 자신이 집에서 늘 책을 읽거나 공부했다. 그러면 아이들이 하나둘 옆에 앉아 자연스럽게 공부했다고 한다. 엄마가 모범을 보이면 자녀들은 자연스레 성공한다는 내용이었다. 이 책은 나의 자녀교육 지침서가 되어 주었다. 그래서 무엇이든지 성실하게 하는 엄마로 살아가고자 노력했다.

아이들이 대학 때문에 모두 집을 떠났다. 워킹맘으로 하루가 분주하기만 하던 나는 갑자기 텅 비어 버린 집이 견디기 힘들었다. 퇴근 후 서둘러 집으로 오던 습관대로 집에 오긴 했지만 무엇을 해야 할지 몰랐다. 불면과 우울감으로 무기력해졌다. 빈집 증후군과 갱년

기가 동시에 쓰나미처럼 덮친 것이다.

잠이 부족해서 아침이면 "이놈의 잠 언제 실컷 자 보나."라고 투덜거리곤 했던 내가 어김없이 새벽 한두 시면 잠에서 깼다. 그러고는 가슴이 답답해지기 시작했다. 발끝부터 시작되는 이상한 통증은 온몸으로 번졌다. 가슴이 답답하고 터질 것 같았다. 이리저리 뒤척이다 괴로워 어둠 속을 거닐기도 하고 거실 바닥에 몸을 내동댕이쳐 보기도 했다. 다시 침대로 갈 때쯤이면 새벽 2시를 넘어가고 있었다.

새벽마다 이러니 아침엔 더 피곤하고 짜증스러웠다. 할 일도 없고 하고 싶은 것도 없었다. 멍하니 허공만 응시한 채 하루하루를 보내는 무의미한 나날이 계속되었다. 식욕도 없어져 체중이 6킬로그램이나 줄어들다 보니 만나는 사람마다 무슨 일 있냐고 물어보곤 했다. 남에겐 복에 겨운 투정으로 보였겠지만 내 내면은 서서히 곪아 가고 있었다.

이런 시간이 해를 넘기자 가족들도 점차 변했다. 남편은 아예 얼굴을 보기 힘들었다. 엄마 말이라면 토 한번 안 달던 딸도 지쳐 갔다. 아들은 군대에 가 있어 사고라도 칠까 봐 조금의 티도 보이지 않으려 노력했다. 평소 친구같이 지내는 딸에게 푸념과 원망을 쏟아 내는 게 유일한 탈출구였다. 그날도 나의 고통을 딸에게 울며 얘기하고 있는데 갑자기 딸이 소리쳤다 "제발 그만해. 나는 더 이상 엄마의 감정 쓰레기통이 아니야!" 나는 너무 놀랐다. 늘 묵묵

하고 어른스러워 의지하곤 했던 딸이었다. 난 딸의 폭탄 발언에 할 말을 잃어버렸다.

여자는 약하지만 엄마는 강하다. 나는 번쩍 정신이 들었다. 내가 어떻게 여기까지 왔는데 포기할 수 없다고 마음을 다잡았다. 용기를 내어 신경정신과 진료를 받았다. 수면제와 식욕촉진제, 항우울제 등을 처방받아 복용하기 시작했다. 그런데 부작용이 심각했다. 어지럽고 구역질이 났으며 꼭 만취 상태처럼 변했다. 모든 일상이 영화의 슬로비디오처럼 보였다. 나는 심리치료센터를 찾아 상담치료도 시작했다. 비용이 부담스럽긴 했지만 이러다간 큰일 치르지 싶어 단단히 마음을 먹었다.

그때 심리 치료를 받으며 대기실에 비치된 책을 펼치게 되었다. 심리 및 인문학에 관한 책을 읽기 시작했다. 《미움받을 용기》, 《아들러 심리학을 읽는 밤》 등 자존감에 관련된 책이었다. 한 권, 두 권 읽는 책의 양이 늘어나자 나도 모르게 나를 가장 사랑해야 하는 이유가 생겨났다. 자신에 대한 사랑이 무엇보다 우선시 되어야 한다는 것을 알게 되었다. 하루, 일주일, 한 달. 점점 더 많이 심리에 관한 책을 읽었다. 나는 생각하고 울고 웃었다. 그리고 남을 위해서만 살아온 나를 위로하기 시작했다. 나에 대해 참 많이 생각하고 내 감정을 소중하게 다루기 시작했다.

6개월이 지나자 심리 치료도 끝났다. 약 없이도 잘 자고 잘 먹었다. 이전의 나보다 더 강하고 단단한 내면을 가진 나로 변한 건 두말할 것도 없었다. 그 뒤로 나는 심리책을 닥치는 대로 구해 읽었다. 아마 50권쯤은 읽었나 보다. 심리학 논문을 쓰려면 전공자보다 더 잘 쓸 자신이 있다. 더 절실하고 생생하게 읽어서 내 것으로 소화했기 때문이다. 책을 읽다 보니 책 속에 소개된 저자가 감명 깊게 읽은 책을 소개해 주었다. 그런 책을 메모했다가 구해 읽었다. 책은 또 다른 책을 이어주며 더 깊고 넓은 세계로 연결해 주었다.

이렇게 책에 파묻혀 지낸 1년 동안 책이 나에게 가져다준 변화는 실로 대단했다. 나를 살렸고 새로운 인생을 시작하게 했다. 생각이 여기까지 이르자 '나도 누군가의 인생을 살릴 수도 있지 않을까?'라는 생각이 들기 시작했다. 내 얘기를 쓰자! 나도 해냈으니 당신도 할 수 있다는 것을 세상에 알리고 싶은 강렬한 욕구가 일기 시작했다.

한 권의 책이 누군가에게 이토록 큰 희망을 주는데 쓰지 않을 이유가 어디 있겠는가. 책을 쓴 후에는 저자로서 나의 얘기를 진솔하게 들려주는 강연가가 되겠다. 나를 세상에 드러내야 한다는 것이 솔직히 많이 두렵다. 하지만 두려움을 이겨 내지 못한다면 한 발자국도 앞으로 나아가지 못한다.

요즈음 나는 〈한책협〉에서 책 쓰기 집중 훈련 중이다. 내가 좋아하는 것에 이리 푹 빠져 살아 본 적이 언제였나? 있기는 했었나?

하루하루가 기적이다. 하루 24시간이 너무 부족하다. 시간이 없어 얼굴 보자는 분들께는 박사과정 논문 작성 중이라는 핑계를 댄다. 석사도 밟지 않았는데 박사과정 중이라고 하면 누구도 토를 달지 않는다. 책을 쓰고 저자 강연을 다니는 것, 생각만 해도 기쁨이 넘치는 나의 두 번째 보물지도다.

03

세계 여러 나라에서 살기

어린 시절《알프스 소녀 하이디》를 읽고 알프스가 어디에 있는지, 나와 얼마큼 멀리 떨어져있는지도 모르면서 알프스 여행하는 상상을 했다. 사춘기 시절엔《로미오와 줄리엣》을 읽으며 외국의 멋진 성을 내 마음대로 지었다 허물어 보기도 했다. 또한《플랜더스의 개》를 읽으며 네로와 파트라슈가 살고 있는 유럽의 어느 소박한 시골길을 걸어 보는 꿈을 꾸기도 했다.

나의 어머니는 일제강점기에 일본에서 초등학교를 다니셨다. 그러다가 해방 후 한국으로 오셨다. 어머니는 나에게 일본에서의 좋은 추억들을 많이 들려주셨다. 그 시절에 일본에는 마을마다 목욕탕이 있어 매일 저녁 목욕을 했다고 한다. 길에서 주운 남의 물건을 경찰서에 가져다주면 떨어진 자리에 그대로 가져다두라고 했다고 한다. 그러면 주인이 찾으러 올 것이라면서. 남의 집 감나무 아래에 홍시가 떨어져 있어도 누구 하나 주워 먹는 사람이 없었다고도 했다.

엄마는 어린 시절을 일본에서 보내면서 느낀 좋은 점을 많이 얘기해 주셨다. 가끔 어릴 때 놀던 친구들을 만나 보거나 살던 마을에 다시 가 보고 싶어 하셨다. 하지만 끝내 못 가보시고 돌아가셨다. 나는 엄마의 영향으로 일본에 대한 선입견이 참 좋았던 것 같다.

고등학교 때 제2외국어로 독일어를 배웠다. 그런데 '빵에 잼을 발라 먹을 거냐, 꿀을 발라 먹을 거냐' 라는 문장을 보고는 빵에 잼과 꿀을 발라 먹는 독일이 너무도 부러웠다. 삽화도 그려져 있었는데 그걸 보는 내내 '독일 사람들은 좋겠다. 저 맛있는 걸 골라 먹고 사는구나'라며 부러워했던 기억이 난다.

헤르만 헤세의 《데미안》은 철학적인 인생을 꿈꾸게 해 주었다. 데미안이 다녔던 학교의 밤나무를 혼자 그려 보며 우리나라와 같은 밤나무가 외국에도 있다는 걸 신기해했다.

셰익스피어, 톨스토이, 헤밍웨이, 헤르만 헤세, 앙드레 지드 등 외국 거장들의 대작을 읽으며 보낸 여고 시절은 내게 큰 세계를 꿈꾸게 했다. 영어시간도 참 좋아했다. 여고 시절에는 학교 대표로 영어 웅변대회에도 나갔다. 영어시간에 배운 팝송을 내용도 잘 모르면서 참 열심히 부르곤 했다. 그때 배운 노래들은 아직까지 입에서

맴돌 정도로 각인이 되어 있다. 그래서인지 외국인이나 외국의 낯선 음식에 대해 별 거부감이 없다. 오히려 내가 먼저 다가가 말을 걸어 보거나 먹는 것을 시도해 본다.

책과 더불어 나에게 이국에 대한 환상을 심어 준 것은 영화였다. 〈닥터 지바고〉, 〈바람과 함께 사라지다〉, 〈로마의 휴일〉 등이 그랬다. 물론 믿을 수 없을 만큼 아름다운 외국 여배우를 보면 여자인 나도 가슴이 설레었다. 하지만 멋진 배경이 되는 집, 공원, 카페 등이 정말 환상적이었다. 〈닥터 지바고〉의 설경은 흑백으로 보아도 입이 다물어지지 않았다. 〈로마의 휴일〉에 나오는 이탈리아 풍경들은 절대 잊을 수 없었다. 오드리 헵번이 앉았던 계단에서 젤라또를 먹고 있는 상상만 해도 날아갈 듯 기뻤다. 이탈리아는 큰마음 먹고 딸과 함께 몇 년 전에 다녀왔다. 그런데 영화에 나온 장소들을 직접 보고 만지니 감동이 2배, 아니 10배는 되었다.

그 사람들의 큰 눈과 오뚝한 코도 너무 부러웠다. '사람이 어떻게 저렇게 예쁠 수가 있을까?' 하고 사진을 들여다보고 또 보았다. 작고 찢어진 내 눈에 볼펜으로 쌍꺼풀을 만들어 보기도 했다. 멋진 외국 남자와 결혼해서 예쁜 곱슬머리 아기를 낳아 기르는 상상도 했다.

어린 시절 친척이 하와이에 살고 계셨는데 오실 때마다 미국 옷을 가져다주셨다. 내가 입으면 딱 맞는 사이즈였다. 위로 언니가 둘이나 있어 옷을 물려 입었던 나는 새 옷이 아니었지만 미국에서 가져다주는 옷이 그리 좋을 수가 없었다. 초등학교 소풍 때 찍은 사진에서 지금 보아도 예쁜 원피스는 그때 미국에서 가져온 것이다.

엄마는 그분께 나를 입양해서 미국에 데리고 가라고 하셨다. 보통 아이들 같으면 부모형제와 떨어지는 것이 싫어 기겁을 할 텐데 나는 미국에서 소식 오기를 손꼽아 기다렸다. 지긋지긋한 가난을 벗어나고 싶어서이기도 했고, 미국이 아름다운 무지개 너머 환상의 나라로 생각되어서였다.

여고 시절에는 도시로 나가 자취생활을 했었다. 그때 나를 챙겨준 평생의 친구를 만났다. 자취생인 나는 주말이면 시골집에 가서 쌀과 반찬을 가져다 먹었다. 언제나 반찬이라고는 김치밖에 없었다. 그때 너무 질린 탓인지 지금도 김치나 깍두기는 안 좋아한다. 오래 안 먹어도 먹고 싶지 않을 것 같다. 그런 내게 그 친구가 연근조림이나 멸치볶음 같은 반찬을 챙겨 주곤 했는데 정말 꿀맛이었다. 여전히 그 고마움을 간직하고 있다.

어른이 된 후에 그 얘기를 하니 막상 그 친구는 기억을 못하고 있었다. 친구는 성악가로 활동하는 남편을 만나 결혼해서 독일로 가게 되었다. 내가 막 첫딸을 낳았을 때에는 인정 많은 그 친구는 독일에서 아기 옷들을 보내 주곤 했다. 예쁜 레이스가 달린 원피스와 우주복 등을 보내 줘서 얼마나 잘 입혔는지 모른다. 그러고 보니 그 친구에게만은 유독 받기만 하고 한 번도 제대로 챙겨 주지 못한 것 같다.

나에게는 언니가 둘이 있다. 바로 위의 언니가 특이하게 국제결혼을 해 이집트에 가서 살게 되었다. 클레오파트라의 나라인 만큼 예쁜 조카가 태어났다. 언젠가 한국에 왔을 때 백화점에서 많은 사람들이 예쁜 조카를 에워싸서 지나가기가 힘들 정도였다. 지금 언니와 조카들은 한국에서 잘살고 있다.

그 후로 막내 남동생이 이집트로 가서 자리 잡았고 여전히 여행사를 하고 있다. 나는 언니 덕에 2주간 이집트 여행을 한 적이 있었다. 어마어마한 신전들과 문명의 발상지인 나일강을 직접 눈으로 본 것은 정말 멋진 경험이었다.

20년 전, 직장 절친이 호주 시드니로 이민을 가 버렸다. 직업이 간호사이다 보니 외국 어디에서나 취직이 쉽다는 장점이 있었다. 그래서인지 내 주위에는 유독 외국에 거주하는 사람이 많다. 나도 미국으로 이민을 가려고 준비했었다. 그런데 호주로 간 친구가 절대 나오지 말라며 적극 말렸다. 아이들을 데리고 나와 바닥부터 다시 시작하는 것이 너무 고달프다는 것이다. 그러다 보니 이민 온 것을 후회한다고 했다. 한국에서도 번듯하게 자리 잡아 살고 있는데 뭐 하러 고생을 사서 하냐고 말렸다. 혼자가 아닌 나는 막상 어린 아이들까지 데리고 가려니 겁이 나서 그만두었다. 지금 그 친구는 시드니에서 사업가와 간호사를 병행하며 멋진 인생을 누리고 있다.

나를 친언니처럼 따르던 후배가 어느 날 "선배는 지금까지 살면서 가장 후회되는 게 뭐예요?"라고 물었다. 그래서 나는 좀 더 젊은 시절 큰 꿈을 가지고 외국에 안 나간 게 너무 아쉽다고 했다. 그리고 나는 후배에게 이 작은 나라에서 사는 데 만족하지 말고 좀 큰 나라에 가서 다양한 경험을 해 보며 살아 보라고 얘기해 주었다. 나보다 10년 후배였다. 아직 미혼이니 조건도 좋았다. 미국에 가서 살아 보다가 나이 들어 한국에 오고 싶으면 언제든지 돌아오면 되지 않느냐고 조언해 주었다. 지금 그 후배는 미국에서 간호사를 하며 아이를 셋이나 낳았다. 회사원이던 남편도 간호대학을 가서 부부 간호사로서 캘리포니아에서 행복하게 살고 있다.

이렇듯 나는 외국에 대한 좋은 추억들로 가득하다. 그래서인지 아이들 양육에서 자유로워지면 세계 곳곳에서 살아 보고 싶다. 한 나라에서 6개월에서 1년 정도 살며 여러 나라에서 다양한 사람들과 다양한 경험을 해 보고 싶다. 스페인의 오래된 마을과 프랑스의 치즈 만드는 농가, 전통이 남아 있는 일본의 시골마을 등 마음속으로 점찍어 놓은 곳이 몇 군데 있다. 태어난 곳에서만 살기에는 세계는 너무도 넓고 가 볼 곳은 너무 많다. '세계 여러 나라에서 살기'는 늘 가슴에 품고, 생각만 해도 가슴 뛰는 나의 세 번째 보물지도다.

04

아이들과 함께
멈추지 않고 꿈꾸기

　모든 인간은 태어나는 순간부터 나이를 먹는다. 성장이 멈추는 동시에 노화가 시작된다. 이는 살아 있는 모든 생명에게 주어진 숙명이기도 하다. 죽음이 있으므로 탄생이라는 축복을 맞이하는 운명. 그 운명 속에서 우주의 수많은 별들도 다시 태어나고 죽는다.

　예전에 제주도 가족여행을 하면서 돌 박물관에 방문한 적이 있었다. 아들이 지구 탄생과 은하계 등에 대해 설명해 주었다. 나는 지구과학에 문외한이라 처음엔 그냥 흘려들었다. 그러다가 점점 집중해 귀 기울여 듣게 되었다. 아들의 박식함에 많이 놀랐다. 나는 평소 아들이 책을 많이 안 읽는 줄 알았다. 그러나 우주나 은하계에 대해 생생하게 설명하는 걸 보면 그 방면의 책을 많이 읽은 것이 틀림없었다. 정말 뿌듯했다.

　아들은 자신이 좋아하는 것은 굳이 시키지 않아도 푹 빠져서 한다. 무엇을 해도 성공할 놈이라는 믿음이 간다. 정말 지구과학이 그리 재미있는 줄 몰랐다. 아들 덕에 은하계에서 먼지만 한 지구와 우주의 신비에 눈뜨게 되었다.

나는 지구과학에 관심은 하나도 없지만 어린 왕자에 대한 꿈은 갖고 있다. 소행성 B19의 존재도 확신한다. 언젠가 어린 왕자를 만나러 소행성으로 여행 가는 것을 꿈꾼다. 누군가는 유치하다고 할지도 모르겠다. 하지만 내 꿈 안에서 어린 왕자는 영원히 늙지 않는다. 영원한 나의 어린 왕자다. 그런 꿈마저 없다면 지구별은 참 삭막할 것 같다. 어느새 어린 왕자에게 완전히 길들여졌나 보다.

이런 꿈이 있는 만큼 '어린 왕자와 소행성 B19'라는 이름으로 도서관을 짓고 싶다. 밤하늘의 별이 총총 쏟아지는 아늑한 곳이라면 좋겠다. 가족끼리, 연인끼리, 아니 혼자면 더 좋다. 어린 왕자와 단둘이 만날 수 있으니 말이다. 같이 앉아 책도 읽고 어깨에 기댈 수도 있도록 하겠다. 나란히 걸터앉아 멀리 빛나는 별을 같이 볼 수 있을 것이다. 무릎을 베고 누울 수 있다면 더 좋을까? 옆에 있던 여우가 샘을 내겠지? 꿈꿀 수 있는 사람이라면 얼마나 설레면서 도서관에 찾아올까? 꿈의 디즈니랜드처럼 말이다.

나의 꿈을 잊고 산 지가 너무도 오래되었다. 가난한 어린 시절에는 막연히 은행원이 되고 싶었다. 깨끗한 유니폼을 입고 빌딩에서 일하는 모습이 멋져 보였다. 나는 은행 중에 최고인 한국은행에서 일하는 것이 꿈이었다. 돈을 실컷 만져 보고 싶었다. 돈 냄새도 맘껏 맡아 보고 싶었다. 은행에 다니면 무조건 돈을 많이 버는 줄 알았다. 그 꿈은 고등학교에 진학하면서 잊혔다. 아득한 꿈을 오랜만에 꺼내 본다. 철없을 때의 꿈이긴 하지만 돈이 참 소중했나 보다. 참 오랫동안 잊고 있었다.

언젠가부터 나의 꿈은 현모였다. 신사임당이나 맹모삼천지교의 맹자의 어머니처럼 현명한 엄마가 되고 싶었다. 엄마는 "여자 팔자 뒤웅박 팔자"라고 하셨다. 아들인 줄 알았던 내가 딸이자 엄마는 실망이 크셨다고 한다. 내 위로 언니가 둘 있으니 그럴 만하다. 핏덩이를 모포에 싸서 아랫목에 밀어 두고 쳐다보지도 않으셨단다. 그러곤 "나처럼 고생문이 훤한 세상에 뭐 하러 나왔냐."라고 하셨단다.

엄마가 왜 그런 말을 했는지 뼈저리게 느낄 때가 많다. 직장에서도 별 볼일 없는 남자 직원이 승승장구할 때가 많다. 술 마시는 일과 윗사람 비위 맞추는 데만 신경 쓴다. 직장에는 누군가 반드시 해야만 하는 허드렛일이 있다. 그런 것들은 거의 여자들 차지다. 속상하다. 집에서도 마찬가지다. 돌아서면 식사 때다. 한 시간 이상 식사를 준비해서 먹고 나면 지친다. 하지만 잔뜩 쌓여 있는 설거지거리가 있다. 이 역시 대부분 여자들의 몫이다.

그래서 나는 딸은 공주 대접을 하며 키웠다. 내가 힘드니 딸이 안쓰럽게 느껴졌다. 내 분신 같았다. 자식을 갖게 되면 여자는 약

자다. 엄청난 모성애가 생긴다. 그래서 엄마는 눈물겹다. 세상에 엄마 없는 사람이 제일 불쌍하다 했다.

반면 아들은 좀 막 키웠다. 강하게 키우고 싶었다. 잔심부름은 다 아들 몫이었다. 재활용 쓰레기 정리는 어려서부터 해 버릇해서 웬만한 주부들보다 더 잘한다. 지금도 2,3주에 한 번씩 집에 오면 집안 청소를 다 한다. 아들은 샤워한 후 욕실 뒷정리를 안 한 누나의 머리카락을 한 움큼 쓸어 가지고 나오면서 "누나는 결혼하지 마라."라고 잔소리를 한다. 아이들이 티격태격하는 모습을 바라보는 것은 나의 큰 행복이다. 아이들끼리만 통하는 고민을 주거니 받거니 한다. 참 보기 좋은 남매다.

하지만 둘은 이 글을 보면 절대 아니라고 반박할 게 뻔하다. 웃음이 난다. 둘이 있을 땐 티격태격 싸우기도 잘한다. 그래도 떨어져 있을 때는 애틋함이 묻어난다. 누나는 언제나 동생 편이다. 제 동생 없는 틈을 타서 흉이라도 좀 봤다가는 이내 한 방 먹인다. "엄마, 요즘 창근이만큼 착한 애가 어디 있어? 엄만 복 받은 거야."라며 눈을 치켜뜬다. 귀가 얇은 나는 또 금세 행복해진다.

나는 일상의 이런 행복을 느낄 때 현모의 꿈을 이루었다는 생각이 든다. 자화자찬이라고 흉봐도 어쩔 수 없다.

지금껏 살아오면서 너무 힘들어서 주저앉고 싶을 때도 많았다. 심장센터에서 일하다 보니 퇴근 후에도 편히 쉬지 못하고 다시 출근해야 하는 일이 빈번했다. 응급환자가 있으면 한밤중에라도 달려가야 했다. 밤을 꼬박 새울 때도 있었다. 하루 종일 서서 일하는 직업이라 저녁엔 다리가 부어 코끼리 다리가 되곤 했다. 퇴근할 땐 비에 젖은 포대처럼 몸이 축축 늘어졌다. 집에 오자마자 옷도 못 벗고 소파에 뻗곤 했다. 그럴 땐 아이들이 서로 한쪽씩 다리를 주물러 주었다. 고사리손으로 열심히 주무르지만 시원하기보다는 간지러웠다. 하지만 엄마를 위하는 마음이 얼마나 가상한지 몰랐다. 땀까지 삘삘 흘리며 열심이었다. 팔을 아파하며 동생이 꾀라도 부리면 누나의 따끔한 일침이 매서웠다. 감동받은 내 눈가는 어느새 촉촉해지기도 했다

그럴 때면 '아, 행복하다!' 하며 다시 살아갈 기운을 얻었다. 내가 아이들을 보살피는 것이 아니라 아이들이 나를 보살피는 셈이었다. 누가 팔불출이라고 해도 괜찮다. 아이들은 나의 자랑이다.

그렇게 지지고 볶으며 키운 애들이 지금은 성인이 되었다. 이젠 아이가 아니니 도리어 나를 챙긴다. 하지만 나는 아이들의 영원한 멘토가 되고 싶다. 그것은 내 꿈이다. 그래서 나는 내 꿈을 이루는 것을 멈출 수 없다. 솔직히 아직까지는 큰 부와 명성을 쌓지 못했다. 그러나 하나둘 꿈을 이루어 가는 한 인간으로서 살아가는 엄마를 아이들에게 보여줄 것이다. 책도 쓸 것이다. 성공한 자산가도 될 거고, 강연도 할 것이다. 댄스도 배우고 많은 사람들과 어울려

살아가는 모습도 보여 줄 것이다. 이루려고 노력하고 인내하는 자에게는 멋진 인생이 기다리고 있다는 것도 몸소 보여 주겠다. 나이는 숫자에 불과하다는 것을 내가 증명하겠다.

우리 집 욕실, 화장대, 냉장고에는 나의 꿈 리스트가 붙어 있다. 차 안에도 붙여 놓고 운전하기 전에 큰 소리로 외친다. 날마다 보고 기억하기 위해서다. 딸아이가 그 위에다 응원 글을 적은 포스트잇을 덧붙여 놨다. "엄마, 할 수 있다. 아자아자, 파이팅!"

내 꿈을 적어 놓고 보니 제법 근사하다. 근사할 뿐 아니라 이루겠다는 목표도 확실해진다. 내 아이들 꿈까지 변하는 기적을 본다. 이룬 꿈은 지우고 새로운 꿈을 적어 가겠다.

또한 나는 자식들이 어떤 꿈을 꾸든 든든한 지원자가 되고 싶다. 세상 어디서 무엇을 하든 가슴이 시키는 일이라면 지지해 주겠다. "젊어서 고생은 사서도 한다."는 말은 빈말이 아니다. 젊을 때 고생하며 느꼈던 교훈은 절대 잊히지 않는다.

나 역시 한때는 "젊어서 고생 안 하면 좋지!" 하고 반감을 가지기도 했다. 그런데 어렸을 때 결핍을 모르고 살면 그저 온실 속의 화초가 된다. 단단하지 못하는 것이다. 인생은 긴 마라톤이다. 살다 보면 반드시 어려운 순간이 온다. 맷집을 미리 길러 놓으면 면역이 생긴다. 웬만한 풍파에도 끄떡없다. 요새 젊은이들이 좋아하는 초콜릿 복근보다 더 멋지고 섹시한 맷집이 단단하게 생긴다.

독박육아에 워킹맘으로 30년을 버텼다. 바쁜 나는 엘리베이터를 타지 않았다. 느려서 답답했다. 계단으로 뛰어다녔다. 초능력자가 된 것처럼 계단도 두 계단, 급하면 세 계단씩 뛰어다녔다. 몸이라도 아픈 날은 저절로 눈물이 줄줄 흘렀다. 그때 아이들이 내 옆에서 나를 위로해줬다. 영문을 모르는 아이들은 "엄마, 미안해."라며 자신들 때문에 엄마가 속상하다고 생각했다.

누가 그렇게 오롯이 나만 바라봐 주었던가! 누가 이리도 온 마음을 다해 엄마가 세상의 모든 것이라고 고백해 주었던가! 나는 이런 내 새끼들을 위해서라면 이쯤이야 얼마든지 견딜 수 있다고 생각했다. 쩝쩝거리며 먹는 모습, 깔깔거리는 웃음소리, 앞니 빠진 모습까지 내가 살아가는 이유가 되었다.

나는 꿈꾸기를 멈추지 않는다. 어린 왕자를 만나러 소행성 B19에 갈 때까지 꿈을 꿀 거다. 또한 내게 온 것부터가 기적인 우리 아이들과 함께하는 꿈을 꿀 것이다. 나이를 먹든 죽음이 우리를 가르든 계속 꿈을 꿀 것이다. 그리고 그들의 꿈에 나의 꿈이 얹혀 서로 영원히 존재할 것이라 믿는다. 아이들과 함께 멈추지 않고 꿈꾸는 것, 나의 네 번째 보물지도다.

05

마음간호 클리닉 세우기

나는 혈액형이 O형이다. O형 혈액형을 한마디로 단무지라고도 한다. 단순하고 무식하고 지랄 맞단다. 그런데 A, B, AB형 혈액형 모두 '지랄 맞다'라고 표현한다. 사람은 모두 지랄 맞다는 말이다. 성질 없는 사람이 어디 있으랴. 지렁이도 밟으면 꿈틀한다고 하지 않는가. 심지어 AB형은 지지지다. 지랄 맞고, 지랄 맞고, 지랄 맞다고… 그래서 AB형은 천재 아니면 바보가 많다나?

난 간호사이지만 혈액형이 나타내는 성격을 믿는 편이다. 나는 내숭을 좀 떠는 A형이었으면 좋겠다고 생각했었다. 그러나 지금은 모두에게 수혈해줄 수 있는 O형이라서 좋다. 내 생각엔 난 전형적인 O형이다. 동의하지 않는 지인들이 있을지 어떨지는 모르겠다. 하지만 어디서나 잘 적응할 수 있다는 뜻이라 생각한다. 물건을 살

때도 대충 좋으면 산다. 메뉴를 고를 때도 큰 고민 안 한다. 결정 장애가 있는 사람들이 이해가 안 갈 때가 많다. 어떤 것을 고르든 장단점은 있다.

나의 단점은 결정이 너무 빠르다는 것이다. 그래서 손해 볼 때도 많다. 저질러 놓고 후회하는 스타일이다. 하지만 안 해 보고 후회하는 것보다는 낫다고 생각한다. 해도 후회, 안 해도 후회라면 당연히 하는 것에 한 표 던진다. '힘든 상황이 와도 좋은 게 좋은 거다' 하고 늘 나를 타이른다.

나의 장점은 낯가림이 없다는 것이다. 사교성이 좋아 낯선 사람에게 잘 다가간다. 간호사인 나는 항상 환자를 대하니까 사람을 모두 환자라고 생각하면 다가가지 못할 일이 없다. 힘든 경우에도 '나중에 이것도 다 좋은 추억이 되겠지, 이 순간도 그리울 거야'라며 긍정적으로 생각한다. 아마 살아남기 위한 자기 방어기제일 것이다. 살기도 힘든 세상인데 까칠하기까지 하면 얼마나 힘들겠는가?

까칠한 사람들은 대부분 심신이 편치 않다. 모든 것이 마음에 안 든다. 그러니 스스로는 얼마나 괴롭겠는가? 자신을 들들 볶는다. 의미 없이 지나가는 작은 일들도 혼자 상처 주고 상처 받는다. 까다로우니 누가 가까이 다가가기도 어렵다. 그래서 대부분 외롭다.

무슨 일이 생기면 잘 따지는 성격도 많다. 꼬치꼬치 따져 들면 사람들은 기겁한다. 한마디로 사람을 질리게 한다. 그러니 그런 사람 옆에는 가족도, 친구도 잘 없다. 그래서 점점 더 이기적이고 까칠한 성격이 된다.

사람의 성격을 단순하게 분류할 수는 없다. 하지만 내가 만나본 사람들의 성격과 혈액형은 신기하게 맞았다.

병원에서는 이따금씩 혈액을 구한다는 다급한 방송이 나온다. 방송을 듣고 종종 수혈을 하러 간다. 모든 사람에게 수혈해줄 수 있으니 무슨 혈액형이 필요한지 굳이 알 필요도 없다. 이젠 빈혈도 없고 건강하니 얼른 간다. Rh-인 경우만 예외다. 젊은 시절엔 늘 빈혈에 시달렸다. 길을 가다 빨간 적십자 차를 보고 용기 내어 갔다가도 퇴짜를 맞았다.

젊은 여성들은 빈혈에 많이 시달린다. 대부분 빈혈을 대수롭지 않게 여기는데 참 안타깝다. 혈액은 우리 몸 구석구석에 영양과 산소를 운반해준다. 그런데도 빈혈 증상이 심하지 않다고 그냥 방치한다. 만성인 탓이다. 그 대신 늘 피곤하고 걸으면 숨이 찬다. 기력이 없으니 자꾸만 드러눕는다. 몸이 힘드니 우울하다.

아는 친구는 전업주부였는데도 늘 무기력했다. 가족들이 김 한 장 여사라고 불렀단다. 반찬으로 먹는 김 한 장밖에 들 힘이 없다고 붙여 준 이름이라나? 기가 막힌다. 가끔 밖에서 만날 땐 화장을 하고 만나니 그 친구가 빈혈인지 몰랐다. 어느 날 목욕탕을 같이 갔는데 창백해 보였다. 눈꺼풀 안을 봤더니 빈혈이 심했다. 생리혈이 많다고 그때서야 얘기했다. 당장 산부인과에 가라고 다그쳤다.

지금은 자궁근종 수술을 간단히 하고 쌩쌩 날아다닌다.

심장병, 이를테면 협심증이나 심근경색을 앓고 있는 사람들 중에는 다혈질이 많다. 병원은 늘 대기시간이 길다는 것이 가장 고질적인 불만 사항이다. 의사 한 명당 환자가 너무 많은 탓이다. 무슨 전쟁터 같다는 생각이 든다. 살기 위한 전쟁인가? 그런데 심장병 환자들은 기다리다 한계에 다다르면 갑자기 돌변하는 성향이 있다. 한마디로 욱한다. 심장병이 다시 도질까 겁난다. 그래서 그쪽 대기실에는 늘 긴장감이 돈다.

이분들의 특징은 겉으로는 강한 척하지만 굉장히 겁이 많다. 불안을 화로 표현한다. 미리 다독여 주면 금방 순한 양이 된다. 알고보면 참 순수한 사람들이다.

난 결혼 후 잠깐의 휴직만을 취하고 줄곧 간호사로서 일해 왔다. 그리고 응급실, 중환자실, 각종 병동, 심장센터 등 많은 부서를 경험했다. 그러니 산전수전, 공중전, 지상전, 난타전까지 병원의 전쟁이란 전쟁은 다 겪어 보았다고 생각한다.

병원에서 삶과 죽음이 손바닥 뒤집듯 허무하다는 것을 많이 겪었다. 살아 있는 것은 아무것도 아니다. 심장만 멈추면 끝이다. 아무리 발버둥 쳐도 소용없다. 여러 광경을 목격하고 나는 쓸데없는 욕심이나 고집은 부질없다는 것을 깨달았다. 우리네 삶은 얼마나 살다가 어느 순간 어떻게 갈지 아무도 모른다.

"지금 옆에 있는 사람한테 잘하고 살자. 무슨 일이든 해 보자. 죽은 사람 소원도 들어준다는데, 살아 있는 사람 소원은 되도록 들어주자."

나는 이런 삶의 철학을 갖고 있다. 오랜 병원생활을 통해 터득한 지혜라고 생각한다. 누구나 맞게 되는 삶의 마지막이 오면 후회를 안 할 수야 없다. 다만 후회를 덜하고 싶을 뿐이다.

30대 중반의 유방암 말기 환자가 생각난다. 그녀는 왜 나한테 이런 일이 생기냐고 울부짖었다. 내가 무슨 잘못을 그렇게 크게 했냐며 몸부림쳤다. 딱하기도 하고 안쓰러워 혼났다. 어찌 할 바를 몰랐다. 보는 내내 짠해서 눈물만 흘렸다. 육체와 정신적 고통에 괴로워하는 모습이 너무도 안타까웠다. 그녀는 임종 순간까지도 자신의 죽음을 받아들이지 못한 채 원망만 남기고 떠났다.

사람이 죽음과 같은 큰 사건을 받아들이고 인정하는 데는 일련의 과정이 있다. 부정, 분노, 공포, 협상, 수긍의 단계를 거친다. 분노의 과정에서 생을 마감하는 사람들이 가장 안타깝다. 원망과 분노로 눈을 뜬 채 숨을 거둔다. 그 모습을 지켜본 가족들은 큰 고통 속에서 살아가게 된다. 사람마다 그 과정을 받아들이는 모습이 천차만별이다. 평상시 긍정적인 사람들은 받아들이는 과정이 다르다. 빨리 받아들이고 남은 삶을 소중한 것에 사용한다.

아는 의사 중 한 분이 대장암에 걸렸다. 의사들은 의외로 자기 건강에는 소홀하다. 전이가 많이 되어 수술도 못한다고 했다. 하지만 아직 진료를 보고 수술도 하고 있다. 복도에서 만나면 여전히 기분 좋게 웃으며 인사한다. 가끔 만나도 괜히 기분이 좋다. 자신의 죽음 앞에서 그럴 수 있는 사람이 몇 명이나 될까? 잘 사는 것도 잘 죽는 것도 중요한 일이다.

중환자실에서 근무하던 초짜 간호사 시절, 잊히지 않는 환자가 있다. 60대 어른이셨다. 퇴근길에 교통사고를 당한 그분은 면회 오는 가족들을 보아도 살림이 넉넉하지 않은 상태였다. 그분의 선한 눈망울은 여전히 생생하다. 처음에는 의식이 정상적이었는데 점점 상태가 나빠져 3개월 만에 돌아가셨다.

그분은 밤새 종종거리며 잠시도 앉아 있지 못하는 간호사들을 안쓰러워하셨다. 침대 한쪽을 가리키며 앉으라는 시늉을 하셨다. 얼마나 다리가 아프냐고 좀 쉬었다가 하라고 하셨다. 말이라도 너무 고마웠다. 의식이 조금씩 떨어질 때, 그분은 바지 주머니에 천 원짜리가 있으니 갖고 가서 빵 좀 사 먹고 오라고 하셨다. 당시 나는 타지에서 밥도 잘 못 챙겨 먹고 다닐 때였다. 내 사정이 얼굴에 쓰여 있나, 어떻게 아셨을까 싶었다. 그분이 돌아가신 날에 많이 울었다. 환자를 보내고 많이 운 걸로는 그때가 제일 기억에 남는다.

나는 눈물이 많은 편이다. 초등학생 때 학교에서 단체 영화를 틀어 주곤 했는데 조금만 슬퍼도 영화를 잘 못 보았다. 선생님이 "오늘 또 얼마나 우나 보자."라고 했을 때는 너무 창피했다. 어금니를 깨물고 안 울려고 해 보기도 했다. 그러나 매번 허사였다.

나는 감성이 풍부하다. 공감을 잘하고 다른 사람을 향한 감정 이입이 빠르다. 그걸 알기까지는 잘 우는 내가 싫었다. 좀 시크하고 무심한 사람들이 부러웠다. 그런 내가 간호사가 되었다.

난 간호사가 되리라고 생각해 본 적이 없다. 단순히 조건에 맞추어서 되었다. 간호학과의 암기 위주의 수업은 정말 고통스러웠다. 외우기로 시작해서 외우기로 끝난다. 적성에 안 맞는다고 생각했다. 그러나 학교 수업과 실제 간호사의 업무는 너무도 달랐다. 암기하는 것과 아무 상관없었다. 취업 후 일을 하며 간호사가 내 적성과 잘 맞는다는 것을 알았다. 사람을 좋아하면 끝이니까. 사람을 만지고 바라보고 관심을 갖는, 사람을 대하는 일이니까. 내 성향과 잘 맞았다.

첫 근무지는 정형외과 병동이었다. 정형외과 병동 남자 환자들은 짓궂다. 첫 출근 날 있었던 일이다. 환자가 주사를 너무 맞아 딱딱하게 굳은 엉덩이에 핫백 마사지를 해 달라는 것이었다. 나는 뜨거운 물에 수건을 담가 가지고 갔다. 그리고 엉덩이를 정성스레 마사지해 주었다. 하지만 환자의 속내는 신참 간호사를 떠 보자는 속셈이었다.

그런데 내가 정성스레 마사지해 주자 그 환자는 많이 놀랐나 보다. 그분은 내복을 두 벌이나 사다 주며 고맙다고 하셨다. 난 추위를 많이 타서 한창 멋 부릴 20대에도 내복을 껴입고 다녔다. 자취생의 겨울은 추웠다. 그런 내게 내복 선물은 감동이었다. 장갑도 사 주신 기억이 난다. 일을 하다 보면 그런 보람은 나를 참 가치 있는 사람으로 여기는 계기가 된다.

간호사 일을 30년이나 롱런하게 해 준 것은 분명 월급만은 아닐 것이다. 이젠 솔직히 실무적인 일은 힘들다. 가까이 있는 것은 잘 안 보인다. 생각도 고루하다. 실무 업무는 날래고 파릇파릇한 후배들에게 넘겨주어야 할 때가 되었다.

앞으로 나는 다른 방면으로 사람에게 집중해야 한다. 살아 보니 '사람이 답이다'라는 걸 알게 되었다. 태산도 옮길 수 있는 게 사람이다. 사람을 죽이고 살릴 수도 있는 게 사람이다. 사람이 답이고 사람이 기적이다.

요즘 사람들은 많이 아파한다. 다들 마음이 너무도 아프다. 젊은이는 젊은이대로, 중년은 중년대로 모두 많이 아파 어찌할 바를 모른다. 우울과 불안에 포기하거나 지쳐 있다. 모두 외로움의 그늘에 갇혀 방황한다. 모든 병은 마음에서 시작된다.

그러다 보니 건강 상담을 하다 보면 결국 심리 상담이 된다. 육체적인 문제보다 외로움이나 우울감이 원인인 경우가 대부분이다. 인생을 신나게 살아가는 사람들이 없다. 마지못해 살아 내고 있는 삶이 서글프다. 그런 사람들과 얘기하다 손도 잡아 주고 어깨도 토닥여 준다. 그러면 다들 눈물을 쏟아 낸다.

그런 사람들을 만나 보면서 사람 좋아하는 내가 할 일이 생겼다. 병원에서의 일은 할 만큼 했다. 이제는 마음에 대한 일이 우선이다. 마음을 돌보고 어루만져 주고 바라보아 주는 사람이 있어야한다. 나는 그러한 사람이 되고 싶다. 아니, 내가 되어야 한다는 사명감이 든다. 마음이 몸보다 우선이다. 이제까지 육체에만 너무 관심을 갖은 사이, 마음에 병이 들었다. 마음병이 너무들 크다.

간호사로서 일하며 많은 환자를 돌보면서 쌓은 경험은 나의 큰자산이다. 이 큰 자산을 기꺼이 나누고 싶다. 마음의 상처를 입은사람들을 어루만지고 지지하고 돌보아 주고 싶다. 내가 그러는 사이에 사람들의 마음의 상처는 서서히 아물어 갈 것이다. 상처가 아문 자리에 새살이 돋아나도록 나는 그들 옆에 있어 주고 싶다.

간호의 창시자 나이팅게일은 "간호란 모두 떠나가도 옆에 남아있어 주는 것"이라고 했다.

나의 마음간호 클리닉에서 사람들의 가슴 한쪽에 따듯한 불이켜지기 시작하리라. 그래서 작은 꿈이나마 꿀 수 있다면 나는 기적을 보게 될 것 같다. 마음간호는 나의 다섯 번째 보물지도다.

PART 7

부모와 아이들에게
도움 주는 육아 소통가 되기

- 허 성 희 -

허성희   **청소년직업진로 전문 강사, 자기계발 작가, 동기부여가**

꿈틀대는 꿈과 끼를 나답게 디자인할 수 있도록 동기부여해 주는 청소년들의 직업진로강사로 활동 중이다. 유아 교사에서 청소년 진로 강사에 이르기까지 다양한 경험을 살려 자녀들의 마음을 제대로 읽을 수 있는 안내서 '내 아이 진짜 속마음 들여다보기'라는 주제로 개인저서를 집필 중이다.

Email luck3011@naver.com   C·P 010.9913.2865

01
시어머님과 단둘이서 여행 가기

버킷리스트를 작성할 기회가 있었다. 나는 30여 가지의 리스트를 적었다. 그중 하나가 '시어머니와 단둘이서 여행 가기'였다. 시어머니와 단둘이서 여행 가기라는 버킷리스트를 보고 누군가는 어떻게 그런 목표를 정할 수 있느냐고 의아해하기도 한다. 어떤 이는 '시어머님이 재산이 많아서 잘 보이려는 심산이겠거니…' 하고 생각할 수도 있을 것이다. 하지만 전혀 그렇지 않다. 우리 시어머님은 물려주실 재산도 금붙이도 있지 않다. 자그맣게 농사를 짓고 계시지만 일부는 시댁 소유가 아닌 종중 소유의 땅이다.

나는 올해로 결혼 18년 차다. 시어머님은 첫 며느리를 65세란 늦은 나이에 맞으셨다. 어머님은 소문난 음식 달인이시다. 한 가지를 하시더라도 양념을 아끼지 않으시고 참 맛깔스럽게 잘해 내신다. 그러고는 당신이 만들어 놓으신 음식을 사람들이 맛있게 먹는 것을 보고 행복해 하신다. 내가 결혼할 때만 해도 결혼식 음식은 예식장에 딸려 있는 식당에서 맞추는 것이 일반적이었다. 그런데 어머님은 그 많은 결혼식 음식을 일일이 다 만들어 내셨다. 결국 결혼식 당일에는 입술이 부르트는 훈장을 다셨지만 말이다.

그러다 보니 결혼하고 나서 시댁의 음식문화를 익히느라 긴장도 많이 했다. 어찌해야 할지 몰라 매번 주방에서 어머님이 음식하시는 것을 어깨너머로 보며 발을 동동거렸던 기억이 생생하다. 나는 결혼 전까지 집에서 엄마가 해 주시는 밥만 먹고 직장을 다녔다. 그랬던 탓에 음식 만드는 것이 당연히 서툴렀다. 내가 만든 음식은 2%도 아니고 30%가 부족한 맛이었다. 그러니 더욱 긴장할 수밖에 없었다.

나에게는 시누이들이 셋이나 있다. 그중에서 남편을 오빠라고 부르는 손아래 시누이는 나보다 다섯 살이나 위였다. 제일 큰 시누이는 나와 띠 동갑인 하늘같은 시누이다. '오랫동안 기다렸던 며느리를 들였으니 이제는 엄마를 부엌에서 해방시킬 수 있겠구나' 하며 기대가 컸을 것이다. 그러나 기대와는 달리 나는 참 서툴렀다.

그럴 때마다 어머님은 나에게 이렇다 저렇다 일절 말씀이 없으셨다. 그저 묵묵히 손수 행동으로 보여 주셨다. 혹여 내가 없는 자리에서 다른 사람들이 무어라 얘기할라치면 어머님은 단호하게 말을 끊으셨다. 내 며느리인데 무슨 말들이 많으냐며 나의 방패막이가 되어 주셨다.

결혼 후 기대한 만큼 아이가 생기지 않았다. 그때도 어머님은 단 한 번도 아이 이야기를 하시지 않으셨다. 나는 결혼 전 양쪽 부모님이 다 계신 사람과 결혼하고 싶다는 소망이 있었다. 남편은 그 조건을 충족하고 있었다. 친정 아버지가 계시지 않은 나는 아버지 대신 시아버지께 잘해 드리고 싶은 마음이 있었다. 시아버지와 친해지고 싶었다. 그러나 조건은 충족되었지만 아버님은 과묵하신 데다 무섭기까지 하시다고 남편이 말해 주었다.

어떻게 하면 아버님과 친해질 수 있을까 고민한 끝에 전화를 자주 드려야겠다고 생각했다. 처음 전화를 드렸을 때가 아직까지 생생하다. 전화기 앞에서 심호흡을 하고 수화기만 들었다 놓았다를 몇 번이나 했다. 그러다 "에라 모르겠다, 일단 해 보자!" 하며 번호를 눌렀다. 드디어 통화연결음이 울리기 시작했다. 순간 어머님이 받으셨으면 좋겠다는 생각이 들었다. 하지만 수화기 너머 들려오는 목소리는 정확히 아버님이셨다. "여보세요?"

나는 반사적으로 얼른 수화기를 내려놓고 말았다. 그렇게 처음은 실패. 다음 날 다시 한 번 용기를 냈다. "여보세요?" 역시 아버님이셨다. 이번에는 반사적으로 끊지는 않았지만 그 짧은 몇 초간 무슨 말씀부터 드릴까? 엄청 고민했다. 용기를 내어 "아버님, 저예요!"

했다. 그러자 아버님은 "메누리냐?" 하시며 "엄마 바꿔 줄게!" 하셨다. 아버님도 며느리 목소리인 줄 직감하시고 반사적으로 어머님을 부르신 것이다.

하지만 처음이 어렵지 그다음부터는 망설임이 조금씩 줄어들었다. 아버님은 여전히 내 전화를 받기만 하시면 "엄마 바꿔 줄게!" 하셨다. "아니에요!"라며 만류해도 이미 수화기는 아버님 귀를 떠나 어머님에게로 넘겨지곤 했다.

그렇게 몇 개월이 지났다. 그러자 신기하게도 아버님은 "엄마 바꿔 줄게"라는 말씀을 하시기 전에 몇 마디 이런저런 안부를 물으셨다. 그러시곤 어머님에게 수화기를 넘기셨다. 그만큼 아버님과 며느리와의 대화가 짧지만 길어졌다는 뜻이다. "애들은 학교 잘 다니느냐, 절약해야 한다. 쌀 떨어졌냐?" 등의 질문들이 점점 늘어나면서 시부모님과 친해지는 데 성공했다. 나는 일주일에 2~3번 정도 전화를 드렸었다. 딱히 할 말이 없어도 목소리라도 들려 드렸다.

아버님은 지금 안 계신다. 5년 전, 아버님이 그렇게 급하게 먼 곳으로 가시리라고는 아무도 예상을 못했다. 아버님은 아무 말씀도 없이 어느 날 갑자기 떠나셨다. 급작스럽게 심장에 이상이 생기신 것이었다. 아버님이 돌아가시고 어머님이 말씀해 주셨다. "네 아버지가 돌아가시기 며칠 전에 네 얘기를 하더라. '나는 그 애가 참 귀여워. 다른 애들이 말하면 무슨 말인지 하나도 모르겠는데 그 애가 말하면 똑똑하게 잘 들려. 나는 그 애가 좋더라구'.라고."

사실 아버님은 귀가 잘 들리지 않으셨다. 나는 그것을 알고 이야기할 때는 더욱 크고 정확한 발음으로 말씀드렸었다. 하지만 지금은 더 잘해 드릴 걸 하는 아쉬움이 크다. 약주를 드시고 거나하게 취하시면 평소에 거의 말씀이 없으시던 분이 몇 배로 말씀이 많으셨다. 무한 반복이셨다. 아버님의 이런 면을 알고 있는 남편과 다른 사람들은 적당히 듣다가 자리를 피하곤 했다. 그런데 그럴 수 없는 나는 꼬박 2시간을 무한 반복인 아버님 말씀에 일일이 대답하며 들어 드리곤 했었다.

아버님이 돌아가시고 어머님 혼자 남으셨다. 어머님은 겨울이면 10원짜리 동전 한 뭉텅이를 들고 동네 노인 회관에 가셔서 고스톱을 치신다. 지금도 나는 여전히 어머님께 전화해 아이들 이야기, 하루 동안 겪었던 일, 남편 이야기 등을 주고받는다. 결혼 18년 차지만 사실 내가 담가 먹은 김치보다 어머님이 담가 주신 김치가 더 많다.

얼마 전에는 남편과 다투고 나서 시댁에 간 적이 있었다. 남편과 다투어도 얼굴에 드러낸 적은 없었다. 하지만 이번에는 남편을 불편하게 하려고 굳은 얼굴로 어머님을 뵈었다. 어머님은 기회를 보시다가 내게 오시더니 가만히 나를 안아 주셨다. 그러면서 "에미야, 엄마가 사랑하는 거 알지?" 하시며 등을 토닥이셨다. 왜 그랬는지 모르겠지만 어머님도 나도 눈물이 났었다. 말없이 토닥이시면서 위로해 주시고 내 마음을 알아주시는 것이 고마워 눈물이 났을 거라고 생각한다. 나는 어머님께 너무 죄송스럽고 부끄러웠다.

지금까지의 이야기로 미루어 우리 어머님은 자식들에게 건물이나 땅덩이를 뚝딱 떼어 주실 수 있는 재산가가 아니라는 것을 알 것이다. 그냥 평범하고 인정이 많으신 시골 할머니이시다.

어느 날, 남편이 어머님의 가여웠던 어린 시절에 대해서 이야기해 준 적이 있었다. 어머님은 재산이 꽤 많은 부유한 집안의 맏딸로 태어나셨다고 한다. 그렇게 손에 물 한 방울 안 묻히고 사셨다고 한다. 그러시다가 아버지, 어머니를 여읜 어린 어머님은 재산과 함께 작은댁으로 보내졌다고 한다. 그런데 작은아버지는 그 옛날 자기 자식들을 대학까지 보내면서 어머님에게는 배움의 길을 열어 주지 않았다고 한다. 어머님은 굉장히 지혜롭고 똑똑하신 분이셨다. 그런데도 배움의 기회를 얻지 못하고 학교에 가지 못한 것이 평생의 한이었다고 한다. 어린 시절 홀로 외롭고 힘들게 보내셨을 어머님께 잘해 드렸으면 좋겠다는 것이 남편의 이야기였다.

언젠가 어머님도 나에게 배우지 못한 안타까운 한을 이야기하신 적이 있다. 어머님을 제외한 작은집 형제들은 한의사에 교사에 사업가에 다 좋은 직업을 가졌다. 그것을 안타까워하며 어머님은 "나만 안 가르쳤어. 나도 배웠으면 지금쯤 뭐라도 하고 있었을 텐데…." 하셨다.

늘 내 편이셨고 부족한 나를 품어 주시며 방패막이가 되어 주셨던 내 시어머니. 남들은 '시'자가 들어간 것은 쳐다보기도 싫다고 말하기도 한다. 그러나 나는 '시'자가 나쁘지 않다. '시'자와 관계된 것에 어머님이 포함되어 있기 때문이다.

어머님을 더욱 가까이하고 싶다. 그래서 나의 30여 가지의 버킷리스트 중에 '시어머니와 단둘이서 여행 가기'가 있는 것이다. 사실은 순위가 1번은 아니었다. 하지만 나는 과감하게 버킷리스트 1번을 시어머니와 단둘이서 여행 가기로 정했다. 그리고 반드시 실행할 것이다. 지금 어머님은 병원에 계시다. 하지만 괜찮다. 곧 나으실 거니까!

나는 차 뒤에 아주 예쁘게 공들여 써 붙이고 떠날 것이다. '시어머니와 단둘이서 여행 중… 양보 부탁드려요!'라고. 어머님과 단둘이서 좋은 곳을 함께 구경하면서 맛있는 음식, 멋있는 곳, 푸른 바다도 볼 것이다. 어머님이 참 좋아하시는 조개잡이도 할 계획이다. 밤이면 단둘이서 얼굴을 맞대고 누워 어머님 여든셋 인생살이의 굴곡진 이야기도 들을 것이다. 함께 울고 웃으며 각자의 남편 이야기, 육아 에피소드, 서로의 어린 시절 이야기를 나눌 것이다. 딸로서, 엄마로서, 며느리로서 그리고 같은 여자로서 살아온 이야기 보따리를 밤새 풀어놓을 것이다. 눈물, 콧물 훌쩍이려면 휴지 한 상자 준비하는 것도 잊지 말아야겠다.

'시어머니와 단둘이서 여행 떠나기!' 이제 출발 준비한다.

"사랑합니다, 어머니. 오래오래 건강하세요!"

02

육아 소통 전문가로서
스타 강연가 되기

나의 직업은 12년 동안 유아 교사였다. 3년 전까지만 해도 어린이집에서 보육교사로 재직했었다. 주로 6, 7세 아이들 반 담임을 맡았다. 아이들과 소통하고 그들의 세계를 공유하는 것이 나에게는 즐거움이었다. 아이들이 노는 모습, 대화하는 것, 행동하는 것 등을 보면 대략 그 아이가 어떤 성향인지 파악할 수 있다.

아이들의 성향은 저마다 다르다. 확인되지 않는 허세를 부려 친구들의 관심을 끄는 아이, 유창한 언어 표현으로 또래들을 제압하는 아이, 무엇인가 제 뜻에 맞지 않으면 주먹과 발길질을 먼저 하는 아이, 소극적이어서 다른 친구들의 노는 모습만 바라볼 뿐 함께 어울리지 못하는 아이 등등. 제각기 다른 성향을 갖고 있다.

그중 다은이는 매우 소극적이어서 또래 아이들과 잘 어울리지 못했다. 놀이시간이 되면 교실 한쪽에 서서 다른 아이들이 노는 모습을 그저 바라보기만 했다. 나는 다은이에게 다가갔다. 그러면서 "다은아! 선생님이랑 소꿉놀이할까? 선생님은 엄마하고, 다은이는 딸 해 주면 좋겠는데…."라고 말했다. 그러자 다은이는 쭈뼛쭈뼛 다가와 마지못해 참여해 주는 척했다. 좋은 감정을 억누르는 표정을 짓고서. 어느 정도 시간을 함께한 다음 나는 또 성향이 비슷한 아이에게 제안했다. "효빈이도 같이 놀아 줄래?"라고. 그런 다음 나는 자연스럽게 빠져 준다.

이 광경을 본 다른 아이들은 우리가 노는 모습에 관심을 보인다. 이윽고 놀이에 참여해도 되겠느냐고 부탁해 온다. 아이들은 부탁하는 입장이니 아주 조심스럽고 정중하다. 그러면 다은이는 이내 어깨에 힘을 주고 선심 쓰듯 아이들을 놀이에 참여시킨다.

그동안 다은이는 친구들과 놀고 싶은데도 용기가 나지 않아 늘 바라만 보고 있었던 아이였다. 그러나 이제는 주목받는 아이가 되었다. 친구들에게 이름을 많이 불리게 되었다. 놀이의 주체는 다은이가 되었다. 다은이는 이런 경험을 통해 다음과 같은 것을 배울 것이다. 자신이 놀이의 주체가 되어 친구들을 진두지휘하게 되었다는 짜릿한 성취감. 친구들과 함께 노는 것이 얼마나 재미있는지, 이젠 더 이상 방관하는 아이가 아니라는 자신감. 이 배움을 통해 아이는 성장한다.

내가 해야 할 일은 여기에서 끝이 아니다. 한 아이의 자존감을 살려 주는 계획이 또 있다. 아이들이 귀가하는 시간에 나는 다은이와 눈을 마주치며 웃어 준다. 그리고 살며시 무릎에 앉히면서 한없이 부드러운 눈빛으로 묻는다. 오늘 어떠했느냐고. 그러면 다은이는 수줍게 말한다. "좋았어요."라고. 나는 이어서 귓속말을 해 준다. "다은아, 선생님은 다은이가 참 좋아. 선생님이 많이 사랑하는 거 알지?"라고.

이 말을 들은 다은이는 눈을 동그랗게 뜨며 또 좋은 감정을 억누른 채 집으로 돌아간다. 집에 가자마자 엄마에게 열심히 자랑한다. 선생님이 자신을 엄청 많이 사랑한다고 말했다고. 그리고 집 안을 방방 뛰어다니며 기쁨을 표현한다.

대부분의 아이들은 자신의 성향을 잘 알고 있다. 자신이 소극적인 아이인지 적극적인 아이인지를. 친구들하고 놀고는 싶은데 용기가 나지 않아 방관만 하는 아이, 혹시 거절당하면 어쩌나? 창피할까 봐 접근조차 아예 포기하는 아이 등. 아이는 이도 저도 두려우니 차라리 거절당하지 않는 방법, 혼자서 시간을 보내는 것을 택한다.

시훈이라는 아이가 생각난다. 그 아이는 친구들과 하루도 빠지지 않고 마찰을 일으켰다. 걸핏하면 아이들에게 주먹을 휘둘러 매일 아이들을 울렸다. 심지어 학부모들로부터 도대체 시훈이라는 아이가 누구냐며 전화가 걸려올 때가 한두 번이 아니었다. 나는 시훈이를 좀 더 깊이 있게 관찰하기로 했다. 먼저 시훈이의 자리를 내 책상과 제일 가까운 곳에 배치했다. 시훈이가 있는 모둠에는 다소 도움이 필요한 친구도 함께 있도록 했다.

나는 시훈이를 가까이 두고서 수시로 대화를 나누었다. 야외활동을 할 때는 도움이 필요한 친구와 짝꿍을 맺어 줘 자연스럽게 도와주도록 했다.

그러면서 놀라운 광경을 목격하게 되었다. 시훈이는 짝꿍이 다른 곳에 한눈팔 때마다 다정한 목소리로 친구가 위험하지 않도록 이끌어 주는 모습을 보였다. 심지어 운동화 끈이 풀린 것을 보고 주저앉아 운동화 끈을 묶어 주는 모습도 보였다. 나는 그 순간을 놓치지 않고 큰 목소리로 말했다. "얘들아, 시훈이 좀 봐. 친구의 운동화 끈을 묶어 주고 있어. 친구를 도와주고 있는 우리 시훈이 너무 멋지지 않니?"라고. 공개적으로 시훈이의 선행을 모든 아이들이 보고 들을 수 있도록 한 것이다. 시훈이는 머쓱해하면서도 친구들에게 인정받는 것이 꽤 좋은 모양이었다.

시훈이는 성격은 급하지만 두뇌가 매우 우수한 아이였다. 그래서 '꼬마 선생님'이라는 배지를 달아 주며 수시로 임무를 맡겼다. 활동이 서툰 친구들에게는 도우미를 자처해서 완성에 이르도록 했다. 그럼으로써 다른 친구들이 시훈이를 친절한 아이라는 인식을 갖도록 했다.

이로써 아이들은 시훈이의 또 다른 면을 목격하며 생각했을 것이다. '시훈이는 친구들을 때리고 울리기만 하는 아이가 아니라 도움을 주기도 하고 배려할 줄도 아는 친구였구나!'라고 말이다. 그 이후로도 나는 시훈이를 가까이했다. 틈틈이 아이의 생각을 묻기도 했다. 그러면서 자연스럽게 시훈이의 가정생활도 파악하게 되었다.

어느 날 시훈이가 "우리 아빠는요, 맨날 화만 내고 소리를 질러요."라고 불쑥 내뱉었다. 나는 "아, 그랬구나. 그럴 때 시훈이는 어땠니?"라고 물었다. 그러자 시훈이는 "무서웠어요."라고 아무렇지 않은 듯 또다시 툭 내뱉었다. 나는 "많이 속상했겠구나."라며 시훈이의 마음을 읽어 주고 다독여 주었다.

시훈이 아빠는 다정다감한 성격은 아닌 듯했다. 급한 성격으로 차분히 대화하기보다는 언성을 높일 때가 많았던 모양이다.

나는 시훈이 어머님과 꾸준히 대화하면서 시훈이의 행동에 대해 이야기해 주었다. 그리고 시훈이가 집으로 돌아오면 내가 전달해 주었던 내용을 가지고 꼭 잘했다는 칭찬과 격려를 아끼지 말아 달라고 부탁했다. 그에 따른 적절한 보상이 뒤따른다면 더 좋을 것 같다는 말도 덧붙였다. 시훈이 어머님은 참 고마워하며 가정 이야기도 전해 주었다.

시훈이 말대로 시훈이 아빠는 성격이 매우 급한 편이라고 한다. 얼마 전에는 여동생이 태어났다고 한다. 동생이 태어나면서 시훈이는 엄마의 사랑을 동생이 빼앗아 가 버렸다고 느꼈을 것이다. 그러나 나의 노력 이후 시훈이는 많이 달라졌다. 아이들과 마찰이 전혀 없지는 않았지만 예전보다는 확연히 줄었다.

많은 학부모들과 이야기하다 보면 아이의 관점에서 생각하는 것을 놓치는 부모가 있다. "하지 마!"라고 엄마가 말하면 아이는 "엄마, 싫어!"라고 한다. 이 말이 꼭 들어맞는 상황일 것이다. 아이와 부모는 수직관계다. 대부분의 결정권은 부모에게 있다. 아이들은 이제 세상에 태어나서 새로운 것을 시도해 보고, 실패도 경험해 보면서 한 단계씩 성장해 간다. 그런데 부모들은 너무 급하다. 아이들이 너무 많은 것을 한꺼번에 알아주기를 기대한다. 그 과정에서 아이를 야단치기도 하고 때로는 아이 기억 속에서 오랫동안 잊히지 않을 상처를 주기도 한다.

아이의 가슴속에 남긴 상처는 꼭 풀어 주는 과정이 필요하다. 때로는 부모도 자녀에게 사과해야 할 때도 있는 것이다. 그런데도 아직 어려서 부모를 잘 이해하지 못할 거라고 생각한다. '엄마, 아빠인데 그럴 수 있지'라는 권위의식 때문에 아이의 마음을 풀어 주는 데 소홀하다.

나는 보육교사 12년, 초등학교 방과 후 강사 5년, 청소년 진로 강사로 3년째 활동하고 있다. 유아부터 초·중·고등학생에 이르기까지 다양한 아이들을 경험했다. 가정 형편이 어려운 아이, 다문화 가정의 아이, 한 부모 가정의 아이들과 부모들을 겪었다. 내가 경험해 왔던 다양한 아이들의 소망은 모두 한결같았다. 자신들을 사랑하고 인정해 달라는 것이다.

나는 유아에서부터 청소년에 이르기까지 다양하게 경험했던 일들을 토대로 육아에 어려움을 겪고 있는 부모들에게 도움을 주고 싶다. 그래서 육아 소통가가 되고자 한다. 이 글을 읽고 있는 독자들 중에 내 도움이 필요하다면 망설임 없이 연락해 주기 바란다. 최선을 다해 도움을 줄 것이다.

03

해외에 교회와 학교 설립하기

나의 고향은 충청도의 알프스라고 불리는 '청양'이다. 알프스라고 불리는 것은 그만큼 초원이 푸르고 물이 맑은 곳이기 때문일 것이다. 내 아버지의 어린 시절에는 동네에 학교가 없었다고 한다. 버스를 타고 1시간 정도 가야 도착할 수 있는 곳에 학교가 있었다고 한다.

나의 조부님은 이를 매우 안타까워하셨단다. 그래서 내린 결론이 조부님의 사유지를 학교를 짓는 데 기부하신 것이다. 내 초등학교의 설립자가 할아버님이셨다. 그로 인해 많은 학생들은 멀리까지 가는 수고로움을 덜 수 있었다. 많게는 한 시간이 걸리는 학교를 단 10분 만에 갈 수 있었다.

나는 어려서부터 아이들을 참 좋아했다. 아이들을 보고 있으면 내 마음이 깊은 산속 옹달샘이 된 것처럼 평안하고 맑아지는 느낌이 든다. 세상의 모든 아이들이 참 행복했으면 좋겠다.

종종 TV에서 빈민국가의 어린이들이 살아가는 영상을 보면 그렇게 마음이 아플 수가 없다. 먹을 것이 없어 나무뿌리, 풀뿌리를 먹는가 하면, 오염된 물을 마시곤 실명하거나 각종 세균으로 인해 병들어 목숨을 잃는다. 목숨을 잃는다는 것을 알면서도 흙탕물을 마신다. 온갖 병마와 싸우다가 결국 죽는다. 굶주려서 앙상한 뼈만 남은 채 우는 것조차 버거워하며 숨을 할딱인다. 꺼져 가는 아이들의 생명이 참 가엽다. 지금 이 시간에도 꺼져 가는 생명들이 멈추지 않고 있다.

나는 '오드리 헵번'을 참 좋아한다. 그녀의 말년의 인생을 더 좋아하는 것인지도 모르겠다. 영화 〈로마의 휴일〉로 여우주연상을 수상하고 세계인의 주목을 받았던 그녀. 마땅히 화려한 생활을 즐겼을 것이다. 그러나 말년에 그녀는 그런 화려한 삶을 뒤로한 채 빈민국가로 달려갔다. 그곳의 어린이가 헐벗고 굶주려 죽어 가는 것을 안타깝게 여긴 탓이다. 그렇게 그녀는 어린이 구제 활동에 헌신했다. 그녀가 세상을 떠나면서 남긴 유언을 보면 그녀가 얼마나 어린이들을 사랑했는지 구구절절이 알 수 있다.

"아름다운 머리카락을 갖고 싶으면 하루에 한 번 어린아이가 손가락으로 너의 머리를 쓰다듬게 하라. 사람들은 상처로부터 복구되어져야 하며 낡은 것으로부터 새로워져야 한다. 병으로부터 회복되어져야 하고 무지함으로부터 교화되어져야 하며 고통으로부터 구원받고 또 구원받아야 한다. 결코 누구도 버려서는 안 된다."

그녀는 이런 유언을 남기고 아름답게 세상을 떠났다. 그 유언은 헐벗고 굶주려 죽어 가는 어린이들을 향한 안타까움에서 뿜어져 나왔을 것이다. 나도 오드리 헵번처럼 어린아이들을 품을 수 있는, 내면이 아름다운 사람이 되고 싶다.

8년 전의 일이다. 섬기고 있는 교회의 성가대 지휘자로 여목사가 부임해 오신다는 소문이 돌았다. 성가대원이었던 나는 그 후 그분과 지금까지 끈끈한 인연을 이어 오고 있다. 목사님은 내게 성가대원으로서, 중창단으로서 장애우를 섬기는 일에 함께 동참할 것을 제안했다. 나는 흔쾌히 목사님의 제안을 받아들였다. 목사님과 함께 소외된 이웃들을 찾아다니며 남을 돕는 기쁨과 뿌듯함을 배우고 체득했다.

이 글을 읽고 있는 독자들 중에는 신촌 세브란스 병원이나 일산 암 센터에서 환우들을 위한 중창단의 노랫소리를 접한 사람들도 있을 것이다. 그 속에 나와 목사님이 있었다. 중창이 있는 날, 환우들은 시간에 맞춰 휠체어에 몸을 싣고 나와 위로를 받는다. 노래를 들으면서 어느새 눈물을 흘리기도 하고, 아는 노래가 나오면 희미하게 따라 부르기도 한다. 목사님은 그뿐만 아니라 지방의 교도소, 장애우 목욕 봉사, 해외 빈민국가 선교 등 도움이 필요한 사람들을 위해서라면 가리지 않고 찾아가 가진 것들을 다 내어 주고 온다.

"성희 씨! 내 인생의 모토가 뭔지 알아요? 많지는 않지만 내가 가진 것들을 남들에게 베풀면서 살다 하늘의 부름을 받는 거예요. 돈이란 어차피 쥐어지면 새어 나가게 되어 있는 법. 가치 없이 흐지부지 새어 나가게 하는 것보다 차라리 도움이 필요한 사람들에게 쓰는 게 훨씬 값어치 있다고 생각해요."

목사님은 올여름, 40도를 웃도는 111년 만의 기록적인 폭염 속에서도 한센병 환우들을 찾는 것을 게을리하지 않으셨다. 살다 보면 지치고 힘들 때가 있게 마련이다. 그때마다 나를 위해 힘찬 응원과 기도를 아끼지 않으셨던 고마운 분이다. '무조건'이란 말씀을 자주 해 주셨다. 무조건 날 응원해 주시고 무조건 잘 해낼 것이라는 든든한 용기를 주신다.

목사님과 이야기를 나누던 중 목사님도 나와 같은 목표를 계획하고 있다는 것을 알게 되었다. 혜택 받지 못하는 사람들에게 배움의 길을 열어 주고자 빈민국가에 교회를 설립할 계획이라고 하셨다. 나와 같은 생각을 하고 계신 것이 내심 반가웠다. 그리고 함께 그 목표를 이루어야겠다고 결심했다.

나에게 또 하나의 꿈이 있다. 목표도 생겼다. 내 꿈은 육아 소통 전문가다. 육아에 어려움을 겪고 있는 젊은 엄마들에게 명쾌한 해결 방안을 알려 주는 소통가가 되는 것이 내 꿈이다. 나는 현재 7주 〈책 쓰기 과정〉 중에 있다. 나는 〈한책협〉 김태광 대표 코치의 책 쓰기 지도를 받고 있다. 김태광 대표 코치는 항상 자신감을 가지라 한다. 지금까지 살아오면서 쌓은 경험과 지식을 책으로 엮어 내어 필요한 사람들에게 읽히라 한다. 그리고 그에 따른 수익을 창출해 삶의 여유를 가지라 한다. 늘 부족하다고 생각했던 만큼 대표 코치께 감사할 따름이다.

한혜진이라는 톱 모델이 새내기 모델 지망생들에게 충고를 던지는 영상을 본 적이 있다. 그녀는 새내기들에게 꿈을 이루기 위해 얼마나 노력했느냐고 묻는다. 톱 모델이 되겠다고 나섰는데 열정도 부족하고 준비도 제대로 되어 있지 않은 모습에 실망한 모양이다.

톱 모델은 겉보기에는 화려하고 날씬해 보이는 몸매로 많은 사람들의 부러움을 산다. 하지만 결코 노력 없이 이루진 것이 아니다. 피나는 노력이 있어야 한다는 질책이다. 자신의 분야에서 톱이 되기 위해선 남들보다 곱절의 노력과 공부가 반드시 뒤따라야 한다는 것이다. 이미 톱스타의 반열에 올랐지만 지금도 그녀는 국내에서 발간된 패션 잡지책을 모조리 보고 있다고 한다. 기본 30권은 물론, 심지어 해외에서 출간된 패션 잡지까지 모조리 간파하고 있다고 한다.

　책 쓰기 지도를 받으면서 내가 얼마나 나약한 존재인지를 보게 된다. '내가 잘할 수 있을까?' 돌아서면 나 자신을 믿지 못하고 고개를 갸웃거린다. 그러나 김태광 대표 코치는 늘 할 수 있다는 용기를 준다. 이루고 싶은 꿈의 목록을 지갑에, 수첩에, 잘 보이는 곳에 붙여 놓고 날마다 이루어질 것이라는 긍정적인 생각을 가지라 한다. 이미 이루어진 것처럼 현실화하라고 한다.

　지금까지의 내 삶을 뒤돌아보면 지나간 세월이 참 아깝다는 생각이 든다. 하지만 이제라도 늦지 않았다고 스스로를 다독인다. 그리고 할 수 있다는 확신의 주문을 건다. 날마다 새롭게 태어나는 듯하다.

　나는 육아 소통 전문가라는 새로운 꿈을 세우고, 반드시 유능한 강연가로, 코치로 성공할 것이다. 할아버지처럼 학교가 필요한 곳에 학교를 세울 것이다. 병으로부터, 무지함으로부터, 고통으로부터 구원받아야 할 빈민국의 어린이들에게 새 생명을 불어넣어 줄 학교를, 교회를 세울 것이다.

　언젠가 어린이들의 밀알이 되고 싶다는 꿈을 가졌었던 기억이 난다. 한 알의 밀은 땅에 떨어지고 썩어 많은 열매를 맺는다는 의미를 갖고 있다. 나의 멘토이자 존경하고 닮고 싶은 정다은 목사님과 함께 선한 영향력을 발휘하는 일꾼이 될 것이다. 꺼져 가는 어린 영혼에게 생명을 불어넣어 준 오드리 헵번의 인생을 모방할 것이다.

　꿈이 있기 때문에 하루하루 시간을 아껴 성공의 사다리를 붙잡고 부지런히 올라가야 한다. 나의 꿈인 학교 설립을 위해, 교회 설립을 위해.

04
북한 청소년들을 위한
진로 강연하기

남편과 나는 주말이면 빼놓지 않고 꼭 시청하는 TV프로그램이 있다. 〈이제 만나러 갑니다〉라는 프로그램으로, 탈북자들의 스토리를 직접 생생하게 듣는 내용이다. 그들을 통해 북한 주민들의 현실정을 들으면 참 기가 막힌다는 표현이 적확할 것이다. 듣고 있어도 믿겨지지 않는다. 인권이라는 것이 무색하다. 듣고 있자니 가슴이 먹먹하고 답답해서 심지어 화가 날 정도다.

얼마나 힘들고 어려웠으면 목숨을 걸고 탈북을 결심할까? 붙잡히기라도 하면 다시 북송 되어 강제 수용소로 감금된다고 한다. 그 곳에서 평생을 짐승만도 못한 처참한 대우를 받으며 죽어 나간다고 한다. 내가 살고 있는 곳에서 30~40분만 차로 가면 판문점에 도착할 수 있다. 그만큼 북한은 가까이에 있다. 먼 곳도 아닌 같은 하늘 아래, 같은 민족, 같은 언어를 사용하는 동포가 지구상에서 최악의 폐쇄적인 삶을 살고 있다는 것이 믿겨지지 않지만 현실이란다.

그중에서 내 머릿속에 강하게 인식되는 사연이 있다. P씨라는 탈북자는 6살 난 아들을 두고 북을 먼저 떠나온 엄마다. 돈을 벌어서 아들을 데리러 오겠다는 말을 하고 떠나왔지만 약속을 지키지 못한 채 10여 년이라는 세월이 흘렀다. P씨는 먼저 북을 떠나와 한국에서 사는 동안 아들과의 약속을 지키지 못한 죄책감에 하루도 마음 편하게 발 뻗고 자본 적이 없었다.

곧 오겠다던 엄마가 10여 년 동안 소식이 없었으니 얼마나 원망한 세월을 보냈겠는가? 그러나 간절히 원하면 이루어진다고 했던가? 기적적으로 아들을 만날 수 있었다. 아들을 만나면 입히려고 때마다 커가고 있을 몸 사이즈를 가늠하며 꼭 맞을 만한 옷을 사 놓았었다. 좋아하는 사탕을 종류대로 사 놓은 것이 한 바구니다. 아들의 생일이면 더욱 괴로웠다고 한다. 그런 아들과 P씨의 만남이 10여 년 만에 이루어졌다. 꿈에서나 그리던 아들의 만남을 위해 푸짐한 생일상과 케이크를 준비한 P씨. 하지만 P씨는 약속을 지키지 못한 미안함으로 아들과 눈을 마주치지 못한다. 케이크를 앞에 두고, 생일축하 노래를 부르는 그들의 모습은 보는 이들로 하여금 눈물 나게 했다.

아들은 한국에서의 꿈이 생겼다고 한다. 그러나 꿈이 무엇인지 구체적으로 말하지는 않는다. 여기에서 인상적인 것은 P씨는 아들의 꿈과는 달리 공부를 열심히 해서 '사'가 들어가는 직업을 가졌으면 했다. 사실 아들은 공부보다는 다른 쪽에 더 흥미를 가진 눈치지만 차마 엄마의 바람에 실망시키고 싶지 않은 듯 정작 원하는 것을 말하지 못했다.

어느 부모든 자식이 상의 1%에 들어갈 정도로 공부를 잘해서 덕망 높은 직업을 가졌으면 하는 바람일 것이다. 그러나 그 상의 1%는 누구를 위한 것인가? 사실 자식을 위한 것이라지만 그 속엔 부모의 일방적인 욕심도 포함되어 있는 것 같다. 재미있는 것은 P씨의 경우처럼 모든 부모들은 무조건 자녀들이 상위 1%에 들어갈 정도로 공부를 잘하길 원하고, 자녀들은 자신이 좋아하고 즐거운 일을 하고 싶어 한다. '헬리콥터부대'라는 이야기를 들어 보았는가? 아이들이 무슨 일이 생기면 스스로 고민하고 방법을 모색하기도 전에 엄마가 출동해서 대신 해결해 주는 것을 말한다. 이는 자립심을 길러야 하는 청소년들에게 오히려 자립심을 저해하게 만드는 원인이다. 엄마가 하라는 대로만 하는 아이들은 마치 앵무새나 로봇 같다. 이러한 아이들은 결국 좋은 대학을 나오고 갖가지 스펙을 쌓아도 부모의 품을 떠나지 못하고 캥거루 주머니 속에서 살게 되는 경우가 다반사다.

직업의 귀천이 없다는 말을 하면서 부모들은 자꾸만 귀천이 있다는 것을 강하게 인식시켜준다. 내가 청소년 시절만 해도 소위 '사'자가 들어가는 직업을 가진 사람은 묻지도 따지지도 않고 대우를 받았다. 그러나 지금은 세월도, 환경도, 시대도 변했다. 엄청난 속도로 변하고 있다. 나는 청소년들의 직업진로에 대한 강사로 활동 중에 있다. 개인의 성향을 파악하여 어떤 유형의 직업이 학생들에게 적합한지 추론한다. 그에 따른 진로 설정, 지원학과, 정보 등을 탐색하여 목표를 정하고 구체적인 준비에 착수하도록 한다.

작년 6월에는 경기도내 사회복지협회에 소속되어 있는 외국인 이주노동자들의 자녀들을 위한 직업교육을 한 적이 있었다. 대부분의 외국인들은 '코리안 드림'을 꿈꾸고 한국에 와서 경제활동을 한다. 모국에 두고 온 가족을 위해 각자의 일터에서 열심히 일하고 있다. 차례로 가족들을 한국에 오게 하여 가족들이 한데 모여 살게 되는 경우가 많다. 처음 한국에 와서 말이 통하지 않아 어려움을 겪지만, 보다 좋은 시스템과 환경이 구축되어 있는 한국에서 자녀들을 입국시켜 공부시키고 싶어 한다. 그리고 보면 자녀들의 교육에 열을 올리는 것은 세계 어디나 다 마찬가지인 것 같다.

앞에서 언급했듯이 탈북자 자녀들도 한국에 와서 적응하는 것이 생각처럼 수월하지 않다고 한다. 어느 종교단체에서 탈북자 청소년들을 대상으로 한국에서 적응할 수 있도록 프로그램을 시행하고 있다는 말을 들었다. 평소 나는 탈북자에 대한 관심이 많았던 터라 그곳에 관심이 생겼다. 유아에서 청소년에 이르기까지 여러 연령대의 대상을 경험해 보았기 때문에 도움이 되어 주고 싶었다. 부모 및 성인들은 낮에는 직장에 나가 있기 때문에 남겨진 자녀들은 방과 후에 센터에 모인다. 자원 봉사자들은 센터에 모인 탈북자녀들에게 학습적인 것과 한국생활에 도움이 될 수 있도록 다방면으로 돕는다고 한다. 나는 아이들을 만날 기대에 한껏 부풀어 있었는데 무슨 일인지 당분간 문을 닫게 되었다는 이야기를 듣고 나의 도움이 필요 없게 되었다. 참 아쉬웠다.

올봄 4월 27일, 감격적인 남북 두 정상들의 만남을 기억할 것이다. 나 또한 두 정상이 만나는 역사적인 순간을 TV에서 생중계로 지켜보았다. 이 광경은 나뿐만 아니라 대한민국 국민은 물론 전 세계의 이목이 집중 되었을 것이다. 만남이 처음이었던 두 정상은 마치 명절날 오랜만에 만나는 친인척을 맞이하듯 환한 미소로 서로를 끌어안았다. 이윽고 분단 경계선을 한 발짝 넘어설 때는 너무 감격스러운 나머지 탄성이 쏟아지기도 했다. 눈물이 났다. 이 광경을 지켜보면서 통일이 머지않았다는 직감을 했다.

내가 이 세상에 온 것은 분명한 이유가 있을 것이라 생각한다. 그 영향력이라는 것은 선한 영향이 될 수 있고, 그렇지 않을 수도 있다. 그러나 나는 선한 영향력의 도움을 주고 싶다. 인생은 돌고 도는 것이라 했던가? 나로 인해 누군가의 인생에 큰 도움이 되었다면 그도 역시 다른 인생에 선한 도움이 되어 따뜻한 사회가 될 것이다.

《괜찮아, 잘될 거야!》라는 책에서는 평범한 한 젊은이가 하루아침에 직장에서 해고당하고 노숙까지 하게 된다. 수많은 날을 길에서 연명하며 시간을 보내다가 우연히 한 사람으로부터 당신 안에 그 '무엇'을 꺼내라는 충고를 듣고, 그것을 찾는 과정을 그린 책이다. 회사에서 버림받았던 피터는 결국 그 무엇을 찾으며 회사에 없어서는 안 될 중역이 된다. 이렇게 한 사람의 말 한마디가 한 인생을 바꾸듯이 나 또한 그런 영향력을 깨우쳐 주는 사람이 되고 싶다. 우리나라 청소년들은 물론 탈북청소년들, 외국인 이주 청소년들의 진로 멘토가 되어 미래 사회에 대한 긍정적인 사고를 갖고 자신의 꿈과 끼를 마음껏 발휘할 수 있도록 발판을 만들어 주고 싶다.

나는 통일이 되면 남한의 청소년들을 이끌고 북한 청소년들을 만나러 갈 것이다. 우린 한 민족이 아니던가? 남과 북의 청소년들이 머리를 맞대고 두 나라 간의 차이를 좁히는 문화교류 활동에 동참할 것이다. 남한의 최첨단 기술력을 북한의 자원개발에 접목시켜 세계를 이끌어 갈 인재로 도약하는 발판을 만들어 줄 것이다. 나는 그들 앞에 강연가로 설 것이다.

남북평화통일을 염원하는 오늘, 나는 꿈이 있어 가슴이 뛴다.

05

제주도에서 가족들과
한 달간 살아보기

올여름은 견디기 힘들 정도로 참 더웠다. 40도를 웃도는 날씨가 밤잠을 설치게 하고 무기력하게 만들었다. 비도 내리지 않는 날씨는 들끓는 날의 연속이었다. 사람들은 더위를 피해 물이 있는 산속 계곡이나 바다, 강가를 찾아 달궈진 몸을 물속에 담가 더위를 식혔다. 문득 친정 엄마가 생각났다. '이 더위에 얼마나 힘들게 보내실까? 에어컨도 없을 텐데….' 최근 새로 분양받은 아파트로 이사하면서 에어컨 설치를 미룬 상태였다.

친정으로 가는 버스 안에서 엄마를 즐겁게 해 드릴 여러 가지를 구상하니 입가에 미소가 드리워졌다. 주부 생활 18년. 이제 나는 요리도 제법 하는 편이다. 엄마와 맛있는 음식도 먹으러 가고 빨래며 청소며, 어린 시절 우리가 커 왔던 이야기로 밤 샐 생각도 곁들였다.

내가 초등학교 6학년 때부터 엄마는 자식 4남매를 홀로 키우신 강인한 분이시다. 여자 혼자 4남매를 키운다는 것은 대단한 일이다. '내가 만약 엄마였다면 어땠을까?'라는 생각도 해 보지만 아찔하다는 생각만 든다. 엄마가 더욱 위대하다는 게 느껴진다.

내가 결혼했을 때다. 신혼여행을 마치고 돌아오면서 시댁으로 가기 전에 친정에 먼저 갔다. 우리 부부가 여행을 간 사이 엄마는 '이바지'라는 음식을 많이도 준비해 놓으셨다. 아마 내 생각에는 부족한 딸을 시집보내면서 잘 봐 달라는 뇌물의 의미일 것이다. 이윽고 엄마가 주시는 음식들을 차에 싣고 시댁으로 향했다. 반갑게 맞아 주시는 시부모님께 인사를 드리고 이바지 음식을 내놓으며 뚜껑들을 열어 보았다. 구석구석 엄마의 정성이 느껴졌다.

얼마 지나지 않아 전화벨이 울렸다. 엄마였다. 나는 전화를 받기 위해 밖으로 나와 옥상으로 올라갔다. "잘 갔니?"라는 엄마의 목소리. 그 목소리에 왈칵 눈물이 쏟아지기 시작했다. 단 한마디의 말도 할 수 없었다. 대답 없는 내가 울고 있다는 것을 엄마는 직감하셨을 거다. 엄마도 울고 있었다. 엄마가 가까스로 입을 떼셨다. "성희야, 미안하다. 엄마가 더 잘해 줬어야 하는데, 너한테 못해준 것만 생각나고, 네가 쓰던 빈방을 보니까 더 아쉬운 생각이 들더라. 아빠라도 있었으면 더 잘 키웠을 텐데…." 지금까지 건강하고 바르게 잘 길러주신 것만으로도 감사한데 엄마는 늘 미안해하신다.

버스 안에서 이런저런 생각을 하다 보니 내가 결혼했을 때부터 지금까지의 스토리가 스쳐 지나갔다. 엘리베이터가 드디어 엄마가 계신 아파트 12층까지 올려다 주었다. 문이 열리자 엄마가 현관 앞 복도까지 나와 계셨다. 애기 같은 웃음을 지어 보이며 반갑게 엄마를 불렀다. "엄마! 왜 나와 있어!" 그러고는 엄마와 함께 집으로 들어갔다. 내가 친정으로 가면 엄마는 샤워할 때를 빼고는 손에 물을 못 묻히게 하신다. 40세 중반을 넘어 50세를 바라보는 나이인데도 말이다. 친정에 와서까지 물 묻히지 말고 그저 쉬었다 가라는 엄마의 마음임을 나는 잘 안다. 내가 올 거라는 것을 알고 저녁상을 이미 마련해 놓으셨다. 엄마를 위해 음식을 만들어야겠다는 계획은 오늘도 실패다. 친정집에 오면서 엄마를 즐겁게 해 드리기 위한 상상이 물거품이 된 셈이다.

친정집은 낮은 산과 공원 바로 옆에 있다. 반대쪽에는 꽤 큰 저수지가 흐르고 있어 제법 운치 있는 곳이다. 저녁상을 물리고 잘 준비를 하며 거실 바닥에 자리를 폈다. 혹독한 더위 속에 살랑바람이 부는 것이 신기했다. 엄마와 나는 나란히 누워 바람을 맞으며 이야기꽃을 피웠다.

나는 엄마에게 같은 집에 살고 싶다고 말했다. 1년만이라도 살고 싶다고 말했을 때, 엄마는 단호하게 거절했다. 남편도 동의했는데 말이다. 나도 엄마로 살다 보니 나이가 들어갈수록 내 엄마가 참으로 위대하다는 생각이 들었다. 더 나이 들기 전에 엄마와 좋은 추억을 만들고 싶다는 간절함이 생겼다. 엄마 팔순기념으로 우리 가족 다함께 제주도 여행을 다녀온 적이 있었다. 제주도 곳곳을 돌아다니며 맛있는 음식을 먹고, 구석구석 소문난 경치 좋은 곳을 찾아다니며 웅장하고 어여쁜 경치에 감탄했었다. 펜션 앞마당에서 우리 아이들과 흔들 그네를 타며 행복해 하셨다. 그때 엄마는 참 좋아하셨다. "제주도에서 살면 좋겠다."라는 말씀을 혼잣말로 하셨지만 이미 내 귓속에 박혀 버린 후였다.

요즘은 '제주도에서 한 달간 살아보기'라는 테마로 많은 사람들이 제주도 살이를 하러 간다. 나도 그 반열에 줄을 서기로 했다. 우리 가족들과 친정 엄마를 모시고 제주도에서 한 달간 살아볼 것이다. 엄마는 화초를 참 잘 키우신다. 엄마가 분양해 준 화초를 가져다가 예쁘게 키워보겠다는 각오로 한동안 정성을 들이지만, 결국 말라 죽고 만다. 단 한 번도 화초 키우기에 성공한 적이 없다. 화초 키우기는 자식 키우듯 끝까지 정성을 들여야 하는 것 같다. 마음이 내킬 때만 관심을 주고 신경을 쓰지 않으면 금방 시들어버리고 말라 죽는다. 제주도에 가면 금방 수확할 수는 없지만 텃밭 체험도 할 것이다. 호미질도 하고 잡초도 뽑아 주면서 어린 시절로 잠시 돌아갈 것이다. 친정 엄마가 한시라도 젊을 때, 무릎이 아직 시큰거리지 않을 때 예쁜 추억을 만들 것이다.

언제부턴가 엄마는 말하곤 했었다. "우리 식구들 다 모여서 가족사진 한번 찍자!" 하지만 가족들이 한 자리에 모인다는 것은 생각보다 쉽지 않았다. 아직도 가족사진을 못 찍고 있으니 말이다. 어릴 때는 엄마가 엄청 커 보였었는데 팔순이 넘은 엄마는 내 작은 키에도 정수리가 내려다보인다. 고향 친구들과 모여 어린 시절 이야기를 할 때면 어렸었던 친구들의 기억 속에 엄마는 손재주가 좋은 분이셨고 우리 형제들을 참 예쁘게 꾸며서 내 보냈었다고 한다. 나는 그때 남들처럼 미용실에 가서 머리도 자르고 싶고, 옷도 사 입고 싶었는데 엄마는 손수 머리를 잘라 주셨고 레이스와 주름을 넣어 나풀거리는 원피스를 손수 만들어 입혀 주셨다. 친구들은 늘 젊고 예뻤던 엄마를 둔 나를 부러워했다고 한다. 세월이 흘러 지금의 엄마는 손재주 좋은 분장사가 주름을 잘 그려 놓은 것처럼 주름이 많이 있으시다. 엄마의 주름이 더 늘어나기 전에 제주도에 가서 가족사진도 찍을 것이다.

생텍쥐페리는 다음과 같이 말했다.

"부모들이 우리의 어린 시절을 꾸며 주셨으니 우리는 그들의 말년을 아름답게 꾸며 드려야 한다."

'제주도에서 가족들과 한 달간 살아보기'는 친정 엄마를 위한 것이다. 나는 4형제 중 둘째다. 위로 오빠, 아래로 여동생과 남동생이 있다. 어릴 때부터 나는 참 많은 것을 양보하고 살았던 것 같다. 오빠는 참 총명했다. 장남이기도 했지만 꽤 공부를 잘했었다. 온 집안의 어른들은 장남인 오빠에게 기대가 컸기 때문에 오빠가 원하는 것에 지원을 아끼지 않았다. 아래로 여동생과 남동생이 있었지만 동생이니까 막내이니까 나보다는 더 많은 것을 허용했었다. 하지만 나는 그것에 대해서 단 한 번도 원망하거나 차별한다고 불만을 토로하지 않았다. 엄마와 나는 그때의 상황을 되새기던 중에 이런 대화를 한 적이 있었다.

"엄마, 그러고 보니까 우리 남매들 중에 내가 제일 착했었네!"

"그래. 맞아. 네가 제일 착했었지. 엄마가 힘들 때면 너한테 짜증 냈었던 거 같아. 미안하다. 엄마가 혼자서 너희들 키우려니 그럴 수밖에 없었어."

나는 이렇게 말해 주는 엄마에게 오히려 고마웠다. 내 마음을 헤아려 주었기 때문이다. 그래서일까? 그때 가슴이 찡해지는 느낌이 들었다.

엄마가 더 나이를 드시기 전에, 건강하실 때 '제주도에서 가족들과 한 달간 살아보기'를 실행해야겠다. 지금도 시간은 계속 흘러

가고 있다. 나는 하루 빨리 꿈이 이루지는 것을 볼 것이다.

"건강하세요, 엄마. 사랑합니다!"

PART 8

강연가에 도전하고
10대들의 롤모델 되기

- 안 수 빈 -

안수빈   고등학생, 자기계발 작가

대학교 졸업 후, 심리 상담가로 활동하기를 원하며 청소년들의 꿈과 희망을 심어주는 동기부여가, 강연가가 되기 위해 노력하고 있다. 현재 대구관광고등학교 3학년 재학 중이다.

Email   dltopgg0010@naver.com   C · P   010.8422.6227

01

강연가에 도전하기

나는 말을 잘 못한다. 정확히 말하면 말을 잘 못했었다. 초등학생 때 친구들이 의견을 제시하면 난 항상 "응, 알겠어."라고만 대답했다. 친구들을 따라다니는 깍두기 같은 그런 존재였다. 내가 의견을 제시하면 친구들은 불같이 달려들어 말을 잘라먹기 일쑤였다. 이런 반응이 무서워서 피하다 보니 늘 꼭두각시처럼 끌려 다니기만 했다.

평소처럼 집 앞 놀이터에서 친구 A와 놀고 있었다. 그런데 A가 "수빈아, 저기 있는 컵 던져 봐!"라고 하는 것이었다. 나는 컵을 던졌다. 그 뒤에 올 결과는 생각도 못했다. 컵은 깨져 버렸고 주변에 있던 어른들은 날 몰아붙이며 혼냈다. 나는 무서워서 울었다. 이 일이 있고 난 후, 나는 늘 수동적이기만 하면 안 된다는 것을 알았다.

학교 수업시간 때였다. 나는 속으로 정말 멋있게 발표하고 박수를 받는 나를 상상하고 있었다. 하지만 현실은 내가 친구들에게 박수를 보내고 있었다. 컴퓨터 게임에 대한 찬반토론 수업시간이었다. 반장이 논리적으로 반대 의견을 제시했다. 일어서서 이야기를 해야 했지만 반장은 부끄러워하지도 않았고 말을 더듬지도 않았다. 당당하게 자신의 의견을 말했다. 나와 다른 그 모습이 너무 멋있어 보였고 부러웠다.

나는 요일별로 밤 10시가 되면 드라마를 꼭 챙겨 봤다. 처음엔 단순히 재미있어서 봤지만 시간이 지날수록 동경심이 들었다. 신데렐라 이야기 같은 드라마 속 여주인공이 아닌 배우들을 동경했다. '내가 저 상황이라면 어떻게 감정을 표현했을까?'라고 생각하며 나와 비교했다. 그러다 보니 극 중 배역을 통해 평소에 표현하지 못했던 감정들을 표출하고 또 다른 나를 만날 수 있는 '배우'라는 직업이 어느 순간 마음에 와 닿았다.

나는 곧장 엄마에게 "엄마, 나 배우가 되고 싶어."라고 선언했고, 엄마는 나의 꿈을 응원해 주셨다. 부푼 기대를 안고 연기 학원에 찾아갔다. 그곳에선 모든 사람들이 아무 눈치도 보지 않고 노래를 부르고 있었다. 대본을 읽는 소리도 들렸다. 나는 속으로 '다들 얼굴에 철판을 깐 걸까. 어떻게 저럴 수 있지?' 했다. 한편으로는 '나도 저렇게 눈치 보지 않고 살 수 있을까?'라는 생각을 했다.

첫 수업 날, 나는 적응을 하지 못해 많이 힘들어했다. 큰 소리로

보물지도 15

대본을 읽기까지 2주나 걸렸다. 조용히 학원만 다니던 나에게 어느 날 선생님이 오디션에 한번 나가 보라는 제안을 하셨다. 나는 "절대 불가능해요. 실력도 형편없고. 제가 뭐라고 오디션에 나가요."라며 거절했다. 하지만 선생님은 나에게 자신감이 부족하다며 오디션을 경험해 보고 자신감을 키우라고 하셨다. 그 말을 듣고 반신반의하며 오디션을 봤다. 결과는 예상대로 탈락이었다.

하지만 감독님께서 실수했을 때 격려도 해 주시고 충분한 가능성이 있다며 자신감을 키워 주셨다. 합격은 못했지만 더 많은 걸 배웠고 성장했다. 나는 그날 이후로 내가 먼저 오디션에 지원해 보기도 하고 대회에 나갈 정도로 자신감이 생겼다. 여러 사람 앞에서 말을 하는 것도 가능했고 내 의견을 말하고 싶어졌다. 어느 순간 분위기를 내가 유도해 갔고 성격에도 점차 변화가 생기기 시작했다.

무조건 피하기만 하면 편하지만 피할 수 없는 순간은 온다. "피할 수 없으면 즐겨라!"라는 명언이 있듯이 나는 피하지 않고 즐겼다. 피했더라면 지금처럼 당당하게 살아가지 못하고 늘 깍두기 신세였을 것이다. 만약 두려움을 피하기만 했다면 당당하게 부딪쳐 보는 건 어떨까? 그럴수록 상처는 빨리 아물고 더 좋은 결과가 주어질 것이다.

큰 산을 넘고 나니 도전하고 싶어졌다. 처음으로 주변 사람들에게서 "너는 진짜 리더십이 좋은 것 같아. 부럽다.", "말을 논리적으로 잘하는 것 같아."라는 말들을 들었다. 정말 내가 변했다고 생각하니 가슴이 두근거렸다.

어떻게 하면 '나의 재능을 잘 살릴 수 있을까?'라고 생각하던 중에 직업에 대해 조사해 오라는 숙제가 주어졌다. 문득 학교에서 우리를 위해 강연을 해 주신 분이 떠올랐다. 꿈과 관련된 주제로 긍정적인 마인드, 희망, 뭐든지 할 수 있다는 자신감을 키워 주셨던 분이었다. 함께한 2시간은 전혀 지루하지 않았다. 친구들은 그분에게서 눈을 떼지 못했다. 생각해 보니 이렇게 남들에게 희망을 주고 리더십도 키울 수 있는 강연가라는 직업은 내가 잘하는, 내가 원했던 꿈의 직업이었다. 예전의 나라면 불가능했을지도 모른다. 나는 강연가에 도전할 것이다.

드디어 강연가라는 직업에 대해서 발표했다. 선생님은 "수빈이라고 했니? 너무 현실과 동떨어져 다른 친구들이 오해할 수 있으니 선생님이 정정하마. 강연가는…"이라며 내 발표를 망쳤다. 친구들 앞에서 웃음거리가 된 것이다. 그날만큼 화가 났던 적은 없었던 것 같다. '그래, 모든 사람에게 맞출 순 없어'라고 스스로 화를 다스렸다. 하지만 내가 봤던 강연은 모든 사람이 빠져들고 군더더기 없이 완벽했다. 모든 사람들을 빠져들게 하는 것, 내 이야기를 전부 이해하게 하는 것은 정말 어려운 일이다. 나도 그 강연가처럼 사람들이 자신의 시간을 나에게 쏟을 수 있게 만들고 싶다.

친구가 어느 날 엄청 들떠 있어서 무슨 좋은 일 있냐고 물었다. 그랬더니 "응! 우연찮게 기회가 되어서 강연을 들었어. 그런데 그동안 걱정했던 게 다 사라졌어. 불안했었는데 많이 편안해졌어."라고 웃으며 대답했다. 그 말을 듣고 강연이 단순히 남에게 이야기만 하는 게 아니라 감정까지도 컨트롤할 수 있다는 걸 깨달았다.

나도 진로, 친구관계로 인한 고민이나 불안감 또는 목표에 불이 꺼졌을 때 늘 누군가가 조언이나 힘이 되는 이야기를 해 줬으면 했다. 실제로 힘이 되는 이야기를 듣고 나면 마음이 편안해지고 뭐든지 할 수 있을 것 같은 힘이 생겼다. 이런 중요한 인물이 내가 되고 누군가 내가 한 말로 기분이 좋아지고 삶에 활력을 얻게 된다면 이것보다 값진 일은 없을 것이다. 이런 나를 인정받게 된다면 그날 하루는 365일 중 최고의 날이 될 것 같다.

"그런 걸 어떻게 해? 너무 오버하는 거 아니야?"

"돈도 얼마 못 번대! 너무 별로다."

"성적도 좋으면서, 왜? 이해가 안 돼."

내 선택에 의문을 가지는 사람들, 남들처럼 똑같이 순탄한 길만 걸으면 된다고 하는 사람들, 보통 사람처럼만 살면 된다고 하는 사람들에게서 한 번쯤 이런 말들을 들어 봤을 것이다. 그렇게 살아도 된다는 건 누구나 알고 있다. 하지만 나는 "평범하게, 중간만 하면 돼, 남들처럼"이라는 말이 너무 싫다. 가끔 스스로 이렇게 질문을 던지곤 한다. '다 똑같으면 특별한 건 누가 하는데?' 특별한 건 내가 하고 싶다.

나는 어릴 때부터 내 이름이 마음에 들지 않았다. 놀이터에서 "수빈아!"라고 부르면 3명은 거뜬히 쳐다본다. 우리 학교엔 수빈이만 5명이 훌쩍 넘는다. 고사성어 중에 백미(白眉)라는 말이 있다. "여럿 가운데 뛰어난 것을 가리키는 말"이다. 나는 모든 사람들에게 백미, 안수빈이 되고 싶다. 보통 사람처럼만 살면 된다고 하는 지인들 때문에 하고 싶은, 되고 싶은, 도전하고 싶은 일을 못하고 있다면 난 눈치 보지 말고 당당히 도전하라고 말하고 싶다. 망설이고 있을 때도 시간은 야속하게도 기다려 주지 않는다. 망설이다 낭비되는 시간보다 도전하는 시간이 얼마나 더 가치 있는지는 도전해 본 사람만이 알 수 있다. 그러니 나는 강연가에 당당히 도전장을 내밀고 싶다.

02
외국 가서 홀로서기하기

한 번쯤은 '미국 드라마'의 줄임말인 '미드'라는 말을 들어 봤을 것이다. 나는 드라마를 너무 좋아하는 나머지 한국 드라마뿐만 아니라 미국 드라마까지 섭렵하기 시작했다. 푸른 잔디 위에 있는 커다란 집, 노란색의 스쿨버스, 친구들과의 홈 파티, 자유로운 영혼의 주인공까지! 외국 한번 가 본 적 없는 나에게 미국 드리마 속 세상은 그야말로 신세계였다.

"Hey, Jake! What's up to you?"라며 친구와 가벼운 인사를 나누는 내 모습을 드라마를 보는 동안 상상했다. 한동안 엄마에게 "나 유학 가고 싶어!"라고 선언했었지만 실패했다. 지금 생각해 보면 나는 어린 마음에 무작정 파티를 즐기고 싶어 유학을 가고 싶어 했던 것 같다. 하지만 미국 드라마 속 판타지 같은 일상은 지금도 나의 로망이다.

학교에서 성적표가 나오면 친구들의 관심사는 늘 1등과 꼴찌의 성적이다. 친구들은 우르르 몰려가 1등에게 물었다. "예지야! 이번엔 몇 점이야?", "2개만 맞았으면 올백인데 이번엔 너무 아쉬워." 1등의 성적이 공개되었다. 이제 남은 건 꼴찌의 성적인데 꼴찌는…. 그렇다. 바로 나였다. "애들아, 나 37점이야! 다 찍었는데 진짜 천재 아니냐?" 나는 자랑스럽게 말했다.

지금은 저때의 일이 부끄럽지만 그때 나에겐 공부하는 친구들이 바보 같았다. 좋은 성적을 받고도 아쉬워하는 1등보다 37점이지만 행복해하는 내가 더 똑똑하다고 생각했다. 공부하는 것보단 노는 걸 좋아했다. 학원은 엄마 몰래 땡땡이쳤다. 시험시간은 5분이면 충분했다. 하지만 행복은 중학교 3학년에서 끝났다. 고등학교가 문제였다. 가고 싶은 학교는 성적이 부족해 특성화고로 진학해야 했다. 나는 바보였다. 엄마에겐 괜찮다며 잘할 수 있다고 약속하고 특성화 고등학교에 진학했다.

시작은 좋았고, 순탄했다. 하지만 후회했다. 일반고를 간 친구들이 부러워지기 시작했다. 잘 해 오던 연기마저 '내 길이 맞는 걸까?', '내가 잘하고 있는 게 맞나?' 의심이 들기 시작했다. 그러다 슬럼프에 빠졌다. 학원가는 길 지하철 안에서 갑자기 울음이 터졌다. '갑자기 왜 이러지' 하며 눈물을 닦아 봐도, '쪽팔리게, 사람 많은데 울지 말자!'라고 마음을 추슬러 봐도 눈물이 계속 흘렀다. 나는 너무 지쳐 있었다.

그날 밤, 엄마와 상담을 하고는 연기를 그만두기로 결정했다. 연기를 그만두고 나니 몸과 마음이 공허해졌다. 처음으로 열정을 가지고 시작했던 일인데 그만두니 불안했다. 나만 멈춰 있는 것 같았다. 차라리 다시 몸과 마음이 힘들어지는 걸 바랐다.

여행을 떠나고 싶다고 생각하던 중에 워킹홀리데이에 관련된 책 한 권을 읽었다. 워킹홀리데이의 모든 것이 적혀 있었다. 그 나라의 언어를 공부할 수 있는 건 물론이고 혼자 떠나서 생활하기 때문에 자립심도 기를 수 있다고 했다. 그뿐만 아니라 다양한 국적의 친구들, 드라마에서만 보던 파티, 한국에서는 할 수 없는 일들 그리고 다양한 자기계발을 시작할 수 있다고 했다.

미드를 보며 꿈꿔 왔던 유학생활보다 더 가치 있는 일이라니 정말 환상이었다! 책을 읽고 난 후 당장이라도 짐을 싸서 떠나고 싶었다. 여행은 단순히 관광만 하는 거라고 생각하던 나에겐 신선한 충격이었다. 새로운 경험, 모험을 하고 싶어졌다. '자기계발을 위해 워킹홀리데이 떠나기'라는 새로운 목표가 생겼다. 목표가 생긴 후 불안했던 마음은 마법처럼 사라졌다.

우리는 길을 걷다 넘어지기도 한다. 그리고 또다시 그 길을 걸을 땐 넘어지지 않으려 신경 쓰곤 넘어지지 않는다. 나에게 경험은 이것과 같다. 다양한 경험을 많이 하면 나중에 겪게 될 시련들에 좌절하지 않고 이겨 낼 힘이 생겨난다. 늘 가까운 곳만 보며 우물 안 개구리처럼 살아가던 나는 가장 중요한 걸 놓치고 있었다. 책을 읽고 난 후 이제부터 새로운 경험과 세상을 보는 눈이 더 커질 수 있도록 인생 실전 공부를 하겠다고 결심했다.

"넌 유튜브에 영상 찍어서 올릴 생각 없어? 멋있던데."
"싫어. 모르는 사람들이 내 얼굴을 아는 것도 싫고 나한테 이득도 없잖아."
친구에게 유튜브에 자신의 영상을 찍어 올리는 걸 어떻게 생각하느냐고 물어봤더니 반응이 별로 좋지 않았다. 워킹홀리데이를 가면 난 무조건 나의 여행 영상을 찍어 사람들과 공유하고 싶다. 대부분의 사람들은 자기 합리화를 통해 오늘 하루도 열심히 살았다고 위안을 삼는다.
하지만 내가 평소에 어떻게 행동하는지는 직접 보기 전에는 정확하게 판단할 수 없다. 영상으로 남겨 확인하면 하루를 얼마나 값지게 보냈는지 알 수 있고 자아성찰 또한 할 수 있다. 남은 시간을 더 의미 있게 보낼 수 있는 좋은 방안이기도 하다. 그리고 워킹홀리데이를 끝마친 후에도 소중한 추억, 경험들을 잊지 않고 간직할 수 있다. 힘든 하루 끝에 내 영상을 보며 사람들이 조금이라도 행복해한다면 이보다 뜻깊은 일은 또 없을 것이다.

TV를 보다 보면 2개 국어 심지어는 4개 국어를 하는 연예인을 종종 볼 수 있다. 우리나라 사람들의 가장 큰 적은 영어라고 생각한다. 실제 학교에서 영어를 배우고 있는 파릇파릇한 고3인 나는 그것을 더욱 열렬히 느끼고 있다. 우리는 친구들에게 아침 인사를 할 때 "와우, 오늘 날씨가 정말 완벽해. 너의 오늘 계획은 뭐니?"라고 인사하지 않는다. 이렇게 말하면 친구들은 날 이상하게 생각할 수도 있다. 영어도 똑같다. 학교나 학원에서 배우는 영어는 저 어색한 한국어와 별반 다를 게 없다. 실제 학교 영어시험에서 매번 100점을 맞는 친구가 미국에 다녀왔는데 충격을 받았다고 한다.

그 친구는 자신만만하게 미국에 갔지만 미국인이 하는 말을 하나도 못 알아듣고 손짓 발짓으로 이야기했다고 한다. 친구는 "영어 울렁증이 생길 거 같아. 말은 빨라서 들리지도 않고 학교에서 배운 문장은 하나도 소용없었어."라며 질겁했다. 학교에서 배우는 영어와 실전에서 쓰고, 듣는 영어가 달랐던 것이다. 학교에서 배우는 영어는 밑 빠진 독에 물 붓기일 뿐이다.

관광산업이 발전될수록 외국인을 만날 기회는 더욱 많아진다. 이미 사회는 나에게 2개 국어 이상을 말하길 바라고 있다. 영어를 능숙하게 하는 사람을 보면 나도 모르게 "멋있다"라는 말을 내뱉게 된다. 이제 나도 많은 사람들에게서 멋있다는 말을 듣고 싶다. 그렇다면 워킹홀리데이를 다녀올 때 영어를 마스터해 오면 되지 않을까?

나 빼곤 대부분의 사람들이 외국인인 그곳은 실전 영어를 배우기 딱 좋은 환경이다. 심지어 영어를 하지 않으면 살아남을 수 없으니 선택 조건이 아닌 필수 조건이다. 나는 공부를 12년 동안 해도 마스터하지 못한 영어를 워킹홀리데이를 통해 마스터할 것이다. 그래서 이젠 내가 멋있는 사람이 될 것이다.

난 아직 사과 하나를 제대로 깎을 줄 모른다. 친구들은 공주처럼 자랐다며 대수롭지 않게 여겼지만 나에겐 커다란 흠이다. '이런 사소한 일도 혼자 못 해낸다니…' 앞으로 살아가려면 혼자 해야 할 일들이 엄청 많을 텐데. 나는 그전에 저 작은 사과에게 져버린 느낌이었다. 나는 간접 경험은 도움이 되지 않는다고 생각한다. 친구가 사과를 깎는 걸 본다고 해서 내가 사과를 깎을 수 있게 되는 건 아니듯이 모든 건 직접 경험해 봐야 알 수 있고 내 것이 될 수 있다.

드라마를 보고 상상만 하는 게 아니라 이제 내가 경험해 볼 차례가 왔다. 부모님과 친구들의 도움 없이 스스로 외국에서의 삶을 개척해 나간다는 건 정말 멋진 일이다. 나이도 어린데 왜 사서 고생하느냐고 많이들 만류한다. 하지만 어린 나이는 절대 내 스펙이 되지 않는다. 지나가면 끝일뿐이다.

나는 한 살이라도 어릴 때 고생도 해 보고 경험도 많이 쌓아 쉽게 무너지지 않는 사람이 되고 싶다. 한국에서도 많은 경험을 할

수 있는 건 사실이다. 하지만 외국에서 누군가의 도움 없이 스스로
터득해 나가면서 오직 나만의 스펙을 쌓고 싶다.

03

10년 뒤, 10대들의 롤모델 되기

어릴 적부터 나는 미술, 피아노, 영어, 수학, 논술 등 안 다녀 본 과목이 없을 정도로 많은 학원을 다녔다. 엄마는 내가 어릴 때부터 꾸준히 공부하면 남들처럼 중간은 갈 수 있다고 생각했다. 다양한 학원을 다니면 내가 좋아하는 걸 빨리 찾을 수 있을 거라고 생각했다. 하지만 엄마의 생각과는 반대로 난 어릴 때부터 꾸준히 놀고 싶었다. 다양한 학원을 다닌다는 건 귀찮은 일이었다. 수학 학원에서 있었던 일이다.

"선생님, 나누기는 모양이 왜 이렇게 생긴 거예요?"

"수빈아, 그런 건 알 필요 없어. 빨리 문제 풀어."

"정말 궁금해서 그래요. 왜 이런 거예요?"

학원에선 궁금하거나 모르는 게 있으면 언제든지 질문해도 좋다고 하셨다. 나는 나누기 모양에 의문이 생겼다. 선생님은 단순히 공부하기 싫어서 칭얼댄다고만 생각하셨다. 그런 쓸모없는 질문은 하지 말라고 하셨다. 나는 모르는 걸 가르쳐 주는 곳이 학원이라고 생각한다. '가르쳐 주지도 않는데 학원을 왜 다녀야 하지?'라는 의문이 생긴 나는 학원을 그만두기로 결정했다.

친구들에게 네가 원해서 학원에 가는 거냐고 물어보니 "그런 게 어디 있어. 그냥 당연히 가야 되는 거 아니야?"라고 말했다. 나는 이해가 되지 않았다. 그렇다고 그 친구가 공부를 잘하는 것도 아니었다. 그렇다면 굳이 도움도 되지 않는 학원을 시간을 낭비하면서까지 다닐 필요가 있을까? 보통 학원을 다녀오면 밤 9시가 훌쩍 넘는다. 하고 싶은 일을 할 시간도 없는 것이다.

대부분의 학생들은 대학교를 목표로 공부한다. 자신에게 투자할 시간도 없을 만큼 공부한다. "고3이 놀 시간이 어디 있니? 공부나 해!" 이 말에 모두들 공감할 것이다. 어른들은 대학생이 되어서 놀아도 충분하다고 말한다. 하지만 이 말만 믿고 공부하다 막상 대학교를 가려니 정작 잘하는 것, 하고 싶은 것이 없다. 결국 성적에 맞추어 학교를 가게 되는 일이 다반사다. 나는 이렇게 내 청춘이 소비되는 것이 싫다.

나의 인생인데 내 마음대로 하지도 못하고 끌려만 다니다 다이아몬드가 될 수 있는 재능이 놀이터에 굴러다니는 돌덩이처럼 변해 가는 건 너무 억울하다. 20대가 되어 뒤돌아봤을 때 남아 있는 10대의 추억이 공부뿐이라면 서글프고 후회스러울 것 같다.

알게 된 지 얼마 안 된 친구가 나에게 고민을 상담하고 싶다며 시간을 내 달라고 부탁했다. 친하지도 않은 친구가 갑자기 상담을 부탁하니 의문이 생겨 왜 나한테 상담을 하고 싶어 하냐고 물었다. 친구는 "다른 애들과 상담하면 고민이 해결되지도 않고 오히려 더 불안해져. 너는 생각하는 게 남들하고 달라서 너한테 물어보면 뭔가 답이 나올 것 같아."라며 자신의 고민을 털어놓았다.

하고 싶은 일은 있지만 확신이 없고 시간 낭비를 하고 싶지 않아 도전해도 괜찮을지 모르겠다는 게 고민이었다. 난 "시작해 보지도 않았으면서 벌써 '후회하면 어쩌지' 하고 고민하는 거라면 진짜 하고 싶은 일이 아닌 거야. 그리고 후회해도 얻는 건 분명히 있어." 라고 말했다. 그러자 친구는 "이건 내 절친도 모르는 이야긴데…." 하며 자신의 속마음을 꺼내기 시작했다.

이야기가 끝난 후 친구는 나에게 고민을 말하니 아직 해결된 건 없지만 마음이 편안해졌다고 했다. 다른 고민들까지도 털어놓게 된다고 했다. 친구의 표정을 보니 마음이 한결 가벼워 보였다. 내가 한 사람의 마음을 진정시키고 내가 한 말이 좋은 조언이 되었다고 하니 마치 엄청난 능력자라도 된 것만 같았다. 친구가 좋아하니 내 마음도 덩달아 따뜻해졌다.

나의 학교생활은 다른 사람들보다 조금 더 특별했다. 똑같은 고등학생이지만 다른 친구들보다 조금 더 보람차고 기억에 남을 수 있게 보내고 싶었다. 고등학교 입학 후 동아리 부서를 보던 중 '조주 동아리'가 눈에 들어왔다. 칵테일을 만드는 동아리였다. 나는 '칵테일이라니, 실제로 본 적도 없는데 저걸 만들 수 있다고?' 하며 조주 동아리에 지원했다. 심지어 학교의 대표 동아리였다.

이렇게 특별한 동아리에 가입하게 된다면 매일매일 학교에 가고 싶을 것만 같았다. 나는 이후 동아리 시간만을 기다렸다. 1학년이어서 하는 일은 교실 청소, 설거지, 선배들의 뒷바라지밖에 없었다. 하지만 나는 최선을 다해 내가 맡은 일을 했고 그 일이 전혀 싫지 않았다.

교내 대회가 있어 참가하게 되었다. 상을 받겠다는 생각은 없었고 참가에 의의를 두었다. 학교가 끝나면 동아리실로 가서 밤늦게까지 연습했다. 친구들은 고작 동아리일 뿐인데 왜 그렇게 열심히 하느냐고 물었다. 그 당시 나에게 있어 동아리는 가장 가치 있는 일이었다. 때문에 온 열정을 쏟아부었던 것이다.

그렇게 대회는 끝났고 순위 발표가 남았다. 나는 전혀 기대하지 않고 있었다. 그런데 "수빈아, 네가 은상이야."라는 말이 들려왔다. '맙소사, 내가 은상이라니!' 상을 받은 날은 시간이 지나도 잊히지 않을 것 같다. 잊을 수 없다. 내가 무언가에 열정을 쏟아 보상을 받은 건 그때가 처음이었기 때문이다.

이 일을 계기로 진심을 다해 어떤 것에 열정을 쏟아부으면 그것은 절대 배신하지 않는다는 걸 알게 되었다. 그리고 공부에도 관심이 생겼다. '은상도 받았는데 내가 전교 1등을 못하겠어?'라는 자신감이 생겼다. 마치 이미 내가 전교 1등이 된 것 같았다. 그 후 난 전교 1등을 생각하며 공부했다. 포기하고 싶을 땐 상을 받은 날을 생각하며 참고 견뎠다. 공부는 그렇게 힘들지 않았고 오히려 즐거웠다. 전교 1등은 실현되었고, 그 성취감은 말로 표현할 수 없었다.

뭐든지 할 수 있을 것만 같아 조주기능사 자격증에도 도전해 보기로 했다. 조주 동아리 멤버였던 나는 무조건 이 자격증을 갖고 싶었다. 총 40개의 레시피를 외워서 그중 세 가지를 만들어 내는 시험이었다. 시험을 치르기 위해서 나는 밤을 새워 가며 40개의 레시피를 모두 외웠다. 아주 완벽하게 말이다.

그 후, 난 친구들 사이에서 '조주 레시피 기계'로 불렸다. 그리고 나는 아주 깔끔하게 조주기능사 자격증을 취득했다. 시험을 치기 전 학교 수업시간에 연습을 했는데 내 차례에 친구들이 "쟤는 공부도 잘하고, 저것도 잘하고, 도대체 못하는 게 뭐야? 대단하다." 라고 말하는 것을 들었다. 나는 못 들은 척했지만 그 말을 듣고 그 어느 때보다도 행복했다.

공부만 열심히 하며 학교생활을 했던 친구와 나를 비교하면 난 내가 더 보람차고 가치 있는 학교생활을 했다고 자신 있게 말할 수 있다. 나도 학원을 다니며 대학교를 목표로 공부하는 길을 선택할 수 있었다. 하지만 공부보다 더 의미 있는 일들은 정말 많았다. 이 경험들은 공부와 바꿀 수 없는 큰 가치가 있다. 나는 내 선택을 후회하지 않는다.

　10대는 인생에 있어서 가장 중요한 시기이고 기억에도 많이 남는다. 이 시기는 힘들지만 오히려 나중엔 힘이 되기도 한다. 나는 모든 10대들이 공부에만 집착하지 않고 자신의 꿈을 위해 시간을 투자할 수 있도록 돕고 싶다. 학교생활로 힘들어하는 친구들의 고민도 해결해 주고 싶다. 나는 10대들의 멘토이자 롤모델이 되고 싶다.

PART **9**

〜〜〜〜

지역사회에 좋은 영향력
끼치며 여생 보내기

〜〜〜〜

- 이 수 희 -

이수희 사회복지사, 은퇴상담전문가, 자기계발 작가, 동기부여가

대학교와 대학원에서 사회복지학을 전공했고, 사회복지전담 공무원으로 재직 중이다. 노인을 위한 일자리 확충에 대해서 연구해 왔으며 현재 은퇴에 대한 주제로 개인저서를 집필 중이다.

C · P 010.3270.1357

01

은퇴자들을 위한
북 카페 운영하기

우리나라는 급속한 노령화로 전체 인구에서 노인 인구가 차지하는 비율이 점점 커지고 있다. 내가 은퇴할 시점인 2025년이면 100명 중에 25명이 노인일 것으로 예상하고 있다. 지금도 노인들이 많은 것 같은데 그때는 젊은이보다 노인들이 더 많이 돌아다닐 것이다.

지인의 아버님은 놀 곳이 없어서 막걸리 파는 가게를 차리고 싶어 하신다. 80세가 넘은 연세에도 열정이 있으시다. 80세가 넘은 노인도 이러한데 사회에서 이제 막 은퇴한 60세 노인들은 그 욕구가 더 클 것이다. 요새는 의학이 발달되어 60세가 되어도 본인들이 노인이라고 생각하지 않는다.

일부 운 좋은 노인들이 일을 계속하는 경우도 있다. 그러나 대부분은 일하고 싶어도 일자리가 없어 집에서 지내는 경우가 많다. 여성은 가사라도 하지만 남성은 달리 할 일도 없다. 그러다 보니 남아도는 시간을 TV 시청에 할애한다. TV 시청이 계속되면 사회에서 고립되고, 우울증에도 걸릴 수 있다. 현재 우리나라 노인세대는 미처 여가문화를 익힐 틈도 없이 일만 하다가 은퇴한 세대다. 하지만 노인일수록 밖으로 나와서 사람들을 만나야 건강한 생활을 할 수 있다. 이는 노인들이 사람들과 유대관계를 맺을 수 있는 공간이 절대적으로 필요한 이유다.

나는 업무상 시장이나 상업 지역을 많이 돌아다녔다. 특히 망원시장은 서울의 대표적인 전통시장으로 젊은이뿐만 아니라 노인들도 즐겨 찾는 곳이다. 젊은이들을 위한 세련되고, 감각적인 카페와 음식점이 곳곳에 많다. 하지만 노인들은 전철역 앞에 있는 맥도날드에서 소일하곤 한다.

커피숍이 많아도 노인들이 마음 편하게 갈 곳은 없는 것이 현실이다. 물론 60세부터는 복지관을 가면 되고, 더 나이 든 고령의 노인들은 경로당에서 지내면 된다. 과학기술이 발달해서 이제 60세의 나이에도 30~40년은 너끈히 살 것으로 생각된다. 지금 60세를 바라보고 있는 사람들은 젊은 마음으로 가득하다. 그런데도 그들은 벌써 젊은이들이 노는 커피숍 출입이 눈치가 보인다. 한마디로 서럽고, 서글픈 인생이 시작된 것이다.

전에는 다방이 있어서 차를 마시고 담소도 나누었다. 하지만 프랜차이즈 커피숍과 젊은층이 운영하는 소규모 커피숍 출입은 노인들에게는 여의치 않다. 젊은 사람들이 오는 곳인데 노인들이 있으면 분위기가 안 좋다고 반기지 않는 것이다. 동네 커피숍을 가도 노인들을 만나기가 힘들다.

정부에서는 노인들이 노후생활을 즐길 수 있는 여가시설을 많이 조성하고 있다. 자치단체에서는 복지관, 50플러스센터, 캠퍼스 등을 건립해 이용하도록 홍보하고 있다. 그러나 대부분의 노인들은 자신이 거주하는 동네에서 소일하면서 지내기를 원한다. 아무래도 마음이 편하고, 다니기도 편한 곳을 선호하는 것이다.

가까운 일본에는 60세 이상의 노인만 출입할 수 있는 노인 전용 오락실, 카페가 성업 중이라고 한다. 또한 손님과 종업원 모두 60세 이상의 노인으로서 고령자가 마음 놓고 출입할 수 있는 주점도 꽤 인기가 높다고 한다.

자녀와 함께 사는 노인들이 급격히 줄어들고 있다. 아마도 내가 은퇴할 무렵에는 더 심해질 것으로 보인다. 사회생활에서 단절되면 노인들은 쉽게 늙고, 건강이 악화된다. 지역사회와 긴밀한 관계를 유지해야 하는 이유다. 이웃과의 관계 형성이 어려운 현실에서 공동 공간이 필요한 이유이기도 하다.

그래서 나는 친구들과 은퇴한 노인을 위한 북 카페를 운영하고

자 모임을 만들었다. 조만간 시행착오를 줄이기 위해 자료를 수집하러 우리보다 앞서 노령화가 진행되고 있는 일본에 다녀올 예정이다. 한 친구는 일본어 공부를 오래전부터 해서 이제 수준급이고, 바리스타 자격증도 있다. 한 친구는 도서관 업무를 하고 있어서 북카페에 대한 이해도 있고, 관련 공모 사업에 대해서도 잘 알고 있다. 게다가 지인들 중엔 노인 여가시설 공간 조성 전문가도 있고, 노인 취업 분야의 전문가도 있다.

공간 확보 비용은 일단은 공동 부담하고, 같이 사무실을 이용하면 될 것이다. 아니면 공모사업으로 예산을 확보하는 방안도 생각하고 있다. 각자 분야를 나누어서 자료를 준비하고 발표한다는 구체적인 계획을 세웠다. 카페 이름도 근사하게 지어서 노인 전용 카페의 선두로 나설 것이다. 현재는 모임 친구들이 나와 같은 연령대여서 퇴직할 사람이 없다. 그러니 우선은 준비 단계다. 하지만 누구든 먼저 퇴직하게 되면 선발대 삼아 시작할 생각이다.

카페에서 60세 이상의 노인들이 낮에는 차를 마시면서 책을 읽고, 담소도 나누는 모습을 상상한다. 저녁에는 전일 근무를 마친 노인들이 모여서 저자 초청 강연도 듣고, 공부도 할 수 있다. 나는 북 카페에서 책을 읽고, 강연도 한다. 낮에는 책도 쓸 것이다.

한 친구는 커피를 만들고, 노인들을 대상으로 일본어 강의를 한다. 또 다른 친구는 카페 운영을 위한 공모 사업 계획서를 만들기도 할 것이다. 자신이 만든 도예작품을 전시하기도 할 것이다. 스타벅스나 할리스 커피숍 같은 근사하고 멋있는 노인 전용 북 카페를 만들 것이다. 일을 다니지 않는 노인들끼리 협동조합을 만들어서 수익 사업을 할 수도 있겠다. 이 사업을 위해서 협동조합 만드는 방법도 배워야겠다.

북 카페가 잘되면 아무래도 그 근처로 이사해야겠다. 아니면 전철이 닿는 곳에서 출퇴근하면 더 건강해질 수도 있을 것이다. 또한 노인들을 가까이에서 겪고 교류하면 노인에 대한 책을 출간하는 데도 도움이 되리라 생각한다.

노인은 나이가 들수록 자기 고집이 강하고, 어린아이 같은 마음으로 돌아간다. 인성이 변하는 것은 거의 불가능하다고 생각하면 된다. 말 안 듣는 얄미운 7세 아이라고 생각하면 이해가 빠를 것이다. 아마도 북 카페에서는 의견 충돌도 많을 것이고 가끔은 싸우기도 할 것이다. 북 카페를 차린 것을 후회하면서 같이 술 한 잔 할수 있을 것이다. 그럼에도 불구하고 다음 날 노인들은 친구들과 함께 맛있는 커피를 마시기 위해 북 카페를 찾을 것이다. 나는 노인들이 싸운다는 것을 살아 있다는 증좌로 본다. 그래서 부모님이 싸우고 왔다고 하면 심하게만 싸우지 마시라고 한다. 싸움도 기운이 있어야 한다. 건강하다는 징조인 셈이다. 내가 운영하는 북 카페는 갈등을 통해서 스트레스도 해소하고 서로를 돕는, 품위 있고 인성 좋은 노인들이 이용하는 장소가 될 것으로 확신한다. 북 카페는 운영을 잘해 동네 사랑방으로 확대될 것이다.

한국 사회는 점점 가족관계가 해체되고, 개인주의로 만연해지고 있다. 동네에서 누가 어떻게 사는지 알 수 없고 알려고도 하지 않는다. 그러다 보면 옆집에서 고독사가 발생해도 알 수가 없다. 또한 실질적인 예방도 어렵다. 이런 시점에 내가 운영하는 북 카페는 지역사회 주민들을 연결해 주는 센터가 될 것으로 믿는다. 중앙정부는 우리가 운영하는 북 카페의 명성을 듣고 각 지방자치단체에 시범사업을 실시하도록 정책을 발표할 것이다.

나는 내가 평소에 꿈꾸었던, 희망을 갈구하는 은퇴자를 위해 도움을 주고 지역사회에 좋은 영향력을 끼치는 사람으로서 여생을 살아가게 될 것이다!

02

1년에 책 1권씩 출간하고
최고의 강연가 되기

나는 책 읽기를 좋아한다. 어려서부터 책을 좋아했고 지금도 책 읽기를 즐긴다. 책을 통해서 새로운 세상을 알기도 하고 공감하며 위안을 받기도 했다. 책은 친구이고 나를 위로해 주는 존재였다. 유아기 때 집에 방문 판매원이 오곤 했다. 그럴 때면 하도 졸라서 부모님은 그 어려운 형편에도 나에게 동화책 전집을 사 줬다고 한다. 그러면 나는 글자도 모르면서 내용을 달달 외우고 그림을 보면서 읽었다고 한다.

집에는 교과서 외에는 책이 별로 없었다. 부모님이 책에 관심이 전혀 없고, 집안 형편도 너무 안 좋은 탓이었다. 나는《북유럽 동화집》을 가지고 있는 친구 집에서 밤늦게까지 책을 읽곤 했다. 친척 집에 가서도 책장 앞에서 시간을 보냈던 기억이 있다.

본격적으로 책을 읽기 시작한 것은 대학에 진학하면서부터다. 사회계열에 입학했고 2학년부터 전공이 정해졌다. 그래서 사회학, 심리학, 경제학 등 다양한 분야의 책을 읽을 수 있었다. 선택 과목도 학점에 상관없이 들었고 관련 책도 열심히 읽었다. 친구들은 데이트하고 놀러 다닐 때 나는 도서관에서 많은 시간을 보냈었다. 나는 '내가 누구인가? 어디서 왔는가? 어떻게 살 것인가?' 등 나 자신에 대해서 알고 싶어서 심리학책을 주로 읽었다.

직장에 다니기 시작하면서는 빈민계층을 상대하게 되었다. 그러면서 사직하고 싶을 정도의 스트레스를 받았다. 그 스트레스를 해소하고자 답사 여행 책을 주로 읽었다. 미술사, 역사학, 건축학 책도 많이 읽었다.

아이를 키울 때는 책을 가까이하는 아이로 성장시키기 위해 동화책을 많이 읽어 주었다. 큰아이가 여덟 살이 될 때까지 몸이 아플 때를 빼고는 줄기차게 책을 읽어 주었다. 한글, 영어 동화책을 수천 권도 더 읽어 주었던 것 같다. 내용을 이해해야 하니 아이보다 내가 더 열심히 읽기도 했다. 나는 동화책의 내용이 그렇게도 심오하고 그림이 예쁜지 그때 알았다. 아동기 때의 나의 결핍을 아이들에게 책을 읽어 주며 보상받은 것 같다.

아이들에게 책을 읽어 준 시기가 내 생애에서 가장 행복했던 시절이었다. 나중에는 부동산책도 나름 많이 읽었지만 그저 읽기만 했다. 일기 한 줄, 서평 한 줄 안 썼다. 일기는 쓰고 나서 읽어 보면 창피한 생각이 들어서 중단했고, 서평은 능력 밖이라고 생각해서 안 썼다. 그냥 문자중독 증세가 있는 것처럼 책 읽기만 한 것이다.

그런데 이렇게 수십 년에 걸쳐서 책 읽기를 했어도 달라진 점, 변화된 점은 별로 없었다. 평생 책을 한 권도 안 읽은 친구와 별로 다른 점도 없었다. 내가 다니는 직장은 공조직 특성상 말을 안 하는 게 미덕이다. 하지만 나는 책을 읽어 이것저것 잡다하게 아는 게 많으니 말도 거침없이 하고 아이디어도 많이 냈다. 잘난 척하는 데다 일도 만들고 귀찮게 하니 부정적으로 보이기까지 한 것 같다. 사회분야 전공자들은 말을 잘하는 데다 업무상 말을 잘할 수밖에 없다. 그런데다 나는 책으로 인해 더 할 말이 많게 된 경우다. 책 읽기가 재앙이 된 경우다. 나는 책만 읽는 바보였는지도 모른다.

책을 한 권도 안 읽는 사람들이 조직에서 더 잘나간다. 책을 안 읽어도 다들 사회생활을 무난하게 잘하고 잘 산다. 내가 다니는 직장은 주어진 일만 무난하게 해도 월급 타는 데 지장이 없는 곳이다. 될 수 있는 대로 일을 안 만들고 조용히 지내면 무탈하게 정년까지 다닐 수 있는 곳이다.

그렇게 지내던 어느 날 책을 읽던 중 머릿속에서 종이 울리는 소리가 들렸다. 그때 책 읽기를 중단하고 휴식기를 가졌다. 집에 벽이 안 보일 정도로 어른 책, 아이 책이 쌓여 있는 것이 보기 싫어졌다. 어느 날은 책이 나를 덮칠 것 같았다. 어떤 대가를 바란 것은

아니지만 책 읽기에 지쳐 갔다. 변화된 모습이 없으니 싫증이 날 만
도 했다.

그러던 중 집과 직장 모두 힘들고 팍팍해지면서 마음의 중심을
잡고자 자기계발서를 읽기 시작했다. 책을 집에다 들여놓기는 싫고
도서관에만 다니며 읽다 보니 별로 읽을 만한 자기계발서가 없었
다. 나중에는 플라톤, 소크라테스, 공자 등 고전을 읽을 준비를 하
고 있었다. 지금 생각하니 책만 읽다가 죽을 뻔한 것 같다.

도서관에서 책을 읽던 중 평범한 사람들이 부동산으로 돈을 벌
었다는 경험담을 읽게 되었다. 바로 〈한책협〉 식구들이 출간한 책
들이었다. 평범한 사람들이 평범한 주제로 쓴 책이었다. 그런데 하
나같이 책 쓰기로 인생을 바꿨다고 하니 궁금증이 생기기 시작했
다. 그전에 김병완 작가가 자신의 책에서 책으로 인생을 바꿀 수
있다고 하긴 했다. 하지만 책을 매개로 자신을 브랜딩 하는 구체적
인 방법은 알 수 없었다.

〈한책협〉 카페를 검색해 보니 한마디로 신세계였다. 〈한책협〉에
서는 책을 써서 삶을 바꾸는 구체적인 방법까지 알려 주고 있었
다. 당장 김태광 대표 코치님의 책을 찾아서 읽고 〈1일 특강〉에 가
서 강의를 들었다. 김태광 대표 코치님은 내가 수년간 생각해 오던
1인 지식창업의 방법에 대해서 줄줄이 알려 주었다. 첫 만남인데도
아주 오래전에 봤던 것처럼 책을 통한 창업 방법에 대한 대화가 오

갔다. 인생 2막을 여는 책 쓰기가 시작된 것이다.

나는 책 쓰기는 훈련을 오랫동안 하고 그 분야에 대해 많이 공부해야 할 수 있는 것으로 생각했다. 아마도 나만 그런 것은 아닐 것이다. 일반인들의 경우 죽음을 앞둔 노인들이 생을 마무리하는 자서전쯤을 쓰는 것으로 알고 있었다. 그리고 책을 쓰다 보면 나의 모습이 많이 드러나게 될까 봐 가장 두려웠던 것 같다. 나에게는 나의 내면을 드러내는 것이 무척이나 힘든 일이었다. 이렇듯 책 쓰기는 나와는 인연이 없는 것으로 생각했다.

하지만 이제 나는 책 쓰기를 하면서 상처받은 감정을 치유하고 더 단단해질 것이다. 책 쓰기를 통해서 내가 살아갈 가치가 있는 사람이라는 것을 증명해 낼 것이다. 내가 처한 시련에 당당하게 맞서고 강한 자아를 갖게 되는 축복의 시간이 시작될 것이다.

김미경 작가는 말을 잘하고 말이 많은 것이 재앙이었으나 강연가가 되면서 축복으로 바뀌었다고 했다. 나도 강연가가 되어서 재앙을 축복으로 바꾸고 살 것이다. 나는 평소에 말을 재미있게 하고 모임의 분위기를 좋게 하는 사람으로 인식되고 있었다. 그런데 그런 나의 경쟁 상대들이 말이 많다고 해서 원인 분석을 해 보았다.

나는 대화할 때나 모임에 갈 때 상대방의 특성, 취미, 시대의 트렌드 등을 조합해서 주제를 정하고 상황에 맞춘다. 그러니 소재가 풍부하고 말이 많은 것으로 보이는 것이다. 고등학교에 다닐 때는 친구들이 개그맨이 되어 보라고도 했다. 그러나 지극히 보수적인 직장에 다니면서 나는 이상한 사람이 되었다. 톡톡 튀는 단어를 구사하는 특이한 사람이었고, 별난 사람이었다. 아무 말 안 하고 참는 게 최고의 미덕인 조직, 일보다는 아부와 접대 문화를 통해 승부를 내는 조직에서 나는 이방인으로 지낸 것이다. 그래서 그들처럼 입을 다물고 살고 있었다.

앞으로 나는 살아오면서 알게 된 지식과 직장생활을 하면서 겪었던 시행착오들을 책과 강연을 통해서 사람들에게 알려 주는 메신저가 될 것이다. 그래서 재앙을 행운으로 바꿀 것이다. 또한 책 쓰기를 하면서 나의 내면 의식과 외부 의식을 일체화해 강한 사람으로 거듭날 것이다. 그러면 흔들림 없는 조화로운 삶을 살 것이라 믿는다.

지금 다니고 있는 직장은 나에게 무척 고마운 곳이 되었다. 책 쓰기를 위한 다양한 경험과 지식을 얻게 해 준 곳이기 때문이다. 내가 일하고 싶어 하는 부서에 보내 주고, 나의 능력을 알아봐 주신 상사가 없었다면 나는 그저 평범한 직장인으로 지루하게 살았을 것이다. 또한 직장에서 승승장구했으면 나름대로 만족하면서 현실에 안주하고 있을 것이다. 제대로 승진했으면 보답하기 위해서 각종 성인병을 달고 목숨 바쳐 일하고 있었을 것이다. 이제는 직장에 목매지 않고, 즐거운 마음으로 당당하게 살게 될 것이다. 몇 달 있으면 아무도 거들떠보지 않는 나를 인정해 주고 격려해 주신 상사에게 내가 쓴 책을 드리고 감사의 말씀을 전하게 될 것이라 확신한다.

나는 매년 1권씩 책을 출간해 퇴직할 때는 나의 분신인 책들을 매개로 성공한 지식기업가로 살아갈 것이다. 나의 경험과 지식을 메시지로 만들어서 다른 사람들에게 제공하고, 조언하면서 그 대가를 받는 사업가가 될 것이다. 인생을 새롭게 설계하고 수년간 생각해 오던 지식창업을 이룰 것이다. 상상만 해도 가슴이 뛰는 것 같다.

03

잘츠부르크 페스티벌 가기

　나는 오스트리아 잘츠부르크 페스티벌에 갈 것이다. 잘츠부르크에 가고 싶다는 생각을 하게 된 것은 2012년 북유럽으로 기획연수를 가면서부터다. 그 당시 핀란드, 스웨덴, 덴마크 3국을 갔다. 그런데 덴마크 현지 가이드가 해 준 말에 잘츠부르크에 가 보고 싶다는 생각을 하게 되었다. 그 가이드는 당시 60세의 멋있게 나이 들어가는 싱글여성이었다. 그녀는 1년 내내 돈을 모아서 잘츠부르크 페스티벌에 가서 한 달 동안 지내고 온다고 했다. 그녀의 취미 생활이 어찌나 멋있고 강렬했던지 나도 한번 잘츠부르크 페스티벌에 가 봐야겠다는 생각을 했었다. 그 뒤로 잘츠부르크에 대해서는 까맣게 잊고 있었다.

　그리고 우연히 잘츠부르크에 갈 기회가 생겼다. 2016년 6월에 오스트리아, 체코, 독일 3국 기획연수에 오스트리아의 잘츠부르크 방문 일정이 포함된 것이다. 비록 단 하루 동안 체류하는 일정이었지만 수년 전에 생각했던 일이 실현된 것이다. 여행을 가기 전에 방문할 나라와 도시에 대해서 사전 공부를 해야 하는데 제대로 공부도 못하고 갔다.

당시 전통시장 활성화 사업의 일환으로 기업체와 용역 계약을 맺고 추진 중이었다. 그런데 우리와 계약한 업체가 부도나서 기업 파산 절차를 밟고 있었다. 그 일로 변호사와 상담하다가 출국해서 제정신이 아니었다. 전날까지 대전으로, 변호사 사무실로 온종일 돌아다니느라 가방만 겨우 챙겨서 출국했다. 중앙부처와 계약한 용역업체가 부도나는 경우는 전국 최초였다고 한다. 연수기간 동안 해야 하는 자료 수집과 조사도 제대로 하기 어려운 상황이었다.

그때는 잘츠부르크가 문제가 아니었다. 변호사는 신경 쓰지 말고 파산을 받아들이라고 했다. 하지만 책임감에 너무나도 고민되고 신경이 쓰였다. 그런데 연수가 끝나고 귀국해 보니 아직도 판결이 안 난 상태였다. 그 후로도 몇 달이 지나서야 해결되었다. 그렇게 나는 그 아름다운 잘츠부르크를 제대로 즐기지 못하고 온 것이다.

잘츠부르크는 나하고 인연이 끝나는 듯했다. 그런데 이번에 버킷리스트를 작성하면서 마음속 깊은 곳에 웅크리고 있던 잘츠부르크가 떠올랐다. 잘츠부르크 페스티벌에 가 보고 싶다는 생각을 하게 된 것이다.

세계에서 가장 아름다운 도시로 알려진 잘츠부르크는 알프스 산맥에 둘러싸여 있는 작고 조용한 마을이다. 소금의 성이라는 뜻을 가진 잘츠부르크는 예로부터 소금산업으로 부를 축적해 경제적으로 번성했다. 고딕 양식과 바로크 양식의 아름다운 건물들이 도시 곳곳에 남아 있어 '북쪽의 로마'라고도 불린다.

또한 잘츠부르크는 오스트리아 최대의 음악 도시다. 해마다 셀수 없이 많은 관광객이 이곳을 찾는다. 그 이유는 바로크 양식의 아름다운 잘츠부르크 대성당을 비롯한 많은 명소가 있기 때문이다. 또한 클래식 음악의 위대한 거장 볼프강 아마데우스 모차르트, 헤르베르트 폰 카라얀이 태어난 도시이기도 하기 때문이다. 뿐만 아니라 영화 〈사운드 오브 뮤직〉의 배경 도시이기도 하다. 음악의 도시 잘츠부르크의 매력은 음악이 평범한 일상과 늘 함께한다는 것이다.

비록 단 하루 동안 잘츠부르크에 체류했지만 아직도 그때의 감흥이 생생하다. 음악의 도시답게 사람들은 여유가 있었고 중세 바로크 분위기의 건물들은 아름다웠다. 모차르트가 태어나고 가족들이 살았던 생가는 잘츠부르크에서 가장 번화한 게트라이데 거리에 위치하고 있다. 이곳은 관광객들로 인해 가장 붐비는 곳이다.

모차르트 생가에서는 그가 처음 사용했었다는 바이올린이나 그가 작곡한 악보, 사랑하는 사람에게 보낸 편지까지 소소한 그의 일상을 접할 수 있다. 잘츠부르크는 모차르트를 기념하는 다양한 소품부터 매년 잘츠부르크 페스티벌을 비롯해 1년 내내 열리는 음악회까지 모차르트와 더불어 살아가는 곳인 것 같았다. 상가 간판을 제품으로 표시한 거리는 아름답고 품격이 있기까지 했다. 잘차흐 강에서는 모차르트와 당대의 음악가들이 다리를 건너는 모습도 상상했다. 호엔잘츠부르크 성 카페에서 에스프레소를 마시면서 아름다운 도심을 바라보기도 했다.

유럽에는 잘츠부르크 외에도 멋있는 도시가 많다. 하지만 내가 특별히 잘츠부르크에 가고 싶어 하는 이유는 여름에 개최되는 음악축제 때문이다. 잘츠부르크 페스티벌은 매년 7~8월에 오스트리아 잘츠부르크에서 개최되는 세계적인 음악축제다. 거의 1년 내내 음악회가 열리는데 그중 잘츠부르크 페스티벌은 매년 여름 5~6주 동안 펼쳐진다. 이 페스티벌은 세계적으로 유명한 오케스트라와 지휘자, 연주자, 성악가들이 모여 연극, 오페라, 관현악, 실내악 공연을 펼쳐 보이는 종합예술축제다.

잘츠부르크 페스티벌은 화려한 연주자 프로그램도 자랑하지만 관객들의 의상 또한 화려하다고 한다. 유럽의 음악회를 가 보면 노인들도 빨간 드레스, 원색의 드레스를 입고 참석한다고 한다. 특히 오페라 공연에는 화려한 드레스, 턱시도를 갖춰 입고 리무진을 타고 와 화려함이 더욱 빛난다고 한다. 나도 몇 년 후에는 드레스는 안 입더라도 멋진 정장을 차려입고 유럽의 음악회에 갈 것이다.

나는 클래식에 대해서는 잘 모른다. 단지 귀가 편해지고 마음이 평안해져서 클래식을 듣는 편이다. 아침에 일어나서 오페라를 들을 때도 있고, CD를 교환하는 것이 귀찮을 때는 라디오의 클래식 프로그램에 채널을 고정해 놓고 음악을 즐긴다. 바흐, 슈베르트, 모차르트의 음악을 들을 때 이루 말할 수 없이 좋다. 특히 마리아 칼라스의 아리아는 그녀의 사랑과 아픔이 느껴지는 것 같고 공감되어서 즐겨 듣는다. 슈베르트의 피아노곡은 또 얼마나 좋은지. 그들은 음악을 만들어 내느라 뼈를 깎는 고통을 겪었을 것이다. 그 고통을 이겨 내고 이루어 낸 음악의 아름다운 선율이 처절하게 가슴에 와 닿아서 좋다.

나는 휴가기간이나 주말에 파주에 있는 황인용 뮤직 스페이스 카메라타에 음악을 들으러 간다. 카메라타는 클래식과 재즈를 틀어 주는 음악 감상실이다. 책 몇 권 들고 가서 하루 종일 음악을 듣고 올 때도 있다. 이번 여름휴가에도 카메라타에서 머리를 맑게 하고 행복한 기운을 느끼고 왔다. 아이들이 어렸을 때는 아이들의 정서 함양을 위해서 서초동에 있는 예술의 전당 음악회에도 가고, 발레도 보러 다녔었다. 하지만 직장에 다니고 애들을 키우면서 먹고사는 데 급급해 다 잊고 살아왔다. 그러나 지금 잊고 있었던 그 꿈이 되살아나고 있다.

잘츠부르크 페스티벌은 2021년에 장기재직휴가와 연가를 활용해서 갈 생각이다. 휴가 일수를 합하면 30일 정도 갈 수 있다. 요즘은 워라벨 시대여서 장기휴가를 가도 옛날처럼 비난하지는 않는다. 그러니 변수가 없는 한 갈 수 있을 것이다. 잘츠부르크에서 연주회, 오페라 공연을 느긋하게 보면서 지내다 올 것이다. 체류기간에 여유가 있으므로 잘츠부르크에서 가까운 할슈타트도 다시 다녀와야겠다. 할슈타트는 '잘츠카머구트의 진주'라고 불릴 만큼 아름다운 곳이다. 할슈타트 호수와 동화 같은 마을의 조화로운 모습이 잊히지 않는다.

잘츠부르크에 가기 전에 사전 준비를 제대로 해서 후회하지 않는 여행을 해야겠다. 음악회에 대한 사전 정보는 필수이고, 현지 체류를 위한 영어공부도 필요하다. 번역 앱이 발달되어 있지만 현지인과 간단한 소통이라도 하려면 영어를 어느 정도는 익히고 가야 할 것이다. 또한 잘츠부르크 페스티벌 음악회에서 연주되는 음악에 대한 공부도 하고, 유럽 역사도 공부할 생각이다.

건강해야 장기여행에서 잘 지낼 수 있으므로 체력단련도 해야겠다. 더군다나 음악회에 정장을 입고 가기 위해서는 다이어트도 열심히 해야 할 것이다. 아예 잘츠부르크 페스티벌 가기 계획서를 만들어서 벽에 붙여 놔야겠다. 잘츠부르크에 관한 멋진 사진도 구해서 시각화하면 확실히 꿈이 이루어질 것 같다. 주한 오스트리아 대사관에서 페스티벌에 관한 정보도 구할 수 있을 것이다. 여행경비는 걱정하지 않는다. 2021년이면 나는 세 번째 책을 출간했을 것이고 강연 수입도 상당할 것이다. 혹여 경비가 충분하지 않더라도 내 꿈을 이루기 위해 돈을 선불해서 쓰면 될 것이다.

2021년이면 나는 3권의 책을 출간한 작가이고, 블로그를 운영하고 있을 것이다. 평소에 내가 운영하는 블로그에 잘츠부르크 페스티벌에 대한 꿈을 널리 알렸기 때문에 팬들은 나의 꿈 실현을 열렬히 응원할 것이라 믿는다. 잘츠부르크에 체류하는 동안의 일상을 블로그, SNS에 포스팅하면 공간은 다르지만 같이 공감 할 수 있을 것이다. 체류하는 동안 도시의 풍경을 스케치도 하고, 사진도 찍어서 블로그에 올리면 귀국해서 새로운 책을 출간할 수 있는 좋은 자료가 될 것이다. '잘츠부르크에서 페스티벌 즐기기'라는 제목의 책도 출간 할 수 있을 것이다. 나의 꿈은 이미 이루어지기 시작했다!

04

상가 건물주 되기

나는 노후 준비에 대한 열망이 크다. 업무 특성상 빈민계층을 돕는 일을 하면서 그들처럼 살면 안 되겠다는 생각을 많이 했다. 나는 늙어서 자녀가 있어도 돌봄을 받지 못하고 정부 지원에 의존한 채 삶의 의욕을 상실한 사람들을 너무도 많이 보았다. 입사 초기에는 나이가 어리고 사회 경험도 없었기 때문에 빈민계층을 이해하는 데 한계가 있었다. 처음에는 도대체 이 사람들은 왜 이렇게 구질구질하게 사는 걸까? 개인의 문제인가? 사회구조적인 문제인가? 등 고민도 많이 하고 그들을 이해하기 위한 노력도 많이 했다.

정부 지원을 받는 사람들은 인간성이 게을러서 곤궁하게 사는 것이 아니다. 나태하게 사는 사람들도 일부 있지만 질병이나 사업 실패로 가정불화를 겪다가 이혼, 별거 등으로 이어져 자립할 수 없게 되는 경우가 다반사다.

빈곤계층을 상담하면서 IMF 때 사업 실패로 가산을 탕진하고 빚에 쫓기다 병까지 얻어서 곤궁하게 된 사례를 많이 본다. 그 당시 타격을 받은 사람들 중 아직도 회복이 안 된 경우도 많다. 서울역이나 문래동에서 노숙자 상담을 할 때는 사업 실패로 인한 가족관계의 파괴, 절망감으로 인해 노숙하게 된 경우도 많이 보았다. 그들도 인간답게 살고 싶었을 것이다. 하지만 사업 실패로 갈 곳이 없고 정신까지 망가진 것이다.

자녀들이 졸업해 직장에 취업했어도 다시 복지 서비스를 요청하는 빈민계층도 많다. 무상지원의 달콤함에 길들여지면 독립은 요원해진다. 힘들고 아파서 의지할 곳이 없으면 무상지원을 받으면 된다. 그러나 나는 절대로 그런 사람들과 같은 말년을 보내고 싶지 않았다. 매달 지원되는 생계비가 없으면 생활할 수 없고 자식들도 외면하는 노년이란 너무도 서글프고 비참하다. 그들도 그렇게 살기 위해 태어난 것은 아닐 것이다.

내가 근무하고 있는 곳은 정년이 60세까지 보장되고 연금도 나오는 공기관이다. 그러나 연금만 가지고는 근근이 연명하는 생활만 가능할 것이 뻔하다. 때문에 연금 외에 소득 확보를 위한 방법을 많이 생각하고 있다.

남들은 월급이 꼬박꼬박 나오고 정년까지 다니면 연금도 나오는데 무슨 걱정이냐, 아껴서 생활하면 무난하게 살 수 있을 거라며 부러워한다. 사실 큰 욕심 없이 남에게 손 벌리지 않고 최저생활은 할 수 있는 수준이다. 하지만 퇴직하면 연금으로 근근이 살다 보니 경조사비, 교제비 부담에 연락을 꺼리는 선배들도 많이 보았다. 게다가 요새는 업무 관련 기관 취업 제한으로 퇴직 후 재취업도 어렵게 되었다.

내가 받는 연금으로 최저생계는 가능하다. 하지만 인간다운 생활을 하기에는 역부족이다. 아파트 같은 주거용 부동산보다는 수익형 부동산을 소유하고 싶은 이유다. 원룸이나 소형아파트도 좋지만 이왕이면 상가의 건물주가 되고 싶다. 나의 친정 부모님은 평생을 성실하게 일해서 상가를 장만하셨다. 그 상가에서 나오는 월세로 사시다가 이번에 상가를 팔았다. 그 돈으로 조그마한 집을 장만하셨다. 그리고 남은 돈은 생활비로 쓰고 자식과 손주에게 용돈을 주면서 큰소리치면서 잘 살고 계시다. 나도 노후에 친정 부모님처럼 큰소리치며 살고 싶다.

나는 소중한 가족들을 위해서 안전망을 구축하려고 무던히도 노력했다. 아이들을 키우면서 부동산 공부를 하고 종잣돈을 모아서 투자를 하기도 했다. 초기에 많은 수익을 내면서 점점 더 과감하게 투자했었다.

내가 투자했던 2007년에는 부동산이 오르는 시기였다. 그래서 그동안 가격이 안 올랐던 부동산, 특히 소형아파트는 사기만 해도 가격이 올랐다. 소형아파트를 거래하면서 수익도 많이 얻었고, 그 수익금으로 다시 투자를 했다. 그러나 2008년 서브프라임 모기지 사태로 금융위기가 오고 부동산 가격이 내려가면서 손해를 보았다. 처음에 이익을 보는 경우가 더 위험하다고 하는데 내가 바로 그런 경우다.

나는 나름 부동산 공부를 열심히 했으나 세계적인 금융위기 때 큰 손해를 보았다. 다시 회복하는 데 오랜 시간이 걸렸고 재정적으로 많은 타격을 받았다. 미디어상에서 회자되는 하우스 푸어가 바로 나였다. 지금은 회복되어 부동산을 정리했으나 실패했다는 자괴감 때문에 너무도 힘들었다. 가족들은 탐욕이 실패를 불러왔다고 나를 비난하기까지 했다. 그래도 피붙이라고 친정 부모님은 나처럼 손해 본 사람이 한둘이 아니라고 위로해 주기도 했다.

원래 사람의 심리상 부동산으로 돈을 번 것만 이야기하지, 손해 본 것은 이야기하지 않는다. 그 당시 함께 투자했던 지인과 나는 그나마 우리가 퇴직하고 손해 보지 않은 것만 해도 어디냐며 서로를 위로하기도 했다. 주위에서 은퇴 후 퇴직금을 주식에 투자하고 막대한 손해를 입은 사람들을 많이 보았다. 보이스피싱에 걸려 큰돈을 잃고 나서 시름시름 앓다 돌아가시는 분도 보았다.

나는 더 이상 실패하고 싶지 않았다. 실패한 이유를 알고자 부동산 공부를 다시 시작했다. 부동산 투자 카페의 오프라인 모임에서 강의를 들으면서 사회 전반의 흐름도 파악하려고 노력했다. 퇴근 후 저녁시간에는 경매 전문학원에서 거시적으로 부동산 정책을 보는 방법, 수익을 내는 방법, 가격이 오르는 부동산을 찾는 기본 방법 등을 배우기도 했다. 당장 투자하기 위해서 수업을 들은 것은 아니었다. 기본기를 갖추어서 흔들리지 않는 적절한 투자를 하기 위한 것이었다. 내가 어떤 잘못을 했는지 알고 싶어서였다.

부동산 투자는 사회를 통찰하는 눈과 절제할 수 있는 힘을 갖추고 해야 하는 종합 활동이다. 부동산은 가격의 오르는 시기와 내리는 시기가 반복된다. 그러니 그 시기를 잘 파악해서 거래해야 한다. 시대의 흐름을 꿰뚫어 보고 투자해야 하는 이유다. 아무리 수익을 내도 한번 잘못하면 회복이 안 되는 것이 부동산의 속성이다. 내가 부동산을 살 때가 가장 어렵다고 한다. 또한, 가지고 있는 자산을 지키는 것도 중요하고 힘들다고 한다.

나는 경제적인 독립과 자유를 위해서 부동산을 수단으로 삼았을 뿐 탐욕을 부린 것이 아니었다. 자식들에게 손 벌리지 않고 용돈도 줄 수 있는 풍족한 노후를 보내고 싶은 것뿐이다. 그동안 바닥으로 떨어졌던 신용을 회복하고 가족들에게 자랑스러운 모습을 보이고 싶다. 그리고 가족들과 풍족한 생활을 할 수 있는 기반을 만들고 싶다.

나는 실패를 경험했다. 때문에 실패를 거울삼아 다시 성공할 것이다. 뿐만 아니라 성공해서 부의 추월차선에 탑승해야 한다. 부자가 되려면 부를 끌어당기는 의식을 가지고 그것을 확장시켜야 한다. 나는 부자가 되기 위한 의식 확장을 통해서 다시 일어설 것이고, 나의 꿈을 이룰 것이다.

05

그림 배우고 미술사 공부하기

나는 그림 감상을 좋아한다. 나를 아는 사람들은 의외라고도 한다. 언제부터인지는 기억나지 않지만 대학교에 다닐 때부터 좋아한 것 같다. 아무래도 상대적으로 여유 시간이 많은 대학교 때 흥미가 생겼던 것 같다. 나의 어렸을 때는 미술 학원이 워낙 귀했고, 우리 집안 형편에 미술교육을 받을 수 있는 상황도 아니었다. 그렇다고 내가 특별한 재능이 있는 것은 아니었다. 중학교 미술 시간에 데생 작품에 대한 칭찬을 받은 것이 전부다. 색채 실력은 형편없었으나 훈련을 받았으면 나아지지 않았을까 하는 생각도 든다.

대학교에 다닐 때 《나의 문화유산답사기》를 쓰신 유홍준 교수의 미술 강의를 들은 적이 있다. 그때는 유홍준 교수가 아직 책으로 유명해지기 전이었다. 유홍준 교수는 미술 강의를 하면서 미술관에 가서 좋아하는 작품을 그려 오라고 과제로 내주었다. 나는 과천에 있는 국립현대미술관에서 김환기 화백의 그림을 스케치해 왔다. 그러면서 그 과목을 재미있게 수강했었다.

직장생활을 하면서 미술동호회에 가입할 기회가 있었는데 바쁜 업무를 핑계로 활동하지 못한 기억이 난다. 벌써 수십 년 전이지만 그때 미술을 배우지 못한 것이 아쉽다. 그때부터 배웠으면 친구들처럼 인생을 풍요롭게 해 주는 취미를 가질 수 있었을 텐데 말이다.

나는 사회사업학을 전공했다. 현재 다니고 있는 직장이 어려운 사람을 도와주는 전문직인줄 알고 입사했다. 공공복지서비스 제공 업무가 전문직인 줄 알고 입사한 것이다. 그런데 입사해 보니 다들 하기 싫어하고 기피하는 업무였다. 겉으로만 전문직이었다.

나의 경험과 능력으로는 도저히 감당할 수 없는 일들을 하면서 나의 심신은 점점 소진되었다. 지금은 경력도 쌓이고 노련해져서 쉽게 일할 수 있다. 그러나 내가 입사한 때는 공공복지서비스가 시행 초기 단계여서 어려운 일이 있을 때 상의할 직원들도 없었다. 나는 업무 외에도 어려운 사람들의 인생 상담까지 해야 했다.

공공복지서비스 제공 업무는 원래 극한 직업이다. 노숙자, 알코올중독자, 정신질환자, 독거노인 등 인생의 막다른 상황에 처한 사람들을 돕는 일인지라 생각보다 무척 어렵다. 정신분열을 앓고 있는, 칼을 들고 달려드는 민원인에게 1년 동안 시달린 적도 있었다.

살기 위해서라도 그만 사직해야 하는 건 아닐까 생각할 정도였다. 지인은 자신의 딸이 사회복지학과에 진학한다고 하자 그 힘든 일을 왜 하려고 하냐며 말렸다고 한다. 옆에서 봐도 힘들어 보였던 것 같다.

생활이 어려운 사람들과 지내고 시달리면서 내면의 힘이 나약해져서인지, 다시 새롭게 무엇을 시작한다는 것이 어려웠던 것 같다. 대신 놀러 다니면서 스트레스를 해소했다. 친구들과 전국 방방곡곡으로 여행을 다니며 하루하루를 버텨 냈다. 공공복지서비스 제공 업무를 하는 많은 직원들이 질병에 걸리거나 극심한 고통을 호소하며 자살하기도 한다. 극한 상황에 처한 사람들과 지내다 보면 같이 미칠 것 같고 자존감도 많이 떨어지니 자살할 수도 있겠다는 생각이 들기도 했다. 나와 동료들이 그 어려운 일들을 어떻게 감당해 왔는지 지금 생각하면 대견하기도 하고 불쌍하기도 하다.

나는 그 어려운 시기를 책 읽기, 여행 다니기, 그림 보기로 버텨 냈다. 좋아하는 화가의 그림을 보고, 미술관에서 시간을 보내다 오면 스트레스가 사라지기도 했다. 특히 김환기미술관, 가나아트센터에 가면 마음이 편했던 것 같다. 과천현대미술관도 건축물과 조경이 마음에 들어서 즐겨 다녔었다. 그림을 살 형편은 안 되어서 화집, 포스터, 판화, 복제품을 사서 소장하곤 했다. 지금도 가끔 들춰 보면 마음이 평안하고 행복해진다.

미술관을 다니며 작품들을 감상했지만, 직접 그림을 그리는 것은 꿈만 꾸고 있었다. 연필 드로잉 책을 사서 혼자 해 보려고도 했다. 하지만 시작도 안 하고 책장에 꽂아 놓고 있다. 최근에는 직장인을 상대로 그림을 가르쳐 주는 신촌의 화실을 알아봤다. 그곳은 수강생들과 야외 스케치 활동도 하는 화실이다. 요새는 직장인들이 모여서 소규모로 스케치 공부도 하고, 야외에서 그림도 그리는 활동이 늘어나고 있는 것 같다. 전에 연남동에 갔을 때 나지막한 건물에 삼삼오오 모여서 그림을 그리는 것을 봤는데, 그 모습이 아직도 잊히지가 않는다.

친구들은 작품 활동을 계속해서 전시회를 열기도 한다. 작품을 선물하기도 하고, 판매도 한다. 찻잔, 목걸이, 브로치 등을 선물 받을 때는 친구들이 무척 부럽기도 하다. 뚜렷하게 계속해 온 취미가 없다 보니 아쉬운 생각이 많이 든다. 사진, 서예, 지점토 공예 등을 배우다 말기도 했다. 그런 만큼 이제는 더 늦기 전에 그림을 배워야겠다는 생각이 든다. 나이가 들면 건강, 친구 이외에 취미생활이 중요하다고 한다. 나도 그림을 제대로 배워서 전시회도 개최하고 싶다. 나중에 서재 외에 음악을 들으면서 그림을 그릴 수 있는 작업실도 마련하고 싶다.

그리고 그림 그리기와 함께 서양과 동양을 망라한 미술사 공부도 다시 제대로 하고 싶다. 내가 미술사 관련 책을 읽을 때 얼마나 행복했고 마음이 편했었는지 잊고 살아온 것 같다. 나는 간직하고 있는 책들을 다시 꺼내 보았다. 《미술과 문학의 만남》, 《회화의 역사》 등 미술 관련 책들과 화집을 다시 펼쳐 보니 책들을 보며 행복해하던 기억이 났다.

나의 풍요로운 인생을 위해서 그림도 그리고 미술사를 공부하고 싶다. 이제는 살기 위한, 힘든 현실을 위로하기 위한 그림 감상이 아니라 오롯이 그림을 즐기고 싶은 것이다. 그림은 작가가 살았던 시대와 환경을 알아야 작품을 더 잘 이해할 수 있다. 미술사를 공부하다 보면 미술 작품의 배경이 되는 나라를 더 잘 이해할 수 있다. 그리고 그 시대를 살았던 화가의 작품도 더 깊게 이해할 수 있다.

페이스북의 친구 중에 정년퇴직하고 화랑을 운영하는 분이 있다. 협동조합 방식으로 운영하는데 쉽지 않은 환경임에도 전시회를 개최하고 있다. 화가들이 유명하거나 작품이 고가로 거래되는 것은 아닌 것 같다. 대표님은 그림이 좋아서 협동조합을 운영하고 신진 작가들을 발굴해서 데뷔 기회를 주고 있는 것이다. 최근에는 화가들과 한 달 동안 이탈리아로 그림여행을 다녀오기도 했다.

나는 그분이 페이스북에 올리는 화가들의 미술 작품들을 보면서 부러워하기도 하고 격려해 드리고 있다. 아마도 조만간 그분이 운영하는 화랑을 가게 될 것 같다. 은퇴 후 멋지게 살고 있는 그분의 열정에 감동하면서, 멋있는 그림도 보고 차 한 잔도 하고 올 것이다. 나도 언젠가는 그림 전시회를 열 것을 꿈꾸면서 말이다.

PART 10

멈추지 않고
한 단계씩 꿈 실현하기

- 최 성 진 -

최성진   보험 리모델링 전문가, 보험 컨설팅 전문가, 영업인 코치 전문가

현재 (주)글로벌금융판매 소속으로, 영업팀을 운영하는 관리실장이자 보험 리모델링 전문상담 컨설턴트로 활동
중이다. 보험 기술의 중요함을 인식시키는 상담을 통해 고객만족도를 높여드리고 있으며, 경험을 바탕으로 '영
업 현장의 허와 실, 영업 노하우, 세상에 영업이 아닌 것은 없다'라는 내용과 더불어 싱글맘들의 이야기를 주제
로 강연자로 활동할 예정이다.

Blog blog.naver.com/csjyure0904   C·P 010.4776.6088

01

많은 사람들에게
착한 설계해 주기

성질이 불같은 우리 아빠는 늘 분노와 욱하는 게 있었다. 반대로 그 불을 받아 내며 감정을 조절해야 하는 우리 엄마는 천생 여자다. 엄마는 우리가 어릴 때도, 아니 현재까지도 중간에서 디딤돌 역할을 해 주시느라 늘 애태우며 마음을 졸이신다. 전형적인 우리의 부모님 세대다.

외사촌 동생이 아직까지도 나에게 하는 말이 있다. "나는 누나가 어려서 이모부한테 혼났던 것만 기억난다."라는 말이다. 들을수록 씁쓸하기만 하다. 그랬다. 아빠는 집 안에서 걸을 때도 쿵쿵 소리가 조금이라도 나면 발뒤꿈치를 들고 다니라고 야단쳤다. 한 번 썼던 물건은 무조건 제자리에 놓아야만 했다. 아빠는 일단 음성 자체에 화가 들어 있다. 톤이 높고 성질이 가득 들어 있는 느낌이어서 누구나 알 법하다.

그러나 정말 아이러니한 것은 집밖에서 아빠는 세상 그런 남편 없다는 평가를 받는다는 거다. 물론 엄마가 내조를 잘해 주시는 부분도 있겠지만 아빠는 동안 인상에 살짝 잘생기신 외모다. 화법은 정말 꽝인 스타일이라 표현력 또한 너무 없지만 타인들에게서는 성실하고 배려가 있는 사람으로 평가받는다. 집에서의 모습과는 정반대다.

아빠가 동네 마트에 두부를 사러 가면 유난히 친절한 마트 아가씨 때문에 두부만 사시는 게 아니라 사과, 콩나물, 양파까지 한가득 장을 봐 오신다. 필요해서 마트를 찾았지만 결국 그 친절한 직원 때문에 아빠는 지갑을 여시는 것이다. 아마 그 아가씨한테서 기분 좋은 감정을 느끼지 않았을까 싶다.

그 마트 직원은 최선을 다해 영업을 하고 거기에 친절을 더하기 때문에 손님들한테 늘 인기가 있다. 내가 강아지를 데리고 마트를 방문해도 늘 웃어 준다. 야쿠르트를 하나 사도 "빨대 필요하시죠?" 하면서 빨대를 한 움큼 내어준다. 요즘은 "왜 아버님 안보이세요?"라고 아빠의 근황까지 물어보면서. 아무것도 아닌 것 같은 말 한마디와 센스가 그 마트의 이미지를 상승시켜 주는 느낌이다.

나도 아빠의 딸로 산 세월이 있어서일까. 내 딸아이를 키우면서 결국 아빠와 비슷한 모습을 보였던 부분도 있었던 것 같다. 지금 생각해 보면 남들한테 하듯이 조금만 더 친절하게 딸을 대했어도 아마 최고라고 외치며 엄마를 좋아했을 텐데…. 하지만 그런 깨달음이 있었기 때문에 나는 나를 바꾸고 있는 중이다.

　나는 2006년에 보험회사에 입사했다. 전화로 영업이란 걸 처음 하던 날부터 현재에 이르기까지 수없이 많은 분들과 전화로, 대면으로 보험 상품에 대해 얘기하고 가입시켜 왔다. 보이지 않는 무형의 상품을, 보이지 않는 미래에 대한 대비를 인지시키는 데는 꼭 보험 얘기만 필요한 건 아니다. 그 사람들의 가정사부터 인생 스토리, 현재의 감정들까지 보듬으며 이야기해야 한다. 그래야 내 말에 공감한다. 자존심이 센 사람은 그 자존심을 살려 주고, 유약한 사람은 잘 보듬으며 대화를 이어 나가야 한다. 하물며 모르는 남들과도 하는 그런 대화를 우리 아빠나 나는 정작 소중한 가족과는 하지 않고 있었던 것이다. 그래서 나는 작전을 바꾸었다. 우리 딸이 원하는 인생길에 도움이 되자고.

　그런 나의 바람을 요즘의 예에 비유하자면 양세형, 양세찬 형제가 있는 것 같다. 양세형은 한 살 차이 나는 동생 양세찬에게 심하게 윗사람이고 싶고, 모든 것에서 이기고 싶어 한다. 그런데 유심히 보면 양세형이 동생을 다루는 데 제법 능수능란하다. 본인은 많이 안 움직이면서도 기분 나쁘지 않게 동생이 스스로 움직이게 한다. 그 모습을 보며 정말 감탄했다.

　딸아이가 원하는 공부는 법에 대한 것이어서 고등학교 1학년 때부터의 내신관리가 너무나 중요할 것 같았다. 하지만 우리 딸은 오래 앉아 공부하고 성실했지만 성적이 그렇게까지 나오지는 않았다. 나는 분명히 문제가 있을 거라고 생각했다. 하지만 내가 가르칠 수 없는 노릇이기에 도움을 받도록 해 주고 싶었다. 그러다 네이버를 통해서 문제점을 진단해 주고, 공부법을 가르쳐 주고, 결국 성적 향상에 도움을 주는 상담 시스템을 알게 되었다.

나는 아이에게 "엄마 친구의 딸이 너처럼 열심히 하는데 성적이 생각보다 안 나와서 스터디를 했는데, 글쎄 1학기 말에는 성적이 두 등급이나 뛰었다고 하더라. 그래서 친구에게 소개시켜 줬더니 그 친구도 성적이 잘 나와서 너무 고마워했대!"라고 넌지시 알렸다.

예전 같았으면 이런 식의 대화는 없었을 것이다. 지시적인 어투로 "이렇게 해!" 혹은 안 한다고 하면 성질을 내면서 "네 맘대로 해!"라고 말했을 것이다. 그런데 지금의 나는 고객들한테처럼 "네 마음이 내키면 알아보는 것도 좋을 것 같아. 엄마도 지원해 줄 생각이 드네."라고 말하고 있었다. 그 후에도 가끔씩 주변 소식을 그런 식으로 아이한테 전달했다.

나와 딸아이의 대화는 이런 식의 대화로 바뀌고 있었다. 그렇게 한 학기가 지나고 딸아이에게서 어느 날 카톡이 왔다. '예전에 엄마가 말했던 그 스터디 알아봐 줄 수 있어?' 라고. 나는 속으로 쾌재를 불렀다.

고객과 상담할 때도 고객의 성향에 따라 어떤 내용에, 어떤 대화에, 어떤 말에 꽂히는지가 다 다르다. 그래서 여러 경우의 수와 사례로 그 사람의 변화와 마음을 읽어 내려 애쓴다. 우리 아빠는 마트 직원의 어떤 말과, 행동, 어떤 부분에 마음이 동했을까?

사람들은 저마다 생각이 다르다. 변화를 가질 때는 두려움과 무서움을 느낀다. 이럴 때 나에게 그 어떤 하나의 포인트 감정이 생기면 결정은 조금 더 쉬워진다. 아주 간단한 예로 직장에서 점심을 먹고 나면 으레 마시게 되는 커피 한 잔이 있다. 그럴 때도 주변의 수많은 커피숍 중 고정적으로 가는 곳도 있지만, 이벤트를 하는 곳에 끌리기도 하는 것이다.

회사 근처에 꽤 넓은 규모의 커피숍이 새로 생겼다. 그 커피숍에서는 오픈 이벤트로 아메리카노를 오전 9시부터 10시까지, 낮 12시부터 1시까지 원 플러스 원 이벤트를 진행했다. 그리고 한 달 뒤 그 이벤트를 없앴다. 그리고 이틀 후 다시 이벤트를 진행했고 현재까지 몇 달째 이어지고 있다.

보험회사도 간혹 해외여행 시책을 걸 때가 있다. 우연히 그 시책에 해당된 나는 "혼자서 여행을 가는 건 좀. 바쁘기도 하고."라고 혼자서 중얼거리고 있었다. 그런데 우리 회사 총무님이 메시지를 보내왔다. '실장님! 여행 시책 어떻게 하시겠어요?' 그래서 '잠시만요.' 하며 나는 고민했다. 그런데 총무님이 다시 메시지를 보내왔다. "혼자서 여행 가면 뭐 해요? 심심하기만 하지. 여행은 나중에 또 가도 되니까 이번에는 그냥 현금으로 받아요. 현금으로 대신 받는 거 가능하다니까." 난 바로 알았다고 했다.

이렇게 혼자서 하는 고민에도 누군가의 개입이 필요할 때가 많이 있다. 가족들, 지인들, 직장 사람들과의 관계에서 더욱 그렇다. 상대가 마음을 바꿔야 하거나, 결정을 해 줘야 하거나, 답을 해 줘야 할 일들이 생각보다 많다. 그럴 때 내가 그 상대의 마음에 무엇을 줘야 하는지 지금은 알 것 같다.

어떤 이에게는 당신이 이걸 하면 어떤 걸 얻게 되는지 아주 짧고 강한 한마디가 필요하고, 어떤 이에게는 그냥 친절한 말 한마디면 오케이고, 또 다른 이에게는 진정성이 느껴져야 한다. 그렇게 모두가 본인이 필요로 하는 말을 듣고 싶어 한다. 말의 힘이 대단하단 걸 알게 된 순간이기도 하다.

세상에는 영업을 하는 수많은 분들이 계시다. 하지만 눈에 보이는 유형의 상품도, 눈에 보이지 않는 무형의 상품도 판매하는 방식이 모두 다르다. 그 결과 역시 모두 다르다. 그렇지만 모든 관계에는 영업이 들어가지 않을 수 없는 것 같다. 혼자 스스로 결정하는 일도 내게 이득이 있는가를 따지게 되기 때문이다. 그럴 경우 나처럼 '설득력 있네!'라고 받아들일 수도 있다. 하물며 타인에게는 어떠할까. 내 성취욕도 있겠고, 결과도 있겠지만 결국 그 사람을 설득하는 과정이 크게 보면 영업의 관계가 아닐까 싶다.

나는 영업이란 말을 좋아한다. 그리고 영업은 사람 관계 어떤 부분에나 해당된다고 생각한다. 군이 분류하자면 착한 영업과 나쁜 영업, 이 차이만 있을 뿐.

　내가 하는 보험영업은 그 사람의 인생과 미래를 보완해 주는 탄탄한 설계다. 그래서 자부심이 유난히 크기도 하다. 세상에 존재하는 그 많은 설계사들 중에서 나를 만난다면! 적어도 착한 설계는 받을 수 있을 테니까 말이다.

02

마음에 울림을 주는
내 아이의 멘토 되기

어릴 적 나는 동생들과 투덕투덕 다투기만 해도 집을 나가고 싶었다. 특히 아빠 엄마가 싸울 때는 그 소리가 너무 무섭고 듣기 싫으니 그 마음이 더욱 컸다. 결국 나는 동생들한테 "언니는 나갈 테니까 너네끼리 잘 살아!"라고 큰소리치며 집을 나갔다.

지금 생각해 보면 동생들은 그때 초등학생이었다. 동생들은 불안한 얼굴에 울음 가득한 표정으로 큰언니를 말리지 못했다. 얼마나 무섭고 싫었을까. 동생들에게 미안한 마음이 크다. 집을 나온 나는 해가 지도록 동네를 몇 바퀴 돌고 돌았다. 그러다 결국 찾아간 곳은 집이었다. 아마도 그 당시 나는 사춘기였던 것 같다. 유난히 사람을 좋아하는 내가 엄마, 아빠에게 나를 봐 달라고 했던 일종의 시위였던 셈인 것이다.

5년 전쯤 보험회사에서 복지 차원으로 심리 상담을 선착순으로 진행한다고 공문을 붙였다. 나는 어려서부터 심리 상담에 관심이 많았다. 친한 언니들 몇 명과 신청했다. 운 좋게 당첨되었던 나는 주 1회, 총 10번에 걸쳐 상담 선생님을 만났다. 선생님께서 검사하는 과정에서 그래프를 보여 주시며 하셨던 말씀이 기억난다. 그때 내 나이가 마흔한 살이었다. "이 정도 나이 때는 보통 남편, 돈, 자녀, 주택 문제가 관심사인데 성진 씨는 사람을 많이 좋아하나 봐요." 나는 상담 선생님에게 "그런 거 같아요."라고 대답했다.

돌아가신 외할머니가 어느 날 동생한테 심한 잔소리를 하셨다. 시계 때문이었던 것으로 기억한다. 초등학교 저학년이었던 나는 유치원에 다니는 금쪽같은 내 동생들이 야단을 맞는 게 너무 싫었다. 결국 동생들을 야단치시는 할머니한테 아주 용감하게 대들고 말았다. 버릇없는 손녀딸이 괘씸해 그길로 우리 집을 나서시던 외할머니의 모습을 잊을 수 없다. 너무 일찍 돌아가신 할머니를 하늘나라에 가서 만나면 손을 잡아 드리고 싶다.

나는 유난히 가족에 대한 애정과 사랑이 컸다. 반대로 부모님은 자식들에 대한 사랑과 애정이 없었다. 그래서 부모님과의 사이가 시간이 갈수록 더 크게 벌어졌던 것 같다.

딸아이가 좁은 집에서 답답함을 느끼던 어느 날이었다. 나의 답답한 마음을 누구도 헤아려 주지 않았던 어린 시절이 떠올랐다. 몸의 감기보다 중요한 게 마음의 감기라고 늘 말해 온 내가 내 아이의 마음을 돌봐 주지 않는다면 그건 말잔치에 불과하다. 나는 딸아이에게 "유리야, 엄마도 어렸을 때 부모님, 친구들, 아는 사람들 말고 모르는 누군가한테 답답한 내 마음을 이야기하고 싶을 때가 있었어! 유리도 그럴 때가 있으면 언제든지 엄마한테 말해 줄래? 엄마의 이야기를 들어 주기만 하는 선생님께 부탁해 보려고."라고 말했다. 알았다고 대답하던 아이의 얼굴이 유난히 어두웠다.

그렇게 몇 차례 얘기하고는 늘 그랬듯 바쁘게 직장과 집을 오갔다. 그러던 어느 날 딸아이가 "엄마, 지난번에 말한 이야기 들어 주는 선생님 말이야. 나 그 선생님하고 얘기하고 싶어."라고 했다. 나는 마음이 너무 뭉클하고 아팠다. 아빠가 없는 내 딸에게는 더 소중한 마음의 얘기 같았다. 다행히 모자가정 혜택이 있었다. 주 1회 1번씩 집으로 방문해 주셔서 더 편했다. 딸아이와 4회 정도 상담을 하곤 선생님이 나에게 드릴 말씀이 있다고 했다. 너무 떨렸다. 선생님은 상담 내용은 비밀에 부치는 게 맞지만 중학생인 딸이 어린 나이라 어머님께 말씀드린다며 얘기를 시작하셨다.

선생님이 돌아가시고 한참을 멍하게 앉아 있었다. 아이한테는 내가 스트레스였다. 언제나 관심을 갖고 잘해 준다고, 최선을 다한다고 믿었던 내 마음이 무너졌다. 상처 받지 않게 아빠 몫까지 한다고 자신했는데, 내 생각일 뿐이었다. 솔직히 나는 딸아이의 외로움을 알기도 모르기도 했다. 적어도 난 형제들 없이 자라지는 않았다. '사람이 사람을 키우는 것만큼 힘든 일은 없는 거구나' 하고 또 한 번 느꼈다.

아이가 커 갈수록 마음은 더 자라는 만큼 통제가 아닌 소통이 필요했다. 나도, 내 딸아이도 똑같이 사춘기 혹은 비슷한 무언가를 느끼며 살기 때문이다. 그때가 제일 중요하다고 생각한다. 내가 집을 나가고 싶다는 생각이 들기 전에, 내 딸아이가 선생님의 도움이 필요하다고 하기 전에 멘토가 되어 줄 누군가 있었다면 어땠을까?

사회생활을 하면서 처음 만났는데도 마치 내 지나온 인생을 다 아는 것처럼 보듬어 주고, 공감해 주고, 격려해 주는 몇몇의 사람을 만난 적이 있다. 그들은 내가 몇 날 며칠 술을 마시며 괴로워하는 일들을 아주 쉬운 문제인 듯 해결해 주었다. 고민했던 내가 무안해질 만큼. 나는 '사고방식이 다른가? 환경이 달랐나? 그들과 내가 다른 게 뭐지?' 하며 또다시 고민했다. 그들의 얘기를 듣다 보면 후련했다. 내 고민이 가벼운 느낌마저 들었다. 이런 분들이 나의 멘토가 되어 준다면 얼마나 좋을까. 그런 생각을 자꾸 하게 된다.

그날따라 유난히 신경이 날카롭고 예민한데 같이 사는 친동생이 또 한마디 보탰다. "유리, 왜 이렇게 늦어?" 난 짜증이 나서 아이한테 전화했다. 하지만 받지 않았다. 화가 머리끝까지 나있는 상태에서 통화가 되었다. "너 어디야? 어딘데 전화도 안 받고 연락도 안 해?" 내가 성질을 부리자 아이는 깊은 한숨을 내쉬며 나를 더 자극한다. "일단 집으로 당장 와!"

나는 전화를 끊고 팔짱을 끼며 좁은 집 안을 서성였다. '오기만 해 봐, 가만두지 않겠어.' 나는 속으로 되뇌었다. 아이가 이내 도착했다. 난 아이가 채 앉기도 전에 "대체 이 시간에 어디서 뭘 하느라 전화도 안 받느냐, 너 요즘 뭐 하고 다니느냐"라고 소리를 질렀다. 그러자 아이는 오히려 대들기 시작했다. 나중에 알았지만 서러워서 그랬다고 한다.

기가 막혀서 딸아이를 쳐다보고 있는데 친동생이 딸아이에게 "유리야, 너 바지가 왜 그래? 머리는 또 왜 그래?"라고 물었다. 아이를 바라보니까 정말 그랬다. 엉망이었다. 청바지 끝자락은 흙투성이가 된 채였고 머리도 엉성히 묶여 있었다. 그때서야 딸아이가 솔직하게 말했다. 4명의 아이들에게 한 시간 반을 잡혀서 맞았다고…. 머리채를 잡고, 동영상을 찍으면서 담뱃불로 딸아이를 지지기까지 했다고…. 청천벽력이었다. 아이의 얘기를 들으면서 나는 이 문제를 그냥 넘길 수 없다는 생각이 들었다.

나는 아이를 데리고 집 근처의 지구대로 갔다. 아이는 계속 울면서 가기를 거부했다. 그런데도 나는 아이를 데리고 무작정 갔다. 가는 동안 아이한테 때린 친구들에게 연락해 보라고 했다. 그리고 진술서를 쓰는데 아이가 갑자기 눈이 보이지 않는다고 했다. 그때 나는 아마 정신이 나갔던 것 같다. 친정 엄마한테 전화해서 엄마가 아시는 경찰서의 모든 분들한테 연락해 달라고 울부짖었다.

나는 아이를 데리고 응급실로 향했다. 그 와중에 딸아이를 때린 아이들한테서 연락이 왔다. 나는 그들에게 오늘 밤 안으로 응급실로 모두 모이면 적어도 학교가 시끄러워질 일은 없을 거라고 했다. 결국 모든 가해자 아이들이 응급실에 모였다.

지금도 그날이 너무나 선명하게 기억난다. 나는 가해자 아이들을 모두 응급실 앞에 무릎 꿇리고 손들게 했다. 나중에는 가해자 학생 부모도 병원으로 왔다. 그런데 부모라는 사람들의 태도가 더 문제였다. 나는 그 때문에 더 화가 났고 화를 멈출 수가 없었다. 내 아이가 지구대로 가지 않으려 하는 이유를 알았기 때문이었다. 보복이 두렵기 때문이었다. 조직폭력배를 상대하는 것도 아닌데 내 딸이 이렇게까지 무서움에 떨다니. 그들을 어떻게 응징하는지 엄마가 행동으로 보여 줘야 했다. 그래서 나는 가해자 학생의 학교, 경찰서 그리고 기자한테 직접 내용을 알렸다. 결국 뉴스로도 방송되었다.

나는 후회하지 않는다. 적어도 내 아이가 자신을 괴롭히는 친구가 있을 때는 반드시 엄마가 뒤에서 지켜 준다고 믿게 했으니까…. 마음의 감기는 해결해 주지 못해도 몸의 감기는 반드시 해결해 줄 수 있다는 걸 알려 주고 싶었다.

문제가 없는 삶은 없다. 다만 그것을 어떻게 해결하느냐가 관건이다. 문제를 보는 시각을 바꾸어야 해결이 가능하다. 적어도 내가 타인들을 응징하며 느꼈던 그 후련함과 가벼움을 딸아이도 꼭 느꼈으면 좋겠다.

멘토는 꼭 학교 선생님만이 될 수 있는 것은 아니다. 좋은 대학을 나오지 않아도 된다는 말이다. 아니 정확하게는 학력과는 상관없다. 상대를 긍정적으로 움직이고, 마음에 울림을 주며, 가치를 전달해 주는 사람이라면 누구나 가능하다. 그런 의미에서 적어도 10년 이상 딸아이를 키워 온 만큼 나는 지금부터라도 내 아이의 멘토가 되어 줄 수 있다.

지금 대학생이 된 딸은 독립했다. 세상을 상대로 본인의 인생의 무대로 뛰어든 것이다. 그래서 나는 우리 딸을 자랑스럽게 생각하고 응원한다. 경험은 대신할 수 없다. 그런 경험을 많이 한 고마운 멘토들이 많아질수록 내 딸아이도 누군가에게 그런 존재가 되어 줄 것이다.

03

남들과는 다른
나만의 화려한 삶 살기

　친동생과 컴퓨터를 진지하게 들여다보고 있었다. 화려하게 반짝이는 박스 광고가 신기했다. "직장이 없는 사람들이 나처럼 많은가?" 내가 동생한테 얘기했다. 동생은 눈을 컴퓨터에 고정시킨 채 "그러게."라고 대꾸했다.

　나는 딸아이가 다섯 살 때 이혼했다. 밥벌이를 할 방법을 찾다가 골프장 캐디로 근무했다. 하지만 많은 골프장이 도시 외곽에 위치해 있었기 때문에, 딸아이와 떨어져서 지낸 6개월 동안 엄마와 친동생을 지치게 했다. 그래서 나는 그곳을 그만두고, 다른 직장을 열심히 찾았다.

　눈에 띄는 광고들은 모두 생소했는데 더 의아한 건 돈을 꽤 많이 준다는 거였다. 2006년 기준으로 300~500만 원이면 여성한테는 꽤 많은 월급이었다. 사실 그게 월급이 아닌 줄도 몰랐다. 기본급이란 건 아예 없는, 오로지 영업 실적에 따라 나오는 월급이었다. 그것도 모른 채 박스 광고 중 가장 눈에 띄는 두 곳에 면접을 보러 갔다. 면접은 늘 사람을 긴장하게 만들었다.

첫 번째 면접을 본 회사는 A회사였다. 지금은 정확히 알지만 손해 보험사였다. 그런데 그곳은 이상하게 별로 내키지 않았다. 하루 차이로 다른 회사의 면접을 봤다. B회사였는데 생명 보험사였다. 이곳은 마음에 들었다.

"그래, 다녀 보자!"

보험의 '보'자도 몰랐던 나는 남들이 하니까, 돈을 많이 준다니까 나도 할 수 있을 거라는 단순한 마음으로 입사했다. 교육은 한 달 코스였다. 꽤 길었다. 그 기간 동안 보험 영업을 하는 사람들에게 반드시 필요한 코드 시험도 봐야 했다.

교육생이 100명이었다. 조별로 나누어서 발표도 했다. 미래 목표에 대해 얘기한 게 기억난다. '연봉 1억 원을 받고 싶다.', '남편이나 자녀에게 인정받고 싶다.', '명품 가방을 사고 싶다' 등 대부분 비슷한 내용이었다. 여자들이 이루고자 하는 항목들이 많았다. 보험 회사 코드 시험은 쉬운 편이었다. 괜히 긴장했다 싶을 정도로 꽤 쉽게 출제되었다. 지금은 생각보다 어려워졌지만 말이다. 내 시험 결과는 당연히 합격이었다.

'한 달이 길게 느껴졌지만 필요한 교육이구나' 생각하며 그동안의 과정을 복기했다. 현장에서 일하고 있는 선배와의 대화 시간도 있었는데 동기부여가 많이 되었었다. 선배와의 대화 중 내 머릿속에 박힌 건 당시 회사 상위권에 랭크된 분의 급여가 1,000만 원 이상이라는 거였다. 나는 또 단순하게 결심했다. '누군가 해낸 사람이 있다는 건 나도 할 수 있다는 것이다!' 그렇게 긍정 마인드를 살려서 목표를 설정하고, 3년간의 급여 계획표를 작성해 봤다. 첫 급여로 얼마를 설정할까 망설였다. 일단 100만 원부터 적었다. 그리고 생각보다 빠르게 나는 내 급여 계획표를 달성할 수 있었다.

교육이 끝나고는 주소지 기준으로 각 지점에 배치되었다. 나는 충무로 지점으로 갔다. 동기는 10명이었다. 지점 내에서는 팀으로 분류되는데 동기 중 나까지 4명이 한 팀에서 같이 일할 수 있었다. 기존에 근무하는 선배들은 한 팀당 20명 정도였다. 각 책상마다 전화기가 있고 파티션으로 나뉘어 있었다. 꼭 114 상담원들이 일하는 곳의 느낌이랄까. 신입들은 매일 팀장님께 교육을 받았다. 총무님 교육도 따로 있었다.

전산을 배우고 스크립트라는 걸 작성해야 했다. 사람들이 어려워하는 게 바로 이 스크립트였다. 우리은행과 업무 제휴한 우리 회사는 카드를 만든 고객들에게 전화해서 보험에 대해 얘기하고 계약을 체결하는 시스템이었다.

무엇보다 중요한 건 모니터링이었다. 기존에 콜센터에 계셨던 분들의 녹음된 전화 내용들을 빠르게 숙지하는 게 우리가 해야 할 공부였다. 그래야 스크립트를 작성하는 데 도움이 되는 것이다. 그리고 그 스크립트를 읽어 가면서 고객들과 통화하는 게 우리의 일이었다.

모니터링을 청취할 수 있는 자리는 별도로 마련되어 있었다. 그런데 문제는 그 자리가 하나밖에 없다는 것이었다. 그렇다면 무조건 일찍 출근하는 것이 방법이었다. 정확하게 한 달 동안 나는 다른 상담원들보다 1시간에서 2시간 일찍 출근했다. 내가 출근하면 사무실은 늘 비어 있었다. 토스트 하나를 사 들고는 모니터링 좌석에서 노트 한 권과 볼펜 하나를 들고 듣고 또 들으며 계속 적어 나갔다.

사람들이 말로 하는 걸 들을 때는 빠르게 들리고 이해도 된다. 하지만 녹음된 걸 들으며 적을 때는 30분짜리 녹음 콜도 6시간 이상은 써 나가야 했다. 그러다 보니 앞으로 돌리면서 듣게 된다. 내가 스크립트가 없어도 되는 이유는 바로 그거였다. 반복적으로 듣다 보니 머릿속에 새겨진 것이다. 팀장님은 나보다 한 살 어렸다. 귀여운 얼굴로 "성진 씨는 매일 그렇게 일찍 나오면 애는 어떻게 해요?"라고 물어보면서도 내심 신입사원이 열정적으로 일하는 걸 자랑스러워했다.

그렇게 한 달이 되도록 나는 노트를 채워 갔다. 그리고 어느 날 나는 팀장님한테 상담을 신청했다. 팀장님을 마주하고 나는 그동안 쌓였던 내 속마음을 꺼냈다. "팀장님, 저 못 하겠어요…" 팀장님은 의외라는 얼굴로 나를 쳐다보며 "성진 씨처럼 열심히 하는 사람이 그런 말 하면 남들이 웃어요."라고 말했다.

사실 나는 한 달 동안 열심히 노력했지만 보험일이 나에게 맞는다거나 좋아한다거나 하는 것은 아니었다. 너무 의욕이 앞서서 지친 거였다. 어떤 일에 너무 몰입하면 토할 것 같단 말이 나오는데 그 표현이 딱 맞았다. 팀장님은 나의 눈물에 살짝 놀라며 이렇게 위로해 주었다.

"성진 씨, 처음부터 너무 무리하면 지쳐요. 난 성진 씨에게 신인상 받게 해 주고 싶은 걸요."

'신인상?' 또 다른 궁금증이 몰려오면서 그동안 쌓인 내 힘든 마음이 가라앉았다. 우리 팀의 동기 4명이 전화 업무를 시작하면서 누구부터 계약을 따낼까 자못 궁금해하고 불안해했다. 그러다 다른 팀 신입이 계약을 했단 얘길 들으면 "축하드려요, 너무 잘했다." 이렇게 말하면서도 계약을 못한 우리는 서로를 불안한 눈빛으로 바라보았다.

나는 우리 팀에서 두 번째로 계약을 했다. 첫 계약인지라 너무 떨렸다. 정말 많이 버벅거리고 힘들게 반론하고 설득해서 겨우 고객과 계약했다. 정말 그 기쁨이란 동기들만 알 것 같다. 그렇게 힘든 시간이 지나가고 팀장님은 실시간 코칭을 위해 내가 업무를 하고 있을 때 메시지를 보내왔다. 그런데 신기한 건, 전화하는 내 말을 듣고 나에게 보내오는 팀장님의 메시지대로 응대하면 아주 잘 먹힌다는 거였다. 정말 신기하게도 말이다

원래 입사하면 1,3,5,7,9월 간격으로 슬럼프가 온다고 한다. 하지만 7월에 입사한 나는 12월 연말 시상식에서 신인상을 수상했다. "보험회사 시상식이 이렇게 화려해? 대박이다!" 동기들과 신기해하며 시상식 장소로 향했다. 에스컬레이터를 타고 2층으로 올라갔는데 동기들과 내 눈에 현수막처럼 길게 보이는 내 사진이 띄었다. 사무실에서 일하던 어느 날 사진을 찍어야 한다고 해서 정말 힘들게 찍었는데. 이럴 줄 알았으면 살 좀 뺄 걸 후회했다. 그래도 정말 기분은 날아갈 듯했다. 그리고 나를 믿어준 팀장님한테 너무 고마웠다. 살면서 개근상, 독후감상 말고는 특별한 상을 받아 본 적이 없는 나는 그날 신인상 트로피와 꽃다발, 팀원들의 축하까지 받았다. 생전 처음 호텔 단상에 올랐던 그날, 나는 또 다른 나를 느낄 수 있었다.

입사 후 처음 한 달간은 무조건 모니터링 좌석을 차지했다. 팀장님과의 눈물의 상담 이후에는 누구나 싫어하는 야근 속에서도 나는 고객들과의 전화 약속을 지키며 끝내 성과를 이뤘다. 토요일

에는 딸아이를 데리고 출근하기도 했다. 상담이 길어지는 바람에 화장실에 가야 하는 때를 놓친 아이가 팬티에 실수하는 해프닝도 겪었지만 말이다. 콜센터에는 '3.3.3.' 법칙이 있었다. 3시간은 무조건 콜 타임을 맞추고, 3분 이상 콜을 쉬지 말며, 3건의 계약을 한다는 법칙이었다. 말이 쉽지 정말 어려운 일이었다. 그렇지만 나는 그 모든 것들을 초과하고 있었다.

나는 남들보다 한 시간 빨리 출근하고, 남들보다 한 시간 늦게 퇴근했다. 심지어는 주말에도 출근했다. 특히 여기저기에서 서로 콜을 할 때 들을 수 있는 좋은 멘트들은 나에겐 현장에서 얻을 수 있는 값진 팁이었다. 콜을 하다가도 그 멘트를 써야겠다면서 바로 써먹곤 했다.

그리고 어느 날 나는 선배와의 대화 시간에 강의를 하게 되었다. 팀장님과 센터장님의 부탁이었다. 너무나 떨렸지만 나는 현장에서의 경험을 얘기했다. 내가 겪은 이야기, 경험이 결국 과장되지 않은 실전 공부였기 때문이다.

강의실에는 내 친구가 가장 첫 줄에 앉아 있었다. 친구는 너무나 나를 뿌듯해했고 나 역시 어깨에 힘이 들어가 있었다. 그렇게 나는 100여 명이 넘는 교육생 중에서 1, 2등을 하며 엎치락뒤치락 영업으로 빠져들고 있었다.

남들하고 다른 삶을 살려면 역시 내가 달라져야 한다. 거기에는 인내가 필요하고 목표가 필요하다. 나는 평범하게 살고 싶지 않다.

화려하게 살고 싶다. 무대 뒤의 쉼 없는 움직임을 끝내고 나면 나는 화려한 무대 위로 올라갈 것이다. 그리고 그 무대를 즐길 것이다. 언제나 그렇게 살 것이다.

04

스스로를 들여다보면서
나를 인정하기

　나는 내가 고집스럽다는 말을 들을 때 인정하기 싫다. 이유는 생각해 본 적이 없다. 그런 내가 동생과 같은 일을 시작하고 2년이 지난 지금 나를 들여다본다. 한집에 같이 살지만 내 동생과 나는 성격이 너무 다르다. 나는 말을 중요하게 생각한다. 그래서 뱉은 말은 거의 지킨다. 하지만 동생은 말은 하지만 그 말을 지키지 않는다. 그럴 때마다 나는 상처를 받는다. 나는 매번 동생의 말을 의심하지 않는다. 그렇게 상처는 무한 반복이다. 동생은 집으로 돌아올 때쯤이면 나에게 전화를 한다. "언니, 나 지금 건대야. 뭐 사 갈 거 없어?"라며. 나는 "떡볶이랑 커피 좀 사다 줘."라고 대답하고는 동생을 기다린다. 처음 한 시간은 '차가 밀리나?' 생각한다. 그러다 2시간쯤 지나면 짜증이 난다. 3시간쯤 되면 혼자서 열 받곤 캔 맥주를 하나 마신다. 매번 이렇게 짧게는 서너 시간, 길게는 반나절 이상을 기다린다. 지금 생각해 보면 왜 그때마다 동생한테 얘기하지 않았을까 싶다. 그리고 왜 매번 동생이 하는 의례적인 말에 난 기대를 했을까 싶다.

동생과 나는 집에서 가까운 보험회사 콜센터에 입사했다. 10여 년 이상의 보험 경력자인 나는 딸아이한테 힘든 일이 있을 때 잠시 보험회사를 떠났다. 그리고 1년 후 그래도 했던 일인지라 다시 보험 영업을 하기로 마음먹고 완전 초보인 동생과 마음 편하게 다니자 했다. 마침 친한 언니가 다니는 곳이라 의지할 수 있었다. 언니도 3명의 자매와 함께 다니고 있었다. 두 자매가 합쳐 다섯 명이 된 우리는 마음이 잘 맞아 정말 친하게 지냈다. 마치 '독수리오형제' 같은 느낌이랄까. 뭐가 그리 좋은지 사춘기 애들처럼 쉬는 시간, 점심시간, 조회 시간에도 깔깔 웃으며 지냈다. 다섯 명이 같이 다니다 보면 중국 사람들 시끄럽다는 소리는 할 수도 없을 정도였다.

난생처음 전화영업을 경험한 동생은 "안녕하세요, 고객님."이란 말만 해도 어색해서 웃었다. 그러다 웃음이 멈추질 않아서 전화를 끊는 상황까지 생겼다. 평소 상상할 수 없는 일이었다. 고객한테 다시 전화해서 일을 잘 마무리했지만 말이다. 나는 그런 동생이 한심했다. 공부나 노력은 하지 않고 그냥 웃으며 일하는 게 내 눈에는 신기했다. 동생의 주변에는 도와줄 사람이 참 많았다.

내가 이 회사를 선택한 것은 마침 좋은 상품이 있어서였다. 그런데 입사 한 달 만에 그 상품이 없어지게 되었다. 아쉬울 틈도 없이 나는 영업을 해야 했다. 보통은 이런 걸 절판마케팅이라고 말한다. 더없이 좋은 상품이 없어지기 전에 당연히 고객을 가입시켜야 하는 게 맞다.

그런데 이 회사는 참 이상했다. 모두가 희한하게 영업했다. 설계사들 대부분이 고객의 니즈나 필요성에 따라 보험 상품을 권유하는 것이 아니라 사은품으로 유혹했다. 미끼상품을 던지는 것이다. 하지만 요즘 고객들 역시 사은품만 활용한다. 이해할 수 없는, 내가 싫어하는 스타일이었다. 나는 좋은 상품의 경우 무조건 내가 보험료를 정하고 그 가치와 니즈를 전달한다. 그래서 기존 설계사들과 다른 설명을 하게 된다. 그러다 보면 고객의 콜이 나에게 집중되어서 센터의 모두가 내 콜을 공유하게 되었다. 그러나 시간이 흐르고 보험 상품이 끝나 버렸다. 그때 나는 보험영업 업무를 진지하게 고민했다.

초보와 경력자가 다른 점은 분명하다. 동생은 첫 직장인지라 보험회사가 시키는 대로 했다. 하지만 나는 경력자다 보니 보는 시각이 달랐다. 동생은 특히 팀장님, 주변 사람들의 도움을 받으며 생각보다 즐겁게 일했다. 동생과 나는 신입이었고 매일 간식을 나눠 주는 일을 맡았다. 간식은 늘 직원 수에 비해 많았고, 남은 간식은 항상 우리 차지였다. 단순한 동생은 빵, 과일, 떡 등 남은 간식을 근처에 사시는 부모님께 가져다드리는 즐거움에 빠져 있었다. 동생의 급여 고민은 내 몫이었다. 좋은 상품이 종결되었을 당시, 나는 계속 그 곳에 있어야 할지 떠나야 할지 고민했다. 하지만 그 고민을 동생과 의논하지는 않았다. 동생이 공감하지 못할 거라 생각했기 때문이다. 생각이 깊어지면서 나는 결정을 해야 하는 시기에 닥쳤다.

세 자매 언니들은 본인들도 이해하는 부분이어서 내 의견을 존중해 주었다. 하지만 동생이 문제였다. 나는 결론을 얘기했다. "마침 뜻이 맞는 후배가 있어서 거기서 일해 보려고!" 내 말에 동생은 "언니가 가까운 데서 욕심 내지 말고 돈 벌자며?" 하는 것이었다. 내가 분명히 했던 말이었다. 하지만 나는 좀 더 내 의견에 힘을 실어 말했다. "여기 오래 못 가. 갈 데 없는 나이 많은 언니들이 남는 데야. 우리가 일할 데가 아니야. 여기 언니들 있으니까 넌 남아도 돼."라고. 그때 동생한테 말하지는 않았지만 속으로는 참 미안했다. 난 겨우 3개월 일했을 뿐이었다. 당시 동생은 이직하자는 언니를 이해하지 못했다. 그리고 동생은 언니가 없는데 혼자 회사 다니기는 힘들다고 했다. 당시 센터장님도 동생은 남는 게 낫지 않느냐고 하셨지만 동생은 울며 겨자 먹기로 나를 따라 그곳을 나오게 되었다.

우리는 내가 좋아하는 후배가 근무하는 곳으로 이직했다. 경력도 많고 배움도 많은 후배인지라 일곱 살이 어린데도 존경스럽다는 말이 나왔다. 후배는 보험 흐름을 읽고 진작부터 블로그를 하고 있었다. 후배는 개인 블로그를 3개나 갖고 있는 데다 그중 2개는 보험 홍보에 최적화 된 블로그였다. 제법 영업이 되어서 급여도 높은 편이었다. 블로그에 올린 보험 글을 보고 문의하는 고객들한테 전화를 걸어서 상담을 하고 계약을 체결했다. 상품만 제대로 알면 신나게 목소리 높여 일할 수 있었다. 내가 좋아하는 스타일이었다.

문제는 블로그를 후배처럼 만드는 게 관건이었다. 네이버 시장은 몇 년 전과는 너무나 달랐다. 열심히 글을 올리면서 보험 상품을 비교하며 공부했다. 나는 전화영업을 떠나서 이곳에 왔다. 나는 지금도 동생한테 얘기한다. 전화로 하는 콜 영업도 익히지 못했는데 싫어하는 글쓰기를 해야 하는 블로그는 너무 힘들었다고. 거기다 이직도 하기 싫었던 동생은 의욕이 제로였다. 후배가 가르쳐 주는 것도 한 귀로 듣고 한 귀로 흘려버렸다. 내가 민망할 정도였다. 나는 매일 야근하며 상품 공부, 블로그 관리에 시간을 쏟고 있었다. 동생은 매일 칼같이 퇴근하며 하기 싫은 블로그를 형식적으로 따라 하고 있었다.

그 회사는 성과에 따라 월급이 지급되기 때문에 동생의 태도가 심히 걱정되었다. 하지만 다행히도 그곳은 모든 보험을 취급했다. 그래서 지인의 소개를 받거나 후배가 본인 블로그에 올라온 상담 고객을 토스해 주는 것만으로 기본 월급 정도는 받을 수 있었다.

나는 새로운 일을 할 때 진취적이다. 누가 먼저랄 것도 없이 후배와 나는 카페를 만들자고 했다. 카페를 전담할 남자 직원을 뽑았다. 자연스럽게 직원 급여의 반을 내가 부담했다. 거기에다 내 급여의 10%는 후배한테 수수료를 주었다. 그런데 지출보다 더 큰 문제는 같은 일을 시작하면서 동생과 내가 충돌하는 일이 많아졌다는 것이다. 집에서도 같은 방을 쓰기 때문에 더 스트레스가 되었다. 그리고 결국 일이 터졌다. 나는 동생과 내가 분리되는 명목은 결혼이라 생각했다.

그즈음 제대로 알아보지 않고 한 남성을 만났다. 나는 그에게서 결혼을 제안 받았다. 동생은 근처에 사시는 부모님 댁이나 막내 동생 집으로 가면 되니까 나는 그렇게 제2의 인생을 살자 생각했다. 그러다 우연히 남자친구와 동생이 만나게 되었다. 그날 저녁 동생이 "딱 보면 몰라? 사기꾼이야, 쓰레기라고. 왜 남자 보는 눈이 그렇게 없어?"라고 따져 물었다. 난 동생의 말에 분노해 소리쳤다. "쓰레기여도 내 문제니까 넌 상관하지 말라고!" 동생과는 끝장을 볼 생각이었다. 평생 안 해 본 행동을 그때 모두 해 본 것 같다. 집에 며칠 들어가지 않고, 회사에도 안 나가는 날까지 생겼다. 생각해 보면 나는 집도 회사도 동생이 있어서 가기 싫었던 것 같다.

그런데 어느 날 남자친구가 카드를 분실했다며 내 카드를 빌려 달라고 했다. 지금 생각해 보면 그 카드를 쉽게 내준 내가 정상은 아니었다. 그렇게 한두 번 카드를 빌려 쓰고 카드 값을 주기에 미심

쩍었지만 몇 달을 쓰게 했다. 그런데 어느 날 지방을 간다던 남자친구는 연락이 잘되질 않았다.

드라마 속에나 나오는 일이 나에게도 생겼다. 남자친구는 지방에 가기 며칠 전 외제차 매장에서 내게 계약서를 쓰게 했다. 결제가 계속 미뤄지자 매장 직원이 나한테 전화를 해 왔다. 남자친구가 따로 만나자 해서 초밥을 대접했다고. 그런데 그 자리에서 사모님이 술에 취해서 갑자기 현금이 필요하니 빌려 달라고 하더란다. 나는 그때 동생 말이 사실이라는 걸 알았다. 평소 보이스피싱에 당하는 사람이 문제라고 생각하며 살아왔던 나였다. 난 동생한테 솔직하게 얘기하며 울었다. 동생은 우는 나에게 비싼 수업료를 낸 거라고 생각하라고 말해줬다. 동생은 화내지 않고 나를 위로했고, 나는 동생한테 고마움을 느꼈다.

하지만 나에게 400만 원은 너무 컸다. 이대로 넘어갈 수는 없었다. 나한테 남자친구가 했던 말들을 생각해 봤다. 이 사람이 현재 필요한 게 뭘까? 그리고 그걸 생각해 냈다. 그리고 카카오톡을 보냈고, 역시 내 예상이 맞았다. 다행히 돈을 돌려받을 수 있었다. 하지만 상처는 지울 수 없을 정도로 대단히 컸다.

사람한테 큰 상처를 받아 나는 회사일에도 손을 놓고 있었다. 들어오는 돈도 없는데 계속 카페에서 돈을 쓸 수 없었다. 더 이상 마케팅 직원 급여를 보탤 수가 없어서 후배를 불러 얘기했다. 진심으로 미안하다고 사과했다.

그리고 마침 친한 언니가 산부인과 임산부들을 대상으로 하는 보험영업을 연결해 줬다. 동생과 나는 선택의 여지가 없었다. 차로 한 시간 반이 걸리는 인천을 매일 오가며 녹초가 되도록 일했다. 추운 겨울이다 보니 비염이 심해진 데다 기침이 숨이 넘어갈 듯 나왔다. 동생이 운전하는 날들이 많아졌다. 다행히 일에 있어서 실적은 잘 나왔다. 하지만 문제는 출퇴근 거리였다. 이동거리가 너무 멀어서 체력이 받쳐 주질 못했다.

연결 받은 회사 대표님은 성실한 우리 자매한테 산부인과를 맡아서 보험영업을 해 줄 수 없냐고 했다. 그리고 이직을 요구했다. 당연한 요구였지만 거리 문제를 배제할 수 없었다. 아쉽지만 거절해야 했다.

안 좋은 일은 몰아서 오는 건가. 그 시기에 후배는 마케팅 직원 급여 관련 이야기를 하면서 자신의 감정을 내비쳤다. 후배의 말을 듣고, 사람 마음이 화장실 가기 전과 후가 다르다는데 이럴 때 쓰는 말인가 싶었다. 결국 서로의 감정이 상할 정도의 고성이 오갔다. 얼굴을 붉히게 된 사이가 되어버린 후배와 나는 서로 지나쳐도 인사를 하지 않았다. 그리고 그때쯤 나에게 새로운 회사를 접할 기회가 생겼다. 나는 다시 고민했다. 그때도 동생은 나를 이해하지 못했다. 1년이 조금 넘었는데 또 이직한다니. 동생은 단순히 이직이라는 딱지가 싫은 거였다.

그렇게 나는 지금의 회사로 이직했다. 지금 나는 실장이고 동생은 사원이니 관계가 명확하다. 그래도 동생에게 나는 그냥 언니일 뿐이다. 수많은 지식과 경험을 동생한테 설명해 주지만 동생은 날 존경은커녕 인정해 주지 않는다. 한 살 차이라도 언니, 오빠, 누나들은 인정받고 대접받길 원한다. 부모님이 만들어 줘야 하는 언니들의 자리다. 그래서 부모님 원망도 했다. 하지만 지금은 안다. 내 마음에 정확히 물어서 답을 들었다.

나는 언니로도 직장 선배로도 인정받고 싶었다. 그래서 잘하는 모습만 보이고 싶었다. 솔직히 나는 영업을 잘한다. 늘 상위권에 있었고 열정적으로 영업했다. 남들과 똑같고 싶지는 않았다. 그런데 사회에서 인정해 주는 나를 동생이 인정하지 않았다. 자존심이 너무 상했다. 시간이 흐르면서 나는 차츰 자존심을 내려놓기 시작했다. 그렇게 사람 문제, 회사 문제를 겪으며 동생과 속마음을 터놓고 얘기했다. 울고 웃으며 툴툴 털 수 있는 것들을 그제서야 꺼낸 것이다.

처음 보험회사를 이직할 때도 동생을 충분히 이해시켜야 했다. 동생 말이 맞다. 단순하게 다니자 했지만 내 마음이 변했다. 변한 이유와 명분을 설명하지 않고 혼자 결정했다. "너는 남을 테면 남아라." 하면서. 입장 바꿔 생각해도 기분이 나빴을 것이다. 상대는 이해하지 못할 테니까 말해 봤자지…. 이런 식은 올바른 방법이 아니었다. 아무리 그게 동생일지라도 말이다. 아니 동생이니까 더 안 되는 거였다. 동생한테 대접받길 원하면서 나는 동생을 위하지 않았다. 동생이 약속을 지키지 않을 때도 난 스트레스를 받았다. 하지만 한 번도 그 부분에 대해 표현하지 않았다. 그것 역시 내 잘못이었다. 사람에게는 본인의 습관이 있다. 자신의 행동을 모를 수가 있다는 말이다. 그러면 그게 왜 좋지 않은 건지 어른일지라도 표현을 해야 안다.

나는 나를 들여다보지 않았다. 그래서 빠르게 올 수 있는 길도 되돌아왔다. 내 감정을 들여다보는 일이 먼저다. 좋은 것도 나쁜 것도 인정하면 내 길을 빨리 찾을 수 있다. 그걸 알기까지 나는 너무 많은 시간을 낭비했다. 하지만 한편으로는 더 늦지 않아서 다행이라는 생각이 든다. 동생한테 미안하다 말할 수 있으니까 말이다.

05

성북동 대저택 구입해
나만의 공간 만들기

일본 사람들은 집에 연연하지 않는다. 월세를 사는 사람들도 많다. 집을 단지 잠을 자는 공간 정도로 생각한다. 내가 들은 일본인들의 이야기다. 그런 탓인지 어려서부터 나는 집에 대한 욕심, 로망이 없었다. 아니 정확하게는 넓은 집은커녕 열악한 환경에서 지냈던 터라 기대도 하지 않았다.

아이를 혼자 키우는 내게 모임은 사치다. 돈이 들어가기 때문이다. 그리고 보험회사는 실적이 좌우하는 만큼 매일 영업해야 해서 힘들다. 때문에 나는 피곤함으로 가득한 퇴근길 모임이 싫었다. 그렇게 나는 사람들과 교류가 없어서 인간관계가 하나둘 단절되었다. 딸아이가 혼자여서 집, 회사만 오가는 게 내 일상이다. 유일한 내힐링은 드라마를 보는 것이다. 모순인 것 같지만 드라마 속의 집은 나를 웃게 해 준다.

내가 성북동의 대저택을 꿈꾼 것도 드라마 때문이다. 드라마 작가가 되고 싶다는 생각이 들었다. 그래서 나는 5년 전쯤부터 성북동 마님을 꿈꾸었다.

'가족과 함께 사는 성북동 집. 내 서재에서 누구의 방해받지 않고 글을 쓰는 작가'

나는 내가 글쓰기를 좋아한단 걸 느끼기 전까지는 삶의 의욕이 없었다. '집에서 드라마를 보며 은둔하기, 술 마시며 속상함 달래기' 말고는 하는 게 없었다. 딸아이의 초등학생 때 학습지 선생님 말씀이 생각난다. "어머님, 어디 편찮으세요? 유리가 어머님은 늘 집에서 누워 계시다고 해서요." 아이한테 나는 그런 엄마였다. 내가 좋아하는 게 뭔지 알지 못했고 궁금해하지도 않았다. 책을 읽지도 않았다. 말 그대로 돈만 벌면 된다고 생각했다. 돈을 벌어서 아이한테 잘해 주면 된다는 생각뿐이었다.

어느 날, 회사에서 영상을 보여 줬다. 솔개 이야기였다. 감동적이었다. 뒤이어 나오는 《시크릿》의 이야기는 내 일상을 바꿨다. 마치 그렇게 된 것처럼 행동해야 한다는 책 글귀를 기억하며 난 티가 나지 않게 행동했다. 지금 생각해 보면 티를 내야 하는 것이었다. 그렇게 따라 하기를 한 달쯤 됐을까…. 그마저도 시들해졌다. 다시 이

전의 일상으로 돌아갔다. 나는 회사 야유회를 갈 때도 이런저런 핑계를 대고 빠지고, 여행을 가자는 지인들 모임에도 빠졌다. 이를 계기로 나는 모임에서 나왔다. 회사일인 전화영업을 하고 받은 스트레스는 술로 풀었다. 그래서 살찌는 속도나 건강상태가 안 좋았다.

그리 높지 않은 계단을 오르는 데 헉헉댈 정도면 그건 몸이 보내는 신호다. 이제 살을 빼야 할 때가 온 것이다. 그날도 드라마에 집중하는데 유난히 몸매라인이 드러난 대저택의 주인공이 눈에 들어왔다. '성북동에 가려면 준비를 해야지!' 나는 갑작스레 결심했다. 그리고 즉시 이행했다.

다행히 나는 운동을 좋아하는 편이다. 역동적인 운동을 좋아했지만 내 몸 상태를 봐서는 근력을 키우는 게 가장 중요하다고 생각했다. 집 근처 헬스장에 등록했다. 나는 운동을 배울 때는 돈을 아끼지 않았다. 본격적으로 운동하려면 전문가가 필요했다. 처음엔 기본적인 프로그램들을 시도하며 워밍업을 했다. 그리고는 내 형편에 맞지 않는 1:1 PT를 시작했다.

나는 내 나이 마흔 살이 되어서야 왜 남자들이 젊은 여자를 좋아하는지 알았다. 내 PT 담당 선생님은 잘생겼다. 그런데다 내가 좋아하는 몸매다. 그래서 더 열심히 운동했는지도 모른다. 한 달 만에 나는 헬스장 모델이 되었다. 나는 어떤 것이든 한번 하면 몰입도가 높은 편이다. 그런 만큼 운동에 빠져들었다. 어느 날 PT 선생님이 물었다. "회원님, 살 빼시려고 하는 목적이 어떤 거예요? 진짜

술 마시기 위해서예요? 농담이죠?"'어차피 좋아하는 술을 마실 거라면 건강관리를 해 가면서 마시자!' 이게 내 생각이었다. 나는 양배추, 닭 가슴살, 달걀로 이루어진 식단관리를 거의 완벽하게 했다. 회사 사람들이 지독하다면서도 점점 살 빠지는 내 몸을 보며 신기해했다. 나의 지론은 간단하다.

'시키는 대로 하면 적어도 결과는 나온다.'

월드컵 응원을 위해 붉은악마 빨간색 티셔츠를 사러 갔다. 그간의 운동이 빛을 발하는 순간이었다. 성인 사이즈가 아닌 아동복 사이즈 85가 깔끔하게 들어갔다. 내 초콜릿 복근을 발견한 지인들이 소리를 질렀다. 처음 느끼는 기분 좋음에 어깨에 힘이 들어갔다. "너 장난 아니다. 그렇게 양배추만 먹더니 대단하다.", "나도 운동 좀 가르쳐 줘." 여기저기서 난리였다. 예상 못한 반응에 나도 너무 흥분되었다. 빨간색 옷을 입고 치킨집 앞 스크린에 모여 너도 나도 해설자처럼 난리가 났다. 그날은 맥주도 마시고 안주도 먹으며 그 시간을 즐겼다.

회사에서도 나에게 다이어트 비법을 물어 오는 언니들이 생겼다. "성진아, 너 운동만 한 거니?" 어떻게 10킬로그램 이상을 뺀 건지 궁금해하는 회사 사람들 때문에 난 다이어트 코치가 된 기분이었다. 역시 사람은 자존감이라고 했던가.

드라마 속 대저택이 가져다준 꿈은 나를 성북동으로 안내했다. 나는 다시 《시크릿》을 집어 들었다. 그러곤 택시를 타고 호텔로 갔다. 책 한 권을 들고 말이다. 커피를 시켜 놓고 한가롭게 책을 읽었다.

다시 나의 꿈이 시작되었다. 나는 지갑에 현금이 부족하면 현금 서비스를 받아 채운다. 그리고 택시를 타고 성북동 근처로 향한다. 집 주변을 보면서 내가 살 번지수도 미리 생각해 두었다. 구체적인 집 구조를 머릿속에 그려 보고, 그린 집안에 부모님과 동생과 함께 살려면 방이 몇 개가 좋을지 생각했다.

회사일에서 스트레스를 받아도 생각이 달라졌다. 거절이 일상 인 내 직업은 거절이 많을수록 계약에 가까워진다. 그렇게 주문을 걸었다. 이렇게 나는 달라지고 있다. 딸아이가 나의 변화를 보면서 "엄마, 요즘 많이 달라진 거 같아."라고 말했다. 딸아이한테 하는 말투가 유해지고 대화도 많아졌다. 살을 뺀 후 내 생활은 많은 변화가 일어났다.

"그래, 이번 기회에 한번 해 보지 뭐!"

나는 드라마 작가에 도전해 보기로 했다. 딸아이도 친동생도 응원해 준다. 그래서 인터넷을 뒤져 드라마 작가 공고문을 보고 지원했다. 서류전형 합격 후, 면접일자가 잡혔다. 면접을 보러 갔다. 도착해서 대기 장소로 안내받았다. 인원이 꽤 많았다. 연령도 나보다 어려 보이는 사람들이 다수였다. 나는 위축되었지만 이왕 여기까지 온 거 '할 수 있다!'라고 마음속으로 되뇌며 기다렸다.

드디어 내 순서가 되었다. 심사위원이 대략 일곱 분 정도 계셨다. 난 비어 있는 의자로 가서 앉았다. "안녕하세요." 인사를 하고는 질문을 기다렸다. 내 이력서를 살펴보시는 분은 작가님이라고 했다. 현역 작가가 내 앞에 있는 것이 너무 신기했다. 순간 작가님이 질문을 했다. "최근에 읽은 책이 뭐예요?" 난 최근 읽었던 영업 관련 책 제목을 버벅거리며 대답했다. 순간 참패한 느낌이 들었다. 그러고는 작가님은 드라마 작가를 왜 꿈꾸는지 물어보셨다. 머릿속이 하얘졌다. 그 뒤로 무슨 말을 했는지 기억이 잘 나지 않는다. 머릿속으로 망했다고 생각한 것밖에 기억이 안 난다. '아니 책도 잘 읽지 않으면서 무슨 드라마 작가를 꿈꾸는 거야?' 스스로에게 질문했다. 그날 나는 나 자신한테 실망했다. 집으로 돌아와서는 답을 기다리는 딸아이와 동생에게 기대하지 말라고만 했다. 그들이 위로를 해 줬지만 나는 그저 멍했다.

불안한 예감은 틀리지 않았다. 불합격이었다. 어찌 보면 결과는 당연했다. 회사일이 바쁠 때라 사실 동료들도 이해는 하지만 안 된 게 다행이라는 말들을 했다. 나에겐 현실이 바쁜데 무슨 꿈이냐는 식으로 들렸다. 그렇지만 나는 다음을 기약했다. 면접은 또 볼 수 있으니까. 시간 내서 책도 읽고 준비해야겠다고 마음먹었다. 하지만 일상은 늘 똑같았다. 투덜거리는 동료들, 영업으로 인해 받는 스트레스, 한정적인 영업에 싫증이 나고 에너지가 떨어지고 있었다. 보험 시장에도 흐름이 있기 때문에 난 업그레이드를 해야 했다. 하나의 보험만 취급하는 보험회사는 더는 승산이 없었다. 모든 보험을 할 수 있는 곳에서 당당하게 영업하고 싶었다. 고객을 위해 주는 척이 아니라 실제로 위해 주는 보험설계가 내 일에 대한 내 자존심이다.

그래서 나는 이직했다. 내가 선택한 회사 대표님들은 긍정적이다. 문제를 보는 시각이 다르다. 문제가 생겼다면 풀 수 있다는 마인드다. 안 된다기보다는 되는 방향을 찾는다. 나는 직장에 대한 충성도가 높다. 주인의식도 강하다. 내가 다니는 회사가 제대로 평가를 받아야 한다는 게 내 지론이다. 그런데 대표들까지 응원해 준다면 그건 최상의 환경이 아닌가.

코엑스에서 열리는 육아 박람회에 참가했다. 회사 대표님들이 마련해 준 자리였다. 경험은 없었지만 나는 하나씩 준비했다. 3명의 직원과 함께 총 4명이 3일 동안 참여했다. 보통 금·토·일에 진행되는 행사는 이번엔 토·일·월에 진행되었다. 오전 10시부터 오후 6시까지였다. 늦어도 코엑스에 9시 30분까지는 도착해야 준비할 수 있었다. 하지만 너무 다행스럽게도 대표님께서 3일 동안 내 집에서 행사장까지 출퇴근을 도와주시는 기사노릇을 톡톡히 해주셨다. 지금도 대표님께 감사하게 생각하고 있다.

육아 박람회에는 수많은 임산부들과 가족들이 오간다. 우리는 그들을 고객으로 유치한다. 고객을 따라가면서 손에 선물을 내보인다. 그러면 자리에 앉힐 확률이 높아진다. 우리는 돌아가면서 고객을 모셔 오고 상담하면서 3일을 보냈다. 첫 참여치고는 성공적이었다. 물론 수익은 많지 않았다. 하지만 참여해서 마이너스를 기록하는 사람들이 많다는 말에 무조건 공감했다. 그만큼 만만한 일이 아니었다. 중요한 건 참여한 분들이 모두 베테랑이란 것이었다. 그들과의 경쟁에서 우린 당당했다. 마지막 날 대표님은 회식자리에서 우리 모두에게 애썼다고 위로해 줬다. 그때야 비로소 우리는 웃을 수 있었다.

회사일은 아침조회로 시작된다. 열정이 듬뿍 담긴 대표님의 강의는 영업하는 우리에게 힘을 준다. 이것이 전 직장과 다른 점이다. 전 직장은 실적에 대한 팀장의 잔소리와 압박이 다였다. 몇 가지 상품을 가지고 고객들에게 상담해야 했다. 하지만 지금은 꿈, 가치, 사고에 대한 이야기로 응원을 받는다. 여러 가지 상품 교육으로 경쟁을 쌓는다. 항상 다독거려 주시고 협조해 주시는 대표님들 덕분에 우리는 새로운 시장을 차지한다. 롯데 홈쇼핑에 방송을 내보내며 고객들과 만족도 높은 설계를 하게 된 것도 대표님들의 노력 덕분이다. 직장에서 나는 꿈꾼다. 내 위치와 내 팀원들의 급여를 어디까지 끌어올릴지 말이다. 대표님들만 회사의 주인이 아니다. 이런 생각들이 나를 공부하게 만드는 원동력이다.

변화하는 보험시장에서 나는 고객들보다 더 알아야 했고 많은 보험회사들 상품을 섭렵해야 했다. 그것이 나를 믿고 보험을 맡겨준 고객들에 대한 예의다. 나에게는 보험에 대한 신념이 있다.

"누군가의 인생에 스며드는 내 설계가 그들한테는 어떤 면에서든 도움이 된다. 그리고 긍정적인 생각을 채워 주게 된다."

　나는 회사일도, 성북동 대저택도 놓치지 않을 것이다. 예전에는 이런 생각들을 일시적으로 떠올리기만 했었다. 그런데 지금은 떠올리기만 하는 게 아니라 실천한다. 그리고 생생하게 상상한다. 한 단계씩 성장해 가는 나 자신을.

　아빠는 텃밭을 갖고 싶어 하신다. 지금 사시는 빌라 앞에 고추씨앗을 뿌려서 가꾸시는데 어떤 사람이 고추를 모두 따 갔다고 화를 내셨다. 적어도 내 공간이 확보된 곳에 고추를 심었다면 지킬 수 있었는데 말이다. 아빠가 원 없이 채소를 가꿀 수 있는 공간으로 난 성북동 대저택을 선택했다. 그곳은 내가 꿈꿀 수 있는 공간이다. 거기서 나는 책을 계속 출간할 것이다. 이제는 예전과 달리 할 일이 많아져서 바쁘다. 더 이상 무기력하게 누워만 있던 내가 아니다. 나는 멈추지 않고 걸어간다. 나는 계속 꿈꾼다.

PART 11

ABC엔터테인먼트에
소속되어 부자 되기

- 김 희 진 -

김희진
동아보건대학교 치기공과 겸임교수, 결혼 상담 코치, 대학생 멘토, 자기계발 작가, 동기부여가

부산가톨릭대학교 치기공학과에서 박사과정을 수료했다. 20대 후반부터 10년간 치과기공 과정을 강의했다. 6년차 주부이자 2명의 아이들을 키우고 있지만, 주부로서 안주하기 싫어 나를 잃어버리지 않으면서도 행복한 결혼생활을 위해 노력한다. 현재 '행복한 결혼생활'에 대한 주제로 개인저서를 집필 중이다.

Email ilove8232@naver.com   Blog blog.naver.com/ilove8232
C·P 010.9443.3207

01
베스트셀러 작가와
멋진 강연가 되기

최근 꿈이 이루어져 정말 행복하게 살고 있다. 그 이유는 〈한책협〉에서 〈책 쓰기 과정〉을 수강하고 실제로 곧 책이 출간될 것이기 때문이다. 아무리 힘든 일이 있어도 포기하지만 않으면, 그 꿈은 언젠가 이루어진다. 어릴 적 막연히 생각하던 꿈을 이룰 수 있다는 것은 가슴 벅찬 일이다.

책 쓰기는 20년 전의 나의 꿈이었다. 고등학교 생활기록부를 보면 장래희망이 '국어교사', '아동문학 작가'라고 쓰여 있다. 그땐 공부 잘하는 사람만 책을 쓸 수 있다고 생각했다. 그래서인지 중학교 때까지는 공부를 곧잘 했다. 그러나 고등학교에 가서 '공부를 왜 해야 하나?'라는 생각이 들었다. 그러다 보니 성적도 나오지 않았고, 어차피 원하는 대학에 갈 수도 없었다. 성적에 맞춰 대학을 가면서 '나의 꿈은 마음속에 꾹꾹 담아 놓고 살아야겠구나'라고 생각했다.

고등학교 때 NIE(Newspaper In Education; 신문 활용 교육) 학습이라는 것을 시범 운영했었다. 신문을 스크랩하고 그 기사에 대해 자신의 의견을 덧붙여 과제로 내는 일이었다. 나는 그런 과제에서 항상 칭찬을 받았다. 하지만 그런 것들은 성적과 연관이 없었다. 그때 수녀님이셨던 담임 선생님께서 "NIE 학습을 잘하는데 공부를 못하다니, 의아하다."라고 말씀하셨다.

또한 나는 특별활동으로 '교지 편집부'에 지원했다. 그런데 그곳에 지원한 아이들은 반장이나 성적이 좋은 아이들이었다. 나는 겨우 뽑혔다. 그렇게 취재를 하고, 토론하는 일련의 과정들이 너무 좋았고, 행복했다. 하지만 너무 많은 것을 '수박 겉핥기' 식으로만 배우는 고등학교 공부는 그닥 잘하지 못했다. 예상대로 수능시험을 망쳤다. 어차피 꿈을 못 이룰 것이라고 생각한 나는 엄마가 정해 주신 삶을 살기로 했다.

외가 쪽 식구들이 치과기공 일을 하셨기 때문에 엄마는 내가 그쪽을 전공하길 원하셨다. 처음에는 정말 가기 싫었지만, '밥은 먹고 산다'는 엄마의 성화에 동아보건대학교 치기공과에 입학했다. 물론 지금은 그곳에서 치아 조각을 강의하고 있긴 하지만 말이다. 치기공과에 입학하자마자 석고 조각을 배웠는데, 정말 싫었다. 싫었지만 버텼다. 그리고 4년제 대학교에 편입해서 원하는 책을 마음껏 읽고 싶었다. 3년 동안 나와는 잘 맞지 않는 치과기공을 공부하며 버티고 버텼다. 그리고 조선대학교 생물학과에 입학했다.

생물학에 대해 잘 몰랐지만, 잘하고 싶었다. 소설에 나오는 꽃이 어떤 분류의 어떤 꽃인지, 세포분열은 어떻게 하는지 그런 것들이 궁금했다. 학교 강의가 끝나면 무조건 도서관에 가서 책을 읽었다. 도서관에 앉아 책과 함께하는 시간들이 너무나 행복했다. 지금도 그때를 생각하면 백지에 개구리의 명칭을 쓰며 울었던 기억이 새삼 떠오른다. 생물학과를 졸업하고, 더 공부가 하고 싶었다. 뭔가를 쓰고, 나만의 것을 만들어 보고 싶다는 욕구가 강했던 것 같다. 그때 〈한책협〉을 알았더라면 좀 더 빨리 개인저서를 쓸 수 있었을 텐데 말이다.

나는 엄마에게 "엄마가 원하는 과정을 다 들었으니, 이제 내가 원하는 대로 하게 해 주세요."라고 말했다. 그리고 대학원을 가기로 결심했다. 생명공학을 전공할까도 생각했지만, 기존의 치과기공 쪽을 전공하기로 했다. 석사학위를 받으면 겸임교수가 될 수도 있기 때문이었다. 대학원에 가서 수업을 듣고, 논문을 썼다.

아빠께서는 10남매 중 여섯째로 태어나셨다. 할아버지께서 일찍 돌아가시고 할머니 혼자 10남매를 키우셨기 때문에 몹시 가난하게 자라셨다고 한다. 그럼에도 불구하고 할머니께서 교육열이 높으셔서 어려운 환경에서도 자식 중 절반은 교육자의 길을 걷게 하셨다. 아버지도 장학금을 받으며 교육자의 길을 걸으시고 최근에 교장 선생님으로 퇴임하셨다.

가난을 경험해서인지 아버지의 꿈은 '아이들이 하고 싶은 것 마음대로 하게 해 주는 것'이었다. 그런 아버지에게서 태어난 탓인지 나는 어릴 적에 자존감이 너무 높은 아이였다. 고등학교에 다닐 때까지 집안일 한번 해본 적이 없었다. 사람들은 나를 '온실 속의 화초'라고도 했다. IMF 때도 우리 집은 아버지가 교사였기 때문에 전혀 어려움을 느끼지 못했다.

중학교 때는 '라이너 마리아 릴케'의 《말테의 수기》라는 책에 빠졌다. 이해할 수 없는 어려운 수기를 읽으며 내가 최고라고 생각하면서 살았던 것 같다. 결핍이 없었기 때문에 왜 사람들이 돈 때문에 힘들어하는지 이해할 수 없었다. 왜, 무엇이 되라고 하는지 이해할 수 도 없었다. 꿈도 없었고, 공부를 해야 할 필요성도 못 느꼈다. 할머니께서 공부하라고 하시면, 아버지는 "공부하라고 강요하지 말라"고 하셨다. 꿈을 지지해 주는 부모님이 계셨기 때문에 무엇이든 시도해 보고, 실패해 볼 수 있었던 것 같다.

현재 나는 여섯 살과 세 살 난 두 아이의 엄마다. 처녀 시절, 책장을 만들어 '도서관처럼 꾸미는 것'이 결혼의 로망이었다. 그랬던 내가 결혼을 하고 출산을 하면서 모든 것을 아이들에게 맞추게 되었다. 책 역시, 나의 책은 점점 없어지고 아이들 책을 사는 데 재미를 느꼈다. 점점 내 것의 자리는 작아지고 동화책으로 집이 채워지기 시작했다. 그렇게 나의 꿈은 평생 이루어지지 않을 것 같았다. 하지만 나는 유명 저자의 강연을 들으러 다닌다거나 각종 콘텐츠를 결제해서 시청하는 등 무언가에 대한 공부와 도전은 계속하고 있었다.

그러다 우연히 〈한책협〉이라는 곳을 알게 되었다. 처음에는 책쓰기를 하는 곳 정도로만 알았다. 사실 전에 들었던 글쓰기 수업에서 안 좋은 말과 지적을 많이 들어 책 쓰기를 하기 싫었다. 신청하는 것에 두려움도 있었다. 그럼에도 불구하고 〈1일 특강〉을 신청하고, 김태광 대표 코치를 만나게 되었다. 한 달 만의 책 쓰기도 감지덕진데 출간까지 하게 된다니, 어릴 적 꿈을 이루어 주는 곳이라 생각했다. 게다가 〈한책협〉은 ABC엔터테인먼트라는 곳도 함께 운영했다. 책을 마케팅해 주고, 1인 창업까지 연결시켜 주는 시스템이었다. 광주광역시에 살고, 애도 둘인 엄마도 작가가 되라고 '베이비시터' 시스템도 운영해 주었다. 나는 '이것이다!'라고 생각했다.

처음에는 ABC엔터테인먼트에 지원하는 것이 무리라고 생각했다. 하지만 김태광 대표 코치께서 용기를 주셨고, 나는 한 발짝 따르기로 했다. 지금은 60기 〈책 쓰기 과정〉을 진행 중이다. ABC엔터테인먼트 면접도 1차 합격한 상태다. 이곳과 함께한다면 꿈에 그리던 책 쓰기는 물론, 베스트셀러 작가로 성장할 수 있을 것이라 확신한다. 사인 받으러 다녔던 작가님들이 한자리에 모여 있고, 그곳에서 김태광 대표 코치께서 의식 깊은 곳에 에너지를 충전해 주시니, 하루하루의 삶이 변화하고 있다.

하기 싫은 일을 하면서도 항상 무언가를 하고 있었다. 그것은 마음속에 간직했던 '작가'라는 꿈이 아니었을까 싶다. 사정이 안 좋을 때, 돌고 돌아 그 길을 따라서 여기까지 왔다. 절실하게 '성공'이라는 것이 하고 싶어졌다. 한 달쯤 후면 내 개인저서가 나올 것이다. ABC엔터테인먼트에 입사해서 〈한책협〉의 김태광 대표 코치님과 코치님들, 작가님들의 응원을 받으며 베스트셀러 작가, 멋있는 강연가가 되고 싶다. 선한 일들도 많이 해내고 싶다.

02

부동산 투자에 성공하기

　나는 어릴 적부터 결혼하기 전까지 부모님의 집에서 함께 살았다. 다섯 살 때부터였으니 25년을 부모님과 한집에서 산 것이다. 친정집은 마당과 나무가 있는 단독주택이다. 부동산 중개사무소에는 한 번도 가지 않았다. 결혼해서도 시아버지께서 집을 사 주셨기 때문에 부동산 중개사무소에 갈 일이 없었다. 나는 길을 지나다니다 보면 '작은 아파트 하나 가지고 싶다'라는 생각이 들었다. 하지만 그건 마음속의 작은 소망일 뿐이었다. '부동산 중개소를 찾아가서 아파트를 사야겠다'라는 생각은 하지 못했다. 부동산을 공부하면서 친정집과 옆 아파트의 실거래가를 비교해 보았다. 단독주택과 아파트의 차이일 뿐인데, 단독주택 값은 25년 동안 거의 제자리였다. 아파트는 분양가 대비 2배 이상 올랐다. 단독주택과 아파트의 차이를 확실히 느꼈다.

부모님께서는 안정을 최고로 치셨다. 항상 지금의 삶에 만족하셨다. "이 정도면 최고지. 돈은 너무 많아도 안 좋아. 적당히만 있으면 되지." 부모님이 주시는 용돈에 맞춰서 생활하며, 나 또한 부족함을 못 느꼈다. 그게 최고의 정답인 줄 알았다. 아버지께서는 1994년도에 4년간 서울에서 교사생활을 하셨다. 그때 집을 살까도 고민했지만, 전셋집에 사셨다. 그때 집을 샀다면, 자산가가 되어 있을 텐데 말이다. 아끼며, 안 쓰고 절약하는 것이 정답인 줄 아셨던 것이다.

2016년 12월, 둘째 아이가 7개월 때의 일이다. 우연히 길을 지나가다 '플래카드'를 보았다. '아파트 분양 전환해 드려요.' 나는 플래카드를 보고 궁금증이 생겨서 분양사무실을 찾아갔다. 임대사업자가 10년 지난 아파트를 분양해 준다는 것이었다. 지금 살고 있는 아파트와 같은 작은 평수였다. 그때까지 아파트를 대출을 끼고 산다는 것을 몰랐다. 무조건 돈을 다 모아서 사야 한다고 생각했다. "70%까지 대출이 돼요. 70% 대출하시고, 2,000만 원 정도 있으면 바로 계약이 가능해요."

신세계였다. 가슴이 뛰었다. 처녀 때부터 들었던 '변액 연금저축'을 바로 해약하고, 계약하겠다고 하며 계약금 500만 원을 보냈다. 몇 번을 계약한 집에 가 보고, 리모델링도 했다. 직접 광고문구도 적어서 세입자 구한다는 광고도 냈다. 광고를 보고 찾아온 사람과

보물지도 15

상담하다 보니, 마치 내가 부동산 중개인이 된 기분이었다. 2개월 만에 세입자가 구해졌고, 지금도 월세를 받고 있다.

그때부터 부동산 공부를 시작했다. 부동산 책부터 읽기 시작했다. 부동산의 전반적인 내용이 궁금했다. 그때 읽었던 책이 김유라 저자의 《나는 마트 대신 부동산에 간다》였다. 세 아이의 엄마인 김유라 저자의 부동산 이야기를 담은 책이다. 거기에는 "부동산 중개업자와 친해져라. 모의투자를 해 보라"라는 내용이 나온다. 아이와 함께 무작정 이웃 지역에 찾아가서 집을 보고 싶다고 말했다. 부동산 중개인 입장에서는 좋아하지 않았겠지만 말이다.

여러 가지 부동산 책을 읽었다. 각종 커뮤니티도 뒤졌다. 좀 더 큰 투자를 하고 싶었다. 투자한 아파트가 너무 작아 보였다. 투자는 수도권에서 해야 한다는 사실을 깨달았다. 그러곤 '갭 투자'라는 것을 알게 되었다. 컨설턴트가 무료로 운영하는 카톡방에 6개월 동안 있었다. 언젠가는 직접 가 보고 싶었지만, 아이가 어려서 갈 수 없었다. 카톡방에는 긍정적인 의식 전환과 부자들의 사고에 대한 내용이 날마다 올라왔다. 또한 부동산 정보와 임장 특강이 언제 있는지 등을 알려 주었다. 엄청난 준비를 하고, 올라가면 바로 계약하리라 결심했다.

컨설팅 회사의 회장님을 만났다. 회장님은 "집을 몇 채 가지고 싶은지 써 보세요. 큰 꿈을 써 보세요."라고 말했다. 하지만 나는 망설였다. 그러자 회장님이 '목표 10채, 장학재단 설립'이라는 큰 꿈을 쓰라고 했다. 나는 사인을 받고, 목표를 썼다. 핑크빛 꿈으로 가득찬 나는 컨설팅을 마치고 바로 임장을 하러 갔다. 그리고 집을 계약했다.

무작정 계약을 한 건 아니다. 6개월 동안 카톡방에 있으면서 실거래 그래프와 지역을 분석했다. 수도권에 올라가기가 힘들기 때문에 지도를 보고 아파트 하나하나를 외웠다. 그러다 실제로 임장하러 가니 그 아파트들이 친숙했다. 실거래 그래프에서는 2008년에만 유독 높았던 집값이 떨어졌고, 그 뒤로는 계단식 상승을 하고 있었다. 2008년에만 그래프가 하강했던 이유를 물어보자 리먼 사태 때문이라고 했다. 계약한 아파트도 계단식 상승을 하고 있어서 계속 오를 것 같았다.

2017년 5월 동생과 나는 수도권 아파트에 같이 투자했다. 동생은 실거주를 목적으로 서울의 역세권 아파트를 샀다. 나는 경기도 P지역에 투자했다. 1년이 지난 지금, 결과는 어떻게 되었을까? 동생은 2억 원을 대출받아 4억 4,000만 원에 아파트를 샀는데, 2억 원이 올라서 실거래가가 6억 7,000만 원 정도다. 2억 원을 대출받아 서울에 집을 샀는데, 1년 사이에 2억 원이 오른 것이다.

나는 P지역의 GTX 호재와 5,000세대 입주를 노렸지만 내가 산 아파트는 역전세가 되었다. 말로만 듣던 깡통전세였다. 전세 만기가 돌아오는데 세입자는 안 구해지고, 새 아파트 입주 물량이 많아 매매와 전세가가 동시에 낮아졌다. 끝까지 팔 생각은 없었지만 방법이 없었다. 매매 시세도 전세입자의 전세금보다 낮았다.

'등기를 버리기가 이렇게 어렵다니.' 2,500여만 원으로 집 한 채를 샀는데, 눈물을 머금고 1,000만 원을 더해 매도했다. 전세보증보험에 들어 있어서 세입자가 날마다 전화해 압박했다. 내용증명도 보내왔다. 서울보증보험에 전화해 보았다. "만약에 기간 내에 보증보험에 돈을 못 드리면 어떻게 되나요?", "현금으로 2억 3,500만 원을 준비하셔서 바로 내셔야 합니다." 눈앞이 캄캄했다. 집을 내놓아도 팔리지도 않고, 당장 2억 3,500만 원이 어디 있단 말인가? 살면서 이런 경험은 처음이었다. 목이 타 들어갔다. 물만 계속 마셨다. 인생 일대의 최대의 경험이었던 것 같다.

전문가들은 하반기로 갈수록 입주 물량이 늘어나고 새 정부의 정책 불확실성도 남아 있는 만큼 섣불리 갭 투자에 나서는 것은 위험할 수 있다고 조언했다. 신랑도 위험성이 크다고 반대했다. 이것 때문에 싸우기도 했다. 나는 하고 싶은 것은 반드시 하고야 마는 성격이다. 나는 남편의 만류에도 아파트 매입을 강행했다.

생각해 보면 반대의 상황도 생각했어야 하는데, 무조건 오를 거라고 확신했던 것 같다. 여유가 있었다면 어느 정도 유지할 수 있었을 텐데, 여유가 없는 상태에서 투자하다 보니 그랬던 것 같다. 어쨌

든 부동산 투자는 나에게 실패를 안겨 주었다. 하지만 꼭 다시 한 번 도전해서 성공할 것이다. 〈한책협〉의 부동산 과정도 들어 보고 싶다. 실패했던 것으로 성공한다면, 정말 큰 기쁨이 찾아올 것이다.

길을 지나가다 노후 주택이 있으면 그것을 부수거나 리모델링하고 싶다. 광주 송정리 사거리에 주택이 있었는데, 낡은 주택을 부수고 호텔이 들어섰다. 노후 주택을 카페로 개조하고, 편의점도 만들었다. 실제로 그렇게 변화된 모습을 보면 기분이 좋다. 건물들이 어떻게 변하고, 새로 태어날지 기대가 된다. 건물도 개성을 많이 가진다. 낡은 건물에 새로이 생명을 불어넣으면 새로운 건물이 탄생할 것이다. 빈 땅이 있으면, 그곳에 상상으로 건물을 지어 본다. 실제로 봐 뒀던 빈 땅에 건물이 들어서기도 했다. 부자가 된다면 수도권 노후 건물을 리모델링해서 3~4년 후 되팔아 수익을 남기고 싶다. 혹은 경매 투자로 땅을 사 보고 싶기도 하다. 내가 하고 싶은 투자를 마음껏 하고 싶다.

03

1인 창업에 성공하기

　신랑과 나는 거리를 걷다가 모델하우스를 방문하는 것이 취미다. 꼭 그 아파트를 사고 싶어서라기보다는 구경도 하고, 새로운 정보를 얻기 위해서다. 혼자 길을 걸을 때도 모델하우스가 있으면 방문해 보곤 한다. 이러한 소소한 경험들은 나중에 어떤 일을 할 때 도움이 된다. 결혼하고 현실에 맞닥뜨리니 힘들었다. 하나하나가 다 돈이었다.

　친구는 내게 말했다. "넌 집도 있고, 신랑도 공무원이고, 네가 용돈도 버는데 뭐가 부족해? 나라면 그 정도에 만족할 것 같아."라고. 그렇다. 이 정도면 만족할 사람도 있을 것이다. 하지만 나는 만족이 안 되었다. 좀 더 잘살고 싶었다. '여러 가지를 찾아보고 경험해 보다가 나에게 맞는 일이 있으면 할 거야'라고 생각했다. 구글에 '창업'이라고 치고, 처음부터 끝까지 창업 사이트를 찾아봤다. 몇 가지 아이템이 눈에 들어왔다. 그중 한 가지가 숍인숍으로 운영되는 '마카롱 아이스크림' 사업이었다.

숍인숍이란 비싼 임대료를 내는 대신 기존의 매장에 작은 아이템을 추가해서 판매하는 방식이다. 대만에서는 이미 많이 운영되고 있다고 한다. 나는 '이거다!' 싶었다. 중간 대리점이 되는 것이다. 나는 본사에 전화해서 창업하고 싶다고 이야기했다. 그리고 현재도 전국 5개 매장에서 대리점주로 활동하고 있다. 하지만 이것 역시 아르바이트에 불과하다. 더욱더 창업하고 싶은 욕망과 욕구가 불타올랐다.

광주에서 '프랜차이즈 창업 박람회'를 했다. 무작정 찾아가 보았다. 들어가니, 각종 홍보책자와 팸플릿 등을 나눠 주었다. 관계자가 "창업하러 오셨어요? 여기 상담 신청란에 적어 주시면 자세히 상담해 드릴게요."라고 했다. 나는 무작정 적었다. 돈도 없는데 있는 척했다. '창업 예상비용 1억 원. 인테리어비, 물품 구입비, 임대료 등등.' 작은 가게 하나 운영하는데도 최소 1억 원이 들었다. 나는 깜짝 놀랐다. 어차피 이 정도의 돈은 없었기 때문에 설명만 잘 듣고 왔다. 마카롱 아이스크림 사업을 하며 숍인숍에 관심이 있어서 또 다른 숍인숍 아이템을 찾아봤다. 방향제 사업이 있었다. 프랜차이즈 설명회에서는 한 장당 380만 원 정도 있으면 세팅이 가능하다고 했다.

그것 말고 대리점 사업에 관심이 있다고 말했더니, 관계자가 자세히 설명해 주었다. "이 정도 물어보실 정도면 많이 알아보신 것 같네요. 아이템 좋죠? 서울로 올라오셔서 설명 들어 보세요."라고. 하고 싶은 마음은 있었지만 안 한 게 다행인 것 같다. 창업 박람회 다른 부스에서는 '세종시의 땅'에 대해 설명하고 있었다. 세종시에 관한 자료를 받아 들고, 설명을 듣고 집에 돌아왔다. 여러 가지를 분석한 결과 오프라인 사업은 하지 않는 것이라는 결론을 내렸다.

'창업신문'이라는 곳에서 다양한 창업 아이템들을 메일로 보내 준다. 그중 '글로벌 셀러 모집, 광주지사 특강'이라는 문구를 보고, 설명회에 갔다. 들어 보니, '이거다!' 싶었다. 과정 등록을 하고, 차근차근 배웠다. '온라인 구매 대행', '미국의 물품을 일본 아마존에서 파는 방법' 등을 배웠다. 일본사람들은 우리나라와 달리 가격 비교도 많이 하지 않고, 일본 아마존에서 많이 산다는 사실을 알았다. 도매와 개인 몰에도 관심이 많이 갔다. 이런 것들을 하나하나 알아보고 준비하는 데 시간을 들였다. 2018년 6월과 7월 이렇게 두 달을 오롯이 여기에 집중했다. 앞으로 이쪽도 창업 아이템이 무궁무진하다고 생각된다.

그러다 2018년 8월 12일 〈한책협〉의 〈1일 특강〉에 오게 되었다. 처음에 〈한책협〉이라고 해서 글쓰기 수업을 하는 곳 정도로만 알았다. '그냥 글쓰기 좀 가르쳐 주는 곳인가 보다' 했다. 만약 그때 책을 출간할 수 있다는 것을 알았으면 당장 등록했을 것이다. 나중에 보니 신상희 코치님의 문자가 '5월부터' 와 있었다. '베이비시터 시스템이 있어서 아기 데려오셔도 괜찮아요.' 사실 아기 엄마들은 아이들 때문에 뭘 못한다. 그동안 알아봤던 창업 아이템들도 이런 점을 고려해서 광주에서 하거나 집에서 할 수 있는 것들이었다.

첫 〈1일 특강〉은 아이를 두고 다녀왔다. SRT도 처음 타 보고, 분당선도 처음 타 봤다. '세상 많이 좋아졌네. 수서까지 2시간밖에 안 걸리네'라고 생각했다. 〈1일 특강〉을 들으면서 〈한책협〉의 시스템에 놀랐다. 제일 좋아했던 〈책 쓰기 과정〉을 시작으로 SNS 마케팅과 블로그 과정, 1인 창업 과정, 강연 스피치 과정, 유튜브 과정이 설치되어 있었다. 나는 그것을 바탕으로 1인 창업 수익까지 이루고 있는 작가들을 보면서 놀라움을 금치 못했다.

나는 하고 싶긴 한데, 7월의 갭 투자의 실패로 망설여졌다. 김태광 대표 코치님을 만나는 데도 용기가 필요했다. 나는 나를 잘 안다. 김태광 대표 코치님을 만나면 책 쓰기 과정에 등록할 것이었다. 신상희 코치님께서 다른 작가의 이름을 잘못 불렀는데 나도 모르게 "네!"하면서 컨설팅을 신청했다. 엄청난 끌어당김이었다. 역시 대표 코치님을 뵈니, 한 번에 결정하게 되었다. 대표 코치님께서는 1인 창업을 잘할 수 있는 방법을 알려 주신다고 하셨다. 〈책 쓰기 과정〉 다섯 번째를 마친 지금 나의 의식은 많이 변화되었고, 할 수 있다는 자신감도 많이 생겼다.

1인 창업이란 무엇일까? 창업과 사업은 다르다. 사업은 돈을 투자해서 중간에서 이윤을 남기고, 판매하는 것이다. 반면 1인 창업은 자신을 브랜딩해서 자신이 기업이 되고, 협회 회장이 되는 것이다. 그렇게 꿈을 이루게 되고, 자유를 얻게 된다. 하고 싶은 일을 하면서, 돈도 많이 벌게 된다. 김태광 대표 코치님께서는 〈한책협〉에 ABC엔터테인먼트를 설립하셨다. 이것을 통해 1인 창업으로 성공할 수 있는 작가들이 탄생하고 있다. 나도 1차 면접에 합격했다.

〈한책협〉은 꿈을 꾸고 그것을 실천하게 해 준다. 긍정의 에너지를 듬뿍 주고 할 수 있다는 용기를 심어 준다. 모든 것이 다 있는 이곳에서 1인 창업의 성공을 이루고 싶다. 혼자 이것저것 알아볼 때는 막막하고 답이 없었다. 무엇이든 지속하는 것이 중요하다. 혼자 하게 되면 지속하기가 힘들다. ABC엔터테인먼트에 들어가는 것이 이 모든 것을 지도받고, 성공으로 가는 기차를 타는 것이라 믿는다. 많은 시련과 어려움이 있다 해도 잘 이겨 내고 싶다.

나는 현재 결혼에 대한 개인저서를 쓰고 있다. 목차까지 완성되었고, 두 달쯤 후면 책이 출간될 것이다. 10월에 들을 예정인 블로그 과정, 1인 창업 과정, 유튜브 과정, 강연 과정도 신청해 놓았다. 이 모든 과정을 듣고, 대표 코치님만 믿고 따라간다면 성공에 다다를 수 있으리라 확신한다. 부자들은 자신이 돈을 번 노하우를 잘 공개하지 않는다. 이미 많은 돈이 있고, 굳이 그렇게 하지 않아도 돈을 많이 벌 수 있기 때문이다.

《나는 갭 투자로 300채의 집주인이 되었다》의 저자 박정수 씨는 성공하고 싶어서 무작정 부자를 찾아갔다고 한다. 광주에 1,600채 이상의 집을 가진 신모 회장님을 만나려고, 회장님 집 앞에서 한 달 반 동안 피켓을 들고 서 있었다고 한다. 그러곤 그를 만나 30분 동안 컨설팅을 받고, 300채 이상의 집을 가진 부자가 되었다. 부자를 만나기가 이렇게 어려운데, 김태광 대표 코치님을 만난 건 정말 행운이라고 생각한다.

대표 코치님은 밤낮없이 나의 의식을 전환해 주신다. 유튜브 채널 '김도사 TV'로 복습까지 할 수 있다. 목숨 걸고 코칭하는 것도 처음 봤다. 부자 옆에 있어야 조그마한 부자라도 되지 않겠는가? 그들의 사고방식과 생각은 정말 보통 사람들과 다르다. 그들을 흉내 내고, 따라 하고, 부자가 되고 싶다는 끝없는 소망이 있어야 비로소 성공할 수 있다.

큰일을 하려면 부자가 되어야 한다는 사실도 깨달았다. 사정이 어려운 사람을 도와주고 싶거나, 자원봉사를 해 주고 싶어도 돈이 있어야 도와줄 수 있는 것 아닌가? 큰일을 하기 위해서는 부자가 되어야 한다. 나는 〈한책협〉의 ABC엔터테인먼트에 소속되어 1인 창업을 하고, 수익으로 이어져 꼭 부자가 되고 싶다. 정말 이번 기회는 놓치고 싶지 않다. 앞으로 계속 〈한책협〉과 함께 모든 것을 이루고 싶다.

04

글로벌 쇼핑몰에서
나만의 콘텐츠 판매하기

　나에게는 남동생이 한 명 있다. 내 동생은 어릴 적에 라디오를 고장 내곤 했다. 그러곤 라디오를 분해해서 조립하기를 반복했다. 차에 이상이 생기면 직접 그 부품을 주문해서 조립했다. 어릴 적에 동생이 휴대전화를 부수고 있는 것을 보았다. 나는 "뭐 하니?"라고 물어봤다. 그러자 동생이 "나는 하루에 한 번씩 휴대전화 기기를 열어 봐. 휴대전화 속에 어떤 부품이 들어 있는지 궁금해서. 어떤 식으로 연결되는지도 너무 궁금해."라고 대답했다.

　그런 동생도 나처럼 치기공과에 가게 되었다. 동생은 나와는 달리 손재주가 있었다. 치아 모양은 한 번만 봐도 바로 완성해 내었다. 동생은 치기공이 자신과 맞는다고 했다. 그래서 치과기공 일을 할 줄 알았다. 동생이 "난 돈을 많이 벌고 싶어."라고 했으니까. 초

창기에 치과기공 일은 돈을 많이 벌었다. 그러다 경쟁이 점점 심해졌다. 그러자 동생은 다른 일을 찾아야겠다고 했다.

동생도 가방 하나를 메고 서울로 상경해서 고시원 생활을 했다. 부동산 중개 보조인도 해 보고, 콘도 회원권도 팔아 봤다고 한다. 동생은 부모님의 도움을 받지 않고 성공할 것이라고 다짐했다.

동생은 자신을 브랜딩 해 자신만의 회사를 차렸다. 직접 상품을 디자인하고 만든다. 자신만의 글로벌 쇼핑몰도 세웠다. 국내는 물론 외국인들도 동생의 상품을 구매한다. 해외로 상품도 배송하고, 외국에서 AS가 들어오면 수리해서 배송하기도 한다. 정기적으로 해외에도 나가서 자신만의 상품을 홍보하기도 한다. 지금도 같이 있으면 신기하다. 물건을 운반하거나 할 때 바퀴가 필요하면 직접 만들어 버리니 말이다. 수익을 잘 내고 있다. 맨몸으로 광주에서 상경해 서울에 아파트도 장만했다.

부모님께서는 '하고 싶은 것 하고 살라'며 우리의 꿈을 지지해 주셨다. 현재도 부모님께서는 〈한책협〉의 〈책 쓰기 과정〉을 듣는 나를 지지해 주신다. 나와 동생은 공부는 잘하지 못했다. 하지만 자존감 높게 자랐다. 상상력이 풍부하게 자랐다. 창의적이게 자랐다.

어릴 적에 부모님은 할머니를 모시고 살았다. 할머니와 같이 살면서 '타인을 배려하고 공감하는 능력이 많아졌다'고 생각한다. 할머니께서는 남들에게 무언가 주는 것을 좋아하셨다. 남에게 많이 줄수록 기분이 좋아지신다고 했다. 그 점은 나도 본받고 싶다.

엄마는 우리의 이야기를 잘 들어 주셨다. 이야기를 하는 것보다 엄마처럼 들어 주는 것이 더 어렵다는 사실은 나중에 알았다. 엄마는 우리가 잘못하면 꾸짖고 바른 방향으로 가도록 이끌어 주셨다.

엄마는 처녀 시절부터 이모부가 운영하시는 치과기공소를 관리하셨다. 항상 자신의 일에 만족감과 보람을 느끼셨다. 지금도 일을 하시고 계신다. 엄마는 나를 있는 그대로 존중해 주려고 노력하셨다. 아빠 역시 항상 나의 든든한 지원군이시다.

창의적인 것이란 무엇일까? 미국의 사업가 게리 베이너척(Gary Vaynerchuk)은 "우리가 원하는 모든 정보는 우리 손안에 있다."라고 말했다. 우리가 스마트폰으로 구글에 접속해 정보를 얻는 것이 그것이라 할 수 있다. 이것을 바탕으로 새로운 것을 창조할 수도 있다. 그러려면 제일 먼저 나를 브랜딩하고 가치를 높여야 할 것이다. 1인 창업 과정을 성공시켜야 할 것이다. 이것이 성공하면 나만의 콘텐츠를 만들어 보고 싶다. 이것은 〈한책협〉의 ABC엔터테인먼트에서 추구하는 비전과 일맥상통한다.

카일리 코스메틱스(kylie cosmetics), 유명 가수 드레이크와 카니예 웨스트, 미국 모델 카일리 제너의 공통점은 무엇일까? 쇼피파이(Shopfify)라는 플랫폼을 이용해 자신의 이름을 건 상품을 판매한다는 것이다. 영국 록 밴드 라디오헤드도 앨범 판매에 이 플랫폼을 이용했다. '트럼프의 오른팔'이라고 불렸던 스티브 배넌이 온라인 매체 〈브라이트바트〉에서 멕시코 국경 장벽 건설을 지지하는 머그컵, 티셔츠, 모자 등을 팔아서 논란이 되었다. 이때도 쇼피파이 플랫폼을 이용했다. 이외에도 소셜 미디어로 성공한 와인 소매사업가, 〈FUBU〉 CEO이자 마케팅으로 성공한 작가 데이먼드 존 등도 쇼피파이 플랫폼으로 성공했다.

우연한 기회에 쇼피파이(Shopfify)라는 쇼핑몰 플랫폼을 배웠다. 쇼피파이는 2006년 캐나다에서 시작된 전자상거래 서비스 플랫폼이다. 실제로 쇼피파이를 이용해 성공한 홈페이지를 보면 자신만의 개성과 특징이 두드러진 것을 볼 수 있다. 아마존이나 이베이가 오픈 마켓이라면 쇼피파이는 독립 몰 플랫폼이라고 보면 된다. 국내에서는 이 개념이 생소하다. 비교되는 것으로 카페24를 생각해 볼 수 있다. 카페24는 한국의 쇼피파이로 알려져 있다. 우리가 아는 유명한 쇼핑몰들은 대부분 카페24로 만들어져 있다.

쇼피파이 쇼핑몰을 14일 체험판으로 시험적으로 만들어 봤다. 웹디자이너였던 강사를 따라 버튼을 한 개씩 만들고 실습을 해 보았다. 그리고 쇼피파이를 배우면서 여러 가지 성공 사례를 찾아보았다. 특이한 점은 쇼핑몰이 쇼핑몰만의 기능을 하지 않는다는 점이다. 아마존, 이베이, 인스타그램, 페이스북과 연결해서 상품을 팔 수도 있다. 식당의 카드결제기 대신에 쇼핑몰에 음식메뉴를 만들어서 오프라인으로 결제하게 할 수도 있었다. 이렇게 하면 수수료를 아낄 수 있다. 결제 시스템에서 가상화폐까지 결제가 될 수 있도록 해 놓았다.

쇼피파이 성공 사례를 찾아봤더니 창의적인 것이 많았다. 쇼핑몰에서 쇼핑 상품만 제공하는 것이 아니고, 음악을 판다거나 자신만의 독특한 콘텐츠를 판매했다. 신기하고 재미있는 쇼핑몰들이 많았다. 우리나라 사람들은 쇼피파이를 통해 화장품 판매를 많이 한다고 했다. 이것은 외국 쇼핑몰인 만큼 미국이나 북미 유럽을 상대로 마케팅을 한다.

템플릿과 여러 가지 로고를 만들고 자신의 상품을 리스팅하면 자신만의 쇼핑몰이 탄생한다. 세 가지 플랜이 있는데 월 29달러만 지불하면 가장 기본적인 플랜을 운영할 수 있다. 지난해 5월 쇼피파이가 '오버로(Oberlo)'라는 회사를 인수했다. 이 회사를 통해 알리바바 그룹의 '알리 익스프레스'의 상품을 자신의 쇼핑몰에 올릴 수 있다. '알리 익스프레스'의 중국 제조사가 미국의 구매자에게 직접 배송하는 것이다. 재고의 부담도 없고 다양한 아이템을 접할 수 있다.

실제로 쇼피파이를 이용해 알리 익스프레스에서 물건을 가져오고 추가로 자신이 만든 아이템을 끼워서 판매하는 국내 판매자를 보았다. 독특한 이미지의 상품을 쇼피파이 플랫폼에 세팅했다. 딱 봐도 구매할 수 있도록 매력적이게 꾸며 놓았다. 중세의 갑옷에서 아이디어를 얻어 갑옷 모양으로 옷을 제작해 해외에 판매하고 있다. 해외의 반응은 꽤 좋았다.

어릴 적부터 꿈을 응원받고 지지받았다. 앞으로 나도 아이들에게 '할 수 있다'라는 동기부여를 해 주고 싶다. 실수와 실패를 하더라도 지지해 주고 싶다. 아이들이 진짜 하고 싶은 것이 무엇인지 특성을 찾아 줄 것이다. 자신의 인생은 자신이 사는 것이라고 가르쳐 줄 것이다. 어릴 때부터 자신의 일은 자신이 하도록 교육시키고 있다. 세상 물정을 알도록 교육시킬 것이다. 타인을 배려하고 따뜻한 마음을 나누도록 하고 싶다.

〈한책협〉을 만나 꿈을 이루면서 살고 있다. 현재 결혼에 대한 개인저서를 집필 중이다. 올해 안에 내 개인저서의 실물을 만나 볼 것이다. 개인저서를 실제로 본다면 엄청나게 기쁠 것이다. 어릴 적부터 소망했던 '작가'라는 꿈이 이루어지는 순간이기 때문이다.

내 책이 세상에 나오는 동안, 나는 1인 창업 과정에 필요한 것들을 준비할 것이다. 네이버 카페를 운영하기 위한 미팅도 했다. 사람들에게 컨설팅을 해 주고 꿈과 희망을 심어 줄 것이다. 성공하고 싶다. 부자가 되고 싶다. 나만의 글로벌 쇼핑몰에서 나만의 콘텐츠를 판매하는 일을 꿈꿔 본다.

05

유럽에서 한 달 살기

20대 중반에 외국에 나가 보고 싶었다. 하지만 부모님께서는 위험하다고 보내지 않으셨다. 아빠는 어릴 적에 학원에서 개최하는 캠프도 위험하다고 가면 안 된다고 하셨다. 그때 '외국에 나갔더라면 어땠을까?' 하는 후회가 든다. 물론 다시 그때로 돌아간다 해도 부모님께서는 허락하지 않으실 것이다. 부모님에게 대적할 용기도 없었다. 결혼하고 보니 점점 외국에 나가는 게 힘들어진다.

'경험은 중요한 자산'이라고 생각한다. 책만 읽는다면 간접 경험은 할 수 있겠지만, 직접 경험과는 느끼는 것이 다르다.

"꿩 대신 닭"이라고 외국에 나가는 대신 서울의 치과기공소에 취업하기로 했다. 태어나서 처음으로 고시원에서 생활했다. 치과기공소는 강동구청 쪽에 있었다. 광주에서는 점심도 기공소에서 제공해 줬다. 하지만 서울은 모든 것이 차가웠다. 도시락 한번 싸 본 적 없던 내가 새벽에 도시락까지 쌌다. 치과기공소에서는 계속 야근이 이어졌다. 엄마가 해 주시는 밥을 먹다가 혼자서 모든 걸 해결해야 하니 너무 힘들었다.

기공소에서는 기초 작업을 하며 일을 배웠다. 치과기공도 손재주가 있는 사람은 처음부터 잘한다. 누구나 잘하는 일이 있고 못하는 일이 있다. 나는 치과기공 일을 처음부터 잘하지 못했다. 수많은 연습을 반복하며 노력으로 극복했다. 최선을 다했지만 잘하지 못한다고 무시도 당했다. 그중 한 선배는 "이거 누가 이렇게 한 거야!"라며 내가 만든 모델을 던져 버렸다. 충격이었다. 사회생활을 처음 시작한 나는 너무 무서웠다. 화장실에 가서 날마다 울었다. '잘하고 싶은데, 왜 난 열심히 해도 잘 안 되는 걸까?'

서울은 지방보다 모든 게 정확하고 빨랐다. 나는 일의 속도를 맞추지 못했다. 기공소 사람들은 수도권의 같은 학교 출신들이었다. 그들만 알 수 있는 동아리 이야기와 교수님 이야기를 했다. 텃세를 부렸던 걸까? 점점 열등감을 느꼈다. 그때 일을 잘 가르쳐 주던 지방 출신 언니가 나를 많이 다독여 줬다.

짧은 기공소 생활을 마치고 아르바이트를 하면서 영어 학원을 다니기로 했다. 평소에 영어에 관심이 많기도 했고, 서울에서 영어 학원을 다녀 보고 싶었다. 지금 생각해 보면 그 당시 이루고 싶었던 버킷리스트였던 것 같다.

'지금 아니면 언제 또 강남에서 살아 볼 수 있을까?'라고 생각했다. 강남역 주변에서 살아 보기로 결정했다. 강남역 주변의 하숙집을 얻었다. 하숙집에서는 밥도 주고 방도 제공해 주었다. 집 앞에 나가면 바로 카페들이 있고 영어 학원이 있었다. 지금은 많이 변했지만 이때의 기억은 아직도 남아 있다.

아르바이트는 선릉역 쪽에서 '전세자금 대출상담' 전화를 받는 일이었다. 나는 사람들의 전화를 받고 등기부 등본을 떼고, 그들에게 차를 제공했다. 전세자금을 대출하러 온 사람들의 얼굴은 근심과 걱정으로 가득했다. 돈이 급해서 찾아온 사람들인데 그때는 그 사람들의 심정을 이해할 수 없었다.

일을 마치면 강남역 7번 출구 앞의 영어 학원에 갔다. 그때 학원을 다니긴 했지만 지금도 영어는 잘하지 못한다. 강남역 앞은 밤이 되어도 불이 꺼지지 않는다. 지금은 노숙점이 없어졌지만 그땐 노숙상인들도 많았다. 건물은 끝없이 높았다. 강남역에서 살다가 광주에 갔더니 건물들이 너무 낮아 보였다.

tvN에서 〈윤식당〉이라는 프로그램을 본 적이 있다. 배우 윤여정, 이서진, 정유미, 박서준이 나왔다. 그들은 스페인에서 작은 한국 식당을 열었다. 요리사 경험이 없는 배우 윤여정 씨가 한국 요리를 만들어서 판매했다. 처음에는 서툴었지만 서서히 하나씩 임무를 완수해 나갔다. 그 프로그램을 보면 외국 사람들의 반응을 알 수 있는데 우리나라 사람들과는 정서가 좀 달랐다. 여유롭고, 느리고, 자유로웠다.

한 지역을 여행하는 것과 직접 살아 보는 것은 다르다. 여행은 잠시 머물다 가는 것이다. 직접 살아 보는 것은 그들의 문화를 직접 체험하는 것이다. 국내에서는 '제주도에서 한 달 살기'가 유행했었다. 제주도에는 한 달 살기에 적합하게 유스호스텔 같은 것이 잘 구비되어 있다. 제주도도 괜찮다. 그러나 이왕이면 유럽에서 살아 보고 싶다. 우리나라 사람들뿐만 아니라 외국 사람들의 심리와 문화가 궁금하다.

결혼하고, 신랑과 일본으로 자유여행을 갔다. 아이가 없었을 때다. 부산에서 쾌속선을 2시간만 타면 후쿠오카에 도착한다. 하카타역에 도착해서 버스를 탔다. 섬 도시답게 바다 풍경이 이어졌고, 고가 도로도 잘 지어 놓았다. 외국인 전용 1일 무료 버스 이용권을 끊었다. 이용권의 범위를 넘어서 약간의 돈을 추가로 내기도 했다. 후쿠오카 타워를 구경하고, 야구선수 소프트뱅크의 이대호가 있었던 후쿠오카 야후 돔의 모습도 보았다.

다음 날엔 나가사키 현의 '하우스텐보스'라는 곳에 갔다. '하우스텐보스'는 일본의 작은 네덜란드, 일본 속의 작은 유럽이다. 하우스텐보스(Huis Ten Bosch)란 네덜란드어로 '숲속의 집'을 의미한다. 17세기 네덜란드의 왕궁과 거리를 재현해 놓은 곳이다. 네덜란드를 완벽하게 재현하기 위해 건축자재를 직접 네덜란드에서 가져왔다고 한다. 네덜란드의 암스테르담을 그대로 축소시켜 놓아 아름다운 운하를 구경할 수 있다.

그곳에 도착했다. 튤립에 풍차가 돌아가고, 아름다운 운하 위에 배가 떠다녔다. 정말 네덜란드에 와 있는 느낌이 들었다. 아름다운 풍경뿐만 아니라 대관람차도 있고 박물관, 극장, 탐험도 할 수 있게 되어 있었다. 그때 모르는 일본인들 2명과 함께 서바이벌 게임을 했었는데 아직도 기억에 남는다.

어트랙션 '캐널 크루즈'를 타고 운하의 여정을 감상했다. 중세 네덜란드 대형 범선에 올라가서 사진을 찍기도 했다. 애니메이션 〈원피스〉의 캐릭터들도 다양한 곳에서 만나 볼 수 있었다. 기차시간 때문에 아쉬움을 뒤로하고 나왔다. 그쪽에 호텔도 있었는데, 호텔에서 하룻밤 지내면서 야경도 감상하면 더 좋을 것 같다. 6년이 지난 지금은 로봇이 요리해 주는 로봇식당도 있다고 한다. 꼭 다시 가 보고 싶다.

일본 자유여행을 했다고 하면 일본어를 잘해서라고 생각할 수도 있다. 하지만 나와 신랑은 일본어를 못한다. 일본어는 못했지만 그런 건 문제 되지 않는다. 문제가 생기면 어떻게든 해결하면 되기 때문이다. 대신 가기 전에 계획을 완벽하게 짜야 한다. 일본에 가서 했던 일본어는 "1일 이용권 주세요(이치니치 죠샤켄 쿠다사이)." 이 한마디뿐이었다. 이때의 기억은 여전히 좋은 추억으로 남아 있다. 첫째를 출산할 때 의사 선생님은 행복했던 기억을 떠올리라고 했다. 나는 이때를 생각하며 아이를 낳았다. 여행은 기분전환을 시켜 주고 추억을 남긴다. 우리는 이 추억을 힘들 때 꺼내 본다.

나는 유럽을 한 번도 가 보지 못했다. 그래서 유럽에 가서 한 달간 살고 싶다. 기회가 된다면 1년간 살아 보고 싶다. 어떤 새로운 일들이 일어날지 기대된다. 어떤 새로운 사람들을 만나게 될지 궁금하다. 새로운 음식은 어떤 맛일지 그 속에는 어떤 문화가 스며들어 있을지 기대된다. 유럽의 문화를 체험하고 그런 느낌들을 글로 쓸 것이다.

결혼 전에는 친구들과 여행 다니는 것을 좋아했다. 고등학교 때의 친한 친구 2명과 2만 원씩 곗돈을 모으는 여행 계를 했다. 완벽하게 계획을 짜고 부산의 호텔을 잡았다. 바닷가가 내려다보이는 곳에서 제일 맛있는 음식을 먹었다. 유람선도 타 보고 재미있게 여행했다. 그 외에 남이섬을 가 보기도 하고 강릉의 해수욕장에도 함께 갔다. 제주도에 가서는 렌터카를 빌렸다. 무작정 지나가다가 풍경 좋은 곳에 주차했다. 그러곤 즉흥적으로 관광지를 둘러보았다. 이때의 기억들은 여전히 인생에서 행복한 추억으로 남아 있다.

30대가 되고 각자의 가정이 생기고 일이 바쁘다 보니 이제 여행을 함께 가는 건 힘들어졌다. 아직도 고등학교 친구들과 2만 원짜리 계를 하고 있는데 최근에는 돈이 많이 쌓여서 각자 100만 원씩 나눠 가졌다. 조금 여유가 생기면 아이들과 친구들과 함께 여행을 가고 싶다.

나는 내가 가르치는 학생들에게도 여행을 많이 하라고 추천한다. 요즘 학생들은 돈이 없다는 이유로, 삶이 바쁘다는 핑계로 여행 가는 것을 꺼려하는 것 같다. '여행을 가려고 하는 열정'도 없어 보인다. 새로운 것을 체험하고 눈으로 보는 경험은 소중하다. 좋은 곳이 많지만 나는 언젠가는 유럽을 꼭 가 보고 싶다. 패키지여행이 아닌 직접 기획하고 여유를 느낄 수 있는 자유여행으로 말이다.

PART 12

40세 되기 전
1조 원 자산가 되기

- 최 현 종 -

최현종 중학생, 자기계발 작가

2004년 3월 21일생으로, 미래의 사업가를 그리며 꿈을 실행하기 위해 노력하고 있다. 현재 조원중학교 2학년 재학 중이다.

Email tennin7244@gmail.com   C·P 010.9053.7069

01

10만 명 앞에서 공연하기

최근 세계적으로 버스킹 문화가 많아졌다. 공연을 하는 사람들은 관객들에게 즐거움을 주기도 하지만 나는 다른 의미가 있다고 생각한다. 강의는 나의 생각과 의견을 전달하고 청중들의 공감을 끌어내는, 돈을 버는 수단이라고 생각한다. 하지만 공연은 자신의 재능을 보여 주는 무대다.

강의 같은 경우는 자신의 모습을 직접적으로 보여 준다. 우리 아빠도 강의를 한다. 사람들은 아빠의 강의를 보면 공격적이라 생각할 것이다. 직설적으로 말하기 때문이다. 그래서 직설적인 사람들은 아빠 강의를 좋아한다. 아빠의 직설적인 행동이 공감되기에 그런 것이다.

강의는 직접적으로 강연자의 모습을 보여 준다. 이렇게 사람들에게 직접적으로 나를 표현하는 방법이 있는 반면 간접적으로 표현하는 방법도 있다. 공연이 그러하다. 공연에는 공연하는 사람의 목적이 있다. 관객들은 그것을 구경하는 사람들이다. 결국 관객들을 통해 나를 스스로 평가해야 한다.

사람들이 자신을 보여 주는 무대가 두 가지가 있는데 왜 나는 공연을 선택했을까? 왜냐하면 더 많은 대중들 앞에 설 수 있기 때문이다. 난 큰 꿈을 가진 사람이다. 그러므로 10만 명이 넘는 사람들 앞에서도 당당하게 나를 표현해야 한다. 그러기 위해서 말로 하는 강의보다는 사람들의 흥을 돋울 수 있는 헤비메탈을 하고 싶다.

내가 좋아하는 가수는 퀸(Queen)의 프레디 머큐리다. 1973년에 데뷔한 영국의 록 밴드의 보컬이다. 대표적인 노래로 〈보헤미안 랩소디(bohemian rhapsody)〉와 〈돈 스톱 미 나우(Don't stop me now)〉 등이 있다. 내가 프레디 머큐리를 좋아하는 이유는 관객들을 조종할 줄 알기 때문이다.

1985년 런던 공연 영상을 보면 그는 〈라디오 가가(radio gaga)〉를 부르기 전에 1만 명이 넘는 사람들 앞에서 소리를 지른다. 그러면 관객들도 다 같이 그처럼 소리를 지른다. 꼭 그가 관객을 조련하는 것처럼. 그렇게 많은 이들 앞에서 당당하게 공연하기 위해 그는 엄청 노력했을 것이다. 내가 공연을 하고 싶은 이유도 프레디 머큐리처럼 관객들의 호응을 끌어내고 싶어서다. 내가 가장 원하는 꿈은 사업가다. 하지만 나는 많은 대중들 앞에서 나의 새로운 모습을 보여 주고 싶다.

한편, 내 친구는 래퍼가 되겠다고 준비 중이다. 그 친구는 초등학교를 다닐 때부터 힙합 음악을 좋아했다. 그래서 항상 힙합 음악만 부르고 다녔다. 친구는 나와 제일 친한 친구였다. 나는 친구를 항상 긍정적으로 보았다. 하지만 학교 선생님들은 친구를 매우 부정적으로 보았다.

"야, 네가 무슨 랩을 한다고 그래. 이미 늦었어. 공부나 잘해. 래퍼가 되려면 예술중학교에 갈 준비를 해야지. 대책도 없으면서 그래. 한심한 녀석."

선생님들은 친구에게 이렇게 말했다. 이건 내가 6학년 때 친구 옆에서 직접 들은 이야기다. 나에게는 매우 충격적인 일이었다. 꿈을 가지고 있는 사람에게 그 꿈을 부정적으로 이야기하는 것은 그 사람의 인생을 망치는 일이다. 그때 나는 긍정적으로 인생을 살려고 노력하고 있었다. 그래서인지 그 친구가 매우 걱정되었다. 하지만 친구는 아랑곳하지 않고 계속 랩을 연습해 왔다.

친구는 꾸준히 노력해 10월에 서울에서 공연을 한다. 나는 친구가 공연을 하게 되었다고 말했을 때 '원한다면 못 이뤄 낼 게 없구나' 하고 생각했다. 친구의 이야기는 내 삶에 가장 큰 긍정적인 원동력이 되었다. 난 내 친구의 이야기를 들으며 깨닫게 되었다. 원하는 게 있으면 언제든지 이룰 수 있다는 것을. 그리고 부정적으로 행동하는 것보다 긍정적으로 행동해야 더 원하는 걸 얻을 수 있다는 것을.

최근에 새로운 고민거리가 생겼다. 아프리카 대사업을 꿈꾸는 내게 방해거리가 생긴 것이다. 바로 군 문제다. 나는 대학 전공을 경영학 쪽으로 정했다. 그리고 대학생이 되어서도 공부만 하는 것이 아니라 나의 사업을 위해서 아프리카로 견학도 갔다 올 것이다. 그래서 아프리카에 정착하면 건축회사부터 세울 것이다. 그러려면 시간이 생명이다. 내 계획이 다 짜여 있는데 중간에 군대에 다녀온다는 것은 아주 큰 손실이다. 그래서 나는 만 18세 이상이 되면 바로 군 복무부터 할 예정이다.

최근에 즐겨 보는 유튜브에서 어떤 사람이 이렇게 말했다. 돈은 생물이라고. 내가 돈을 사랑하고 연인처럼 대하면 돈도 나를 좋아한다고. 좋아하는 사람들끼리는 서로 붙어 다닌다. 돈도 똑같다. 내가 돈을 좋아해 주고 곱게 대해 주면 돈도 나를 좋아하게 된다. 이것이 '끌어당김의 법칙'이다.

난 그 사람의 영상을 보고 바로 실천했다. 주머니에서 동전들을 발견하고 "고마워요. 감사합니다. 그동안 발견 못해서 죄송합니다."라고 동전에게 말했다. 그리고 저금통에 동전을 넣었다. 그런데 다음 날 집에 오는 길에 친구 중 한 명이 500원만 빌려 달라고 했다. 나는 돈을 사랑하기 때문에 다른 주인도 만나 보라고 친구에게 500원을 주려고 했다. 하지만 1만 원밖에 없어 1만 원짜리 지폐

보물지도 15

를 주었다. 그런데 그다음 날 친구가 어제 고마웠다고 1만 원에다가 2,000원을 얹어 주었다. 나는 이게 무슨 일인가 싶었다. 내가 돈을 끌어당긴 것이다.

두 번째로 방 청소 도중 100원짜리들을 치우면서 "감사합니다, 고마워요."라고 외쳤다. 그러면서 침대 밑을 정리하는데 5,000원짜리 지폐가 나왔다. 이번에도 내가 돈을 끌어당긴 것이다. 이렇게 내가 간절히 돈을 좋아하면 돈도 나를 좋아하게 되어서 돈이 나한테 붙는다. 그러므로 우리가 돈을 얻고 싶다면 돈을 비판하지 말아야 한다. 이제 내가 돈에게 하는 두 가지 말이 있다. 바로 다음과 같다.

"제 옆에 있어서 감사합니다."
"아주 멋진 곳에 당신을 사용하겠습니다."

이렇게 말하면서 돈을 나한테로 끌어당겨야 한다. 돈이 없는 가난한 사람들은 가난할 수밖에 없는 이유가 있다. 가난하다 보니 돈을 비판적으로 말하기 때문이다. 대표적인 말로는 "사회로부터 차별받는 이유는 다 돈 때문이야.", "돈 때문에 인간관계를 모두 잃었어." 등이 있다.

당연히 돈보다는 인간관계가 중요하다. 그러나 인간관계가 잠깐 틀어졌을 뿐인데 돈 문제부터 이야기하니 돈이 나를 싫어할 수밖에 없다. 그런 만큼 가난한 사람들에게는 부자들이 부정적으로 보인다. 결국 돈을 부정적인 것으로 치부해 나 스스로가 돈을 밀어 버리게 된다. 돈을 모으고 싶으면 돈에게 감사해야 한다.

나는 버킷리스트 세 가지를 다 작성한 후에 나의 목표를 정해 보았다. 버킷리스트 세 가지를 다 이룬 후에 나 스스로 몰락해 버릴 수 있어서다. 미리 목표를 정해 놓아서 나쁠 것은 없다. 버킷리스트를 끝낸 후의 목표를 '엔드스타트'라 이름 지었다. 버킷리스트가 끝난 후의 최초의 목표이기 때문이다. 엔드스타트에는 다음의 총 세 가지가 있다.

첫째, 미국식 아침식사하기
둘째, 전용기 활주로 세우기
셋째, 내 이름으로 된 빌딩 건축하기

앞의 꿈 리스트가 큰 꿈에 관한 것이라면 이것은 내가 물질적인 면에서 원하는 작은 꿈 리스트다. 내가 원하는 걸 미리 정해 놓아서 나에 대해 더 신뢰할 수 있고 나의 최종 목표에 대해서도 정확히 알 수 있다.

내가 즐겨 보는 유튜브 채널에서 이런 말이 나왔다. "긍정적인 사람들끼리 어울리면 더욱 긍정적이 되고 부정적인 사람들끼리 모이면 더욱 부정적이 된다." 나도 한때는 매우 부정적으로 살았다. 언제나 남을 비판하기만 했다. 그런데 나의 부모님이 사업을 시작하면서 나도 점점 긍정적인 사람이 된 것 같다. 생각해 보니 내 주변에 부정적인 사람들이 매우 많았던 것 같다. 부모님이 사업을 시작하면서 긍정적으로 바뀐 나를 보면, 긍정적이든 부정적이든 어떤 사람 근처에 있는지에 따라 영향을 많이 받는다는 것을 알 수 있다. 나는 지금의 긍정적인 마음을 지속시켜서 나뿐만이 아니라 10만 명 앞에서 공연하면서 많은 사람들에게 긍정적인 기운을 나눠주고 싶다.

02

40세 되기 전에 1조 원 가져보기

　　나는 늙으면 할 수 있는 게 더 없어진다고 생각한다. 100세 인생이기 때문에 젊을 때 돈을 많이 벌고 나이 들어서 소비해야 한다고 주장하는 사람들이 많다. 하지만 나는 그 생각에 반대한다. 왜냐하면 늙으면 사람이 할 수 있는 소비 활동에 한계가 있기 때문이다. 예를 들어, 격투기나 푸드파이터 같은 스포츠들을 늙어서 하면 신체적 소모가 많다.

　　난 나이 먹어 오래도록 하는 소비 생활보다 젊을 때의 더 많은 소비 생활하는 것을 추구한다. 80대 할아버지가 스포츠카를 타고 강남에 가서 여성에게 프러포즈를 한다고 생각해 보자. 여성들이 넘어올까? 80대 할아버지들은 대부분 대머리다. 여자들은 대머리를 싫어한다. 그래서 스포츠카를 타고 강남에 가더라도 여자의 마음에 들기 어렵다. 만약 20대 남자가 스포츠카를 타고 강남에 가서 여성에게 프러포즈를 한다면 과연 넘어올까? 아마 대부분의 여성들의 마음을 얻을 수 있을 것이다.

이처럼 나이를 먹으면 원하는 소비 생활도 어려워진다. 만약 이건희 회장이 축구하는 것을 좋아한다고 가정해 보자. 나이가 든 이건희 회장은 축구를 좋아해도 축구를 잘 못한다. 이건희 회장은 돈은 있는데 결국 자신이 원하는 것을 이뤄 내지 못한다. 체력이 받쳐주지 못하기 때문이다. 얼마나 슬픈 현실인가. 이는 시기에 맞는 소비가 꼭 필요한 이유다.

나는 젊음이 주어진 지금 15세부터 40세가 되기 전까지 1조 원을 가질 것이다. 40세 전에 1조 원을 가지면 내가 할 수 있는 소비의 범위가 늘어나게 된다. 그러므로 늙은 후가 아니라 젊을 때 1조 원을 모을 것이다.

나는 항상 생각한다. 어떻게 하면 돈을 모을지, 어떻게 하면 명예를 얻을 수 있을지. 이런 생각을 하루 종일 한다. 하지만 이런 생각들을 하다 보면 정신적으로 많이 고통스럽다. 그래서 나는 내가 원하는 일을 먼저 찾기로 했다. 나는 회사의 회장이 되고 싶다. 그리고 로커가 되고 싶다.

이렇게 내가 원하는 일을 정하니 '이 일을 어떻게 잘할 수 있을까?'라고 생각하게 된다. 그리고 이런 생각을 할 때면 마음이 편안해지는 것을 느낀다. 난 회장이 되어 1조 원을 모을 때까지 회사 건

립부터 로드맵을 그려 놓았다. 나의 롤모델은 트럼프다. 트럼프는 미국에서 욕을 많이 먹는 사람 중 하나다. 그렇지만 트럼프는 그 누구 앞에서도 당당하며 자신을 낮추지 않는다. 이익을 위해서 무엇이든지 해내는 모습은 인상적이다. 트럼프는 자신의 아버지가 준 10억 원을 사업을 통해 3.5조 원으로 부풀렸다. 이런 멋진 사업을 해내고 싶기 때문에 내겐 트럼프가 롤모델인 것이다.

나는 서른 살에 1억 원이 든 통장을 만들 것이다. 그리고 그것을 1,000배로 부풀려 1조 원을 만들 것이다. 10년 동안 나는 아프리카에서 사업을 할 것이다. 아프리카는 아직 도시화가 많이 되어 있지 않다. 그래서 원래 지형이 사막이었던 아랍 국가들처럼 아프리카를 도시화해 많은 투자가들을 끌어들일 것이다. 그리고 대형 문화재를 만들 것이다. 미국의 할리우드 같은 명물을 만들어 돈을 벌 것이다.

아프리카는 사람이 살기 좋은 지역이 아니다. 그런 만큼 싼 인건비와 싼 땅을 이용해 건축회사를 설립할 것이다. 일단 내가 모은 1억 원 중에서 5,000만 원으로 아프리카 동부지역에 엄청난 랜드마크를 지을 것이다. 나머지 5,000만 원으로는 회사를 설립하고 땅을 구매할 것이다. 그러곤 건축회사를 설립해 그 지역 주민들에게 일자리를 주고 그 지역 가치를 높일 것이다. 내가 세운 건축회사가 건물을 세우면 그 지역은 발전할 것이다. 그렇게 지역의 가치를 올리고 더 많은 건물을 세워 돈을 벌 것이다. 그다음에 아프리카 동부에 많은 건축회사들을 세워 다른 지역들도 도시화시킬 것이다.

사람들은 물을 것이다. 치안도 안 좋고 덥고 살기 힘든 곳인데 왜 하필 아프리카 대륙에서 사업을 하려 하냐고. 그러면 나는 이렇게 대답할 것이다. 그 지역은 인건비가 매우 저렴하고 동부 지역에는 바로 바다가 연결되어 식량을 확보할 수 있다. 그리고 바다가 있는 만큼 좋은 경치를 보러 사람들이 많이 찾아올 수 있다. 때문에 아프리카 동부 지역을 선택하려 한다고.

나는 사람들의 편견을 깨고 이 사업을 펼칠 것이다. 그리고 이 사업을 통해 모은 자금으로 아프리카에서 새로운 스포츠 산업을 펼칠 것이다. 우리나라의 KBO야구협회처럼 아프리카에 새로운 스포츠 리그를 만들 것이다. 만약 다른 사람들이 나의 꿈을 허영에 불과하다고 말하더라도 나는 이 꿈을 이루어 낼 것이다.

내가 이렇게까지 돈을 악착같이 벌고 싶은 이유가 있다. 재벌 2세들을 보면 그들은 단지 부자 부모 아래 태어났을 뿐인데 나보다 더 많은 것을 가지고 더 많은 것을 누린다. 난 그런 사람들처럼 많은 것을 누리고 싶다. 그래서 더욱 1조 원을 가지고 싶은 것이다. 나는 15년을 살아왔다. 꿈을 이루려면 25년 뒤에 1조 원을 만들어야 한다. 그러니 지금 빨리 도전해야 한다.

나는 이런 내 꿈을 이뤄 내기 위해 어떻게 해야 할지 고민이다.

내가 하고 싶은 일은 있는데 그 일에 가까워지는 것이 힘든 것 같다. 사업을 하려면 경영학과에 들어가야 한다. 그러면 공부를 해야 한다. 그런데 지금 사업에 대한 경험을 먼저 쌓아야 할지, 대학에서 경영학을 먼저 공부해야 할지 고민이다. 내 꿈을 준비하는 과정에 대한 고민이다. 내 친구들은 내 꿈이 다 거짓이라 한다. 나는 그런 말을 들으면 힘이 빠진다. 하지만 난 이런 말들이 내가 이겨 내야 할 문제라고 생각한다.

지금부터 마흔 살까지 내 꿈을 이루어 내려면 25년밖에 안 남았다. 그래서 이런 생각들을 많이 하는 것 같다. 나는 나름 내 꿈을 이룰 수 있는 방법도 알고 있다. 지금 학생 신분이라서 한계가 있긴 하지만 바로 소인 창업을 하는 것이다. 학생 신분으로는 공부도 중요하겠지만 나의 꿈을 위해서 꼭 필요한 도전이다. 왜냐하면 내가 나중에 아프리카에서 대사업을 펼칠 때 분명 처음부터 승승장구하지는 않을 것이기 때문이다. 분명 한계점이 있고 실패를 한 번이라도 겪게 될 것이다. 그런데 소인 창업을 하고 먼저 실패를 겪어 본다면 나 스스로가 더욱 견고해질 것이다. 그래서 나중에 더욱 빨리 일할 수 있도록 지금 나이 때에 꼭 경험해 보고 싶다.

내가 생각하는 소인 창업은 내가 사는 아파트 단지에서 행사를 열어 아파트 주민들에게 즐거운 시간을 만들어 주는 것이다. 그렇게 해서 주민들이 지갑을 열도록 하는 것이다. 예를 들어, 아파트 호수에서 행사를 연다. 많은 주민들을 초청한다. 공연을 열어 주민들이 더 오도록 만든다. 주민들에게 공짜 음식 표를 준다. 주민들의 시선을 끈다. 1인분은 공짜로 주는 대신 2인분부터는 돈을 내고 사 먹어야 하고 음료수도 유료다. 이때 적절하게 투자해서 1원이라도 이익을 낼 것이다. 이런 아주 가벼운 일을 지금 10대 때에 겪어 보고 미래의 실패에 대한 두려움을 이겨 낼 것이다. 그러면 미래에는 성공에 가까워질 것이다.

내가 왜 이렇게 남보다 큰 스케일로 일하고 싶은지 이유를 들자면 두 가지가 있다. 우리 집안은 대대로 잘나간다. 아빠는 한의사, 고모부들은 교수, 의사, 회사 간부, 장군, 사장들이다. 그리고 사촌 형제들도 대부분 서울에 있는 좋은 대학교에 다닌다. 그래서 내가 꿈을 작게 가지면 스스로 너무 비참해진다. 또한 나의 할머니는 나에 대해 커다란 믿음을 갖고 계신다. 때문에 나는 더욱 계획한 일을 해야겠다고 결심했다.

두 번째로 나는 초등학교를 다니면서 선생님들로 인해 너무 고된 시간을 보냈다. 한 사건을 예로 들자면 초등학교 3학년 때의 일이다. 내가 다니던 초등학교는 사립 초등학교였다. 그래서 엄마들의 힘이 매우 강했고 엄마들의 입이 매우 가벼웠다. 나는 반에서 유독 튀는 걸 좋아했고 도전정신이 매우 강했다. 그렇지만 담임 선생님은 나의 성격과 정반대였다. 그래서 충돌이 매우 잦았다. 그때 수학 시험을 보게 되었는데 선생님이 엄마께 시험 점수 보여드리고 사인을 받아 오라고 했다.

그런데 선생님이 체크한 내 시험지 중 한 문제에 이상이 있었다. 나는 선생님께 잘못 체크했다고 했다. 그러나 선생님은 "네가 집에서 고쳐 왔지. 사실대로 말해. 어디서 그런 거 배웠어."라고 말했다. 나는 끝까지 부정했지만 당시에는 선생님의 힘이 매우 커서 결국 누명을 쓰게 되었다. 그러곤 '시험지 베낀 놈'이라는 명칭을 얻게 되었다. 그런데 한 아이가 이 일을 자기 엄마한테 알렸다. 다음 날이 되니 학교 전체에 소문이 퍼졌고 "최현종은 나쁜 새끼"라는 말이 돌았다.

이 일은 당시 사립 초등학교를 다녔던 나에게는 매우 큰 사건이었다. 학년이 올라갈 때마다 담임 선생님들은 이 이야기를 하며 항상 나를 혼냈다. 그리고 5학년 때 담임 선생님이 말했다. "너희 엄마가 그렇게 가르쳤니?"라고. 나는 이 말을 듣고 내가 이 학교의 졸업생들 중에서 가장 잘난 사람이 되리라 다짐했다. 이게 내가 꿈을 이뤄야하는 가장 큰 동기다.

지금 나는 꿈에 대한 글을 쓰고 있다. 나의 꿈에 더 가까워지고 목표를 꼭 이룰 수 있다는 자신감이 든다. 바로 '꿈은 반드시 이루어진다'라는 강한 확신이다. 머릿속으로만 생각했던 '40세 되기 전에 1조 원 가져보기'가 실제로 이루어질 수 있음을 믿는다.

유튜브 영상 조회 수 10억 뷰 찍기

요즘은 휴대전화로 대부분의 일을 해결할 수 있는 시대다. 예를 들어, 휴대전화로 내가 원하는 정보를 즉각 찾을 수 있고 연락하고 싶은 사람에게 바로 연락도 가능하다. 심지어 휴대전화로 문서 작업까지 한다.

내가 원하는 영상을 보다 보면 세상이 어떻게 돌아가는지 알 수 있다. 옛날 상황을 실감나게 알 수도 있다. 이런 유튜브 세계에서 일어나는 대부분의 일들을 알 수 있는 시대에 조회 수 10억 뷰를 찍는다는 것은 내가 그만큼 발전했다는 증거다. 때문에 나는 꼭 10억 뷰를 찍으려고 한다.

아직 내 유튜브 영상은 없다. 하지만 나는 사업가 유튜브 영상 조회 수 10억 뷰를 찍을 것이다. 내가 이토록 유튜브 영상에 집착하는 이유는 어린 세대들이 대부분 유튜브를 통해서 사회를 접하기 때문이다. 그들이 나에 대해 알아야 나의 미래도 바뀔 것이기 때문에 나는 유튜브 조회 수 10억 뷰에 강한 애착을 갖는 것이다.

나의 꿈이 유튜버는 아니다. 하지만 유튜브는 나의 꿈을 실현하기 위한 하나의 발전과정으로, 내 모습을 뒤돌아볼 수 있고 대중들이 나를 볼 수 있는 좋은 시스템이다. 그런 만큼 나는 유튜브를 잘 이용할 것이다. 지금 많은 크리에이터들이 영상을 제작해 유튜브에 올리고 있다. 그들이 '조회 수'를 올리거나 '구독'과 '좋아요'를 얻는 방법은 다양하다. 재미있는 영상을 올리거나 사람들의 시선을 끌거나 좋아하는 영상으로 조회 수나 좋아요, 구독을 얻는다.

내가 유튜브를 한다면 나는 사람들에게 나의 꿈을 전달하고 싶다. 사업할 때 내가 그 사업을 가지고만 돈을 벌려 하면 한계가 있다. 돈이 들어오는 다른 루트를 만들어야 나의 최종 꿈인 '40세 되기 전에 1조 원 자산가 되기'의 기반을 다질 수 있다. 이 꿈을 이루겠다는 다짐을 하게 한 사건이 하나 있었다.

내가 좋아하는 그룹 퀸의 노래 중에서 〈보헤미안 랩소디〉는 유튜브 조회 수 5억 뷰를 찍었다. 단지 프레디 머큐리의 노래 하나가 유튜브에 올라갔을 뿐인데 퀸이라는 브랜드의 가치가 5억 뷰를 찍게 해준 것이다. 이렇게 그 사람의 가치가 뛰어날수록 유튜브에 영상을 올리면 조회 수가 어마어마해진다. 때문에 난 큰 가치를 가지는 사람이 되고 싶다.

유튜브에 뛰어든 대부분의 사람들의 영상기록은 사이버상에 남아 있다. 때문에 미래에도 내가 전에 했던 일을 알고 다시 바꿀 수도 있다. 내가 유튜브에 올리고 싶은 영상은 '내가 아프리카에 가서 직접 그 현장의 모습을 찍고 이런 과정을 거쳤다'라고 알리는 영상이다. 거래상이나 건물을 세우는 도중의 현장을 담아 '돈을 버는 법'이라고 올리는 것이다. 그렇게 생물 같은 돈을 쉽게 버는 과정을 보여 주며 대중들의 관심을 끌 것이다.

최근에는 사이버 세계의 긍정적인 힘이 현실세계보다 사람들을 더 현실화시키고 있다. 이는 나에 대해 긍정적인 마인드를 심어 줄 수 있다. 그러면 대중들의 신뢰를 얻고 신비주의가 생겨날 것이다. 그런 과정에서 나에게 투자하는 이는 내가 사업을 하는 데 더욱 필요한 요소가 될 것이다.

나는 지금 중학교에 다니고 있다. 그런데 학교에도 엄연한 계급이 있다. 세 가지 정도로 분류되는데 1등급부터 3등급으로 나누면, 3등급 애들 같은 경우는 학교에 친구가 없다. 그래서 자신만의 아이디어를 가지고 있어도 다른 사람들이 신뢰하지 않기 때문에 절대 사업하는 데는 필요치 않다. 2등급 같은 경우 친구들은 있으나 학교 밖을 중시하는 애들이다. 즉, 학교 안에서는 지휘권이 하나도 없다는 말과 비슷하다. 1등급은 학교 중심에 속하는 애들이다. 즉, 리더라는 이야기다.

여기에서 3등급 아이들은 절대 자신만의 이야기를 펼칠 수 없다. 남의 이야기도 들을 수 없다. 결국 카페 같은 데서 다른 사람들이 이야기하는 내용을 들으며 최근 유행하는 것들에 대해서 알 수 있다. 2등급은 친구들이 있어 남의 이야기를 듣고 알 순 있지만 학교에서의 중심 내용은 모른다. 결국 새로운 내용을 찾아야 한다. 1등급 같은 경우, 학교의 중심축이 된다. 그래서 항상 새로운 아이디어가 필요하다. 이런 이들은 학교에만 있는 게 아니고 사회에도 있을 것이다.

이들의 공통점은 모두 새롭고 기발한 아이디어를 필요로 한다는 것이다. 참고 영상이 많은 유튜브가 필요하다는 것이다. 대부분의 사람들은 체험 영상을 유튜브에서 찾는다. 그러니 새로운 방법을 찾는 수단으로 나의 영상을 볼 것이다. 그러면 새로운 공감을 받아 나의 가치가 더욱 뛰어오를 것이다. 이것이 내가 유튜브에서 성공하고 싶은 이유다.

유튜브 조회 수 10억 뷰를 만드는 것은 나의 사업적 가치를 증명하는 것 말고 나의 다른 돈줄 샘이 될 수 있다. 유명 유튜버들은 광고 협찬을 받아 돈을 번다. 그런데 영상 하나당 몇백만 원씩 하니 얼마나 쉽게 돈을 벌 수 있는 방법인가. 사업을 위한 밑바탕을 깔아야 하기 때문에 나에게는 아주 유용한 방법이다.

대부분의 사람들은 이렇게 얘기한다. "현실적인 공간이 아닌 실제로 존재하지 않는 공간에서 너의 모습을 보여 주는 것은 도덕적이지 않아. 서로 직접 만나 교류하고 이야기해야 진정한 인간다운 삶이야!"라고. 우리 학교 도덕 선생님도 이렇게 말했다. 나는 이렇게 대꾸하고 싶었다. "멀리 있는 사람들에게 나의 모습을 보여 줘야 내가 전 세계적으로 알려질 것 같다. 그래야 나에 대한 신뢰가 쌓여 내 미래에 꼭 도움이 될 것 같다." 하지만 이렇게 도덕 선생님한테 얘기하면 "뒤에 나가 서 있어."라며 벌만 주었을 것이다.

나는 긍정적 마인드를 가지지 않은 그런 사람들은 나에게 손해가 된다고 생각했다. 그래서 나는 도덕 선생님을 '드림 킬러'로 정했다. 지금도 계속 멀리하고 있다. 이 나라에서 학생들이 사회가 필요로 하는 존재가 되어야 한다고 말한다. 하지만 학생들의 꿈을 짓밟는 드림 킬러가 있다면, 학생들이 꿈을 펼치기도 전에 지고 마는 악순환이 반복될 것이다.

나에게 있어 최악의 꿈은 직장인, 공무원이 되려는 것이다. 이런 내 말에 사람들은 의문을 가질 것이다. '월급 또박또박 나오고 퇴직금 받고 연금도 받는데 왜 가장 최악의 꿈일까?' 왜냐하면 꿈이 한정적이기 때문이다.

서른 살에 취직에 성공하거나 공무원이 되었다 생각해 보자. 공무원은 예순 살이 되면 퇴직해야 한다. 30년 동안 모은 돈은 약 10억 원밖에 안 된다. 아파트 한 채 값이다. 그리고 식비와 생활비를 빼면 거의 남는 게 없다. 연금을 받을 수 있으니 좋지 않으냐고 말할 수도 있을 것이다. 하지만 이미 늙어 버린 예순 살 이후에 그 돈은 생활비밖에 안 된다. 대기업에 취직한다 해도 예순 살 이전에 해고당할 수 있다. 그러니 모은 돈도 한계가 있어 자유롭지 못한 인생을 살게 된다.

난 특별한 인생을 살고 싶다. 회사원들처럼 매일매일 열심히 일하는 사람이 아니라, 월급만 받는 사람이 아니라, 진정 내가 원하는 삶을 얻고 싶다. 공무원이나 회사원 같은 직업을 택하면 모든 것을 바쳐 일했는데 남는 것은 퇴직금 조금이다. 그리고 결정적으로 몸이 만신창이가 되어서 나오게 된다. 우리나라에는 그런 사람들이 많다. 그래서 나는 나의 성과에 따라 돈을 벌 수 있는 사업을 할 것이다.

나에게는 '내가 좋아하는 일을 할 것'이라는 신념이 있다. 아무리 돈을 많이 주는 일이 있어도 내가 좋아하지 않는다면 좋은 성과를 낼 수 없다. 좋아하는 일을 하면 열정이 생겨 성과를 2배 더 낼 수 있다. 나는 아직 중학교 2학년이지만 이 신념을 지켜 큰일을 이룬 적이 있었다.

나는 영어를 매우 싫어한다. 다른 과목들은 어지간히 점수를 받는 데 비해 영어는 문제 풀기를 유독 싫어해 점수가 잘 나오지 않았다. 평소 나는 테스트하는 것을 좋아한다. 그래서 나는 이 특성을 활용해 영어 문제를 테스트하듯 풀어 보았다. 그랬더니 내가 좋아하는 일인 만큼 집중도 더 잘되고 중간고사 시험도 잘 보게 되었다. 이렇듯 자신의 신념을 잘 활용하면 매우 좋은 성과를 얻을 수 있다. 이 신념을 지키며 나는 나의 사업을 하면 큰돈을 벌 수 있다고 생각한다. 더불어 나는 나의 가치를 높여 '유튜브 영상 조회 수 10억 뷰 찍기'를 이루어 낼 것이다.

PART 13

세계적인
자아성장 코치 되기

- 구 지 은 -

구지은 심리 상담사, 자아성장 코치, 사회복지사, 중독전문상담사, 자기계발 작가, 동기부여가

현재는 국가기관의 센터에서 제조업 노동자들 및 감정 노동자들의 직무 스트레스 상담과 산재 트라우마 상담 및 교육을 진행하고 있다. 앞으로는 작가이자 자아성장 코치라는 가슴 설레게 하는 꿈을 그리며 이 세상의 모든 불안한 사람들을 대상으로 상담활동을 하고자 한다. 저서로는 《139유형으로 대비하는 직업상담사 핵심분석》, 《내 인생을 바꾼 책 쓰기의 힘》이 있으며, 현재 '현대인의 불안'을 주제로 개인저서를 집필 중이다.

Blog blog.naver.com/tex_queen   C·P 010.3248.7949

01

내적 성장을 도울 수 있는
강연가 되기

"안녕하세요? 저는 A센터에서 심리 상담사로 일하고 있는 구지은입니다."

내가 요즘 강의할 때 나를 소개하는 첫마디다. 나는 심리 상담사다. 그리고 이 일이 나는 정말 좋다. 좀 더 자세하게 말하면, 심리적 병리증상을 가지고 있는 사람들을 대상으로 치료 상담을 하는 것보다 일반인들의 심리적 건강을 유지시켜 주는 예방적 차원의 교육이 더 좋다는 것이다.

실제 내가 다니고 있는 센터는 치료기관이 아니다. 건강을 향상시키거나 유지시키기 위한 예방적 차원의 업무를 주로 하는 곳이다. 때문에 교육을 하는 일이 전체 일의 절반 정도가 된다. 나의 지식과 경험을 필요한 누군가에게 이야기해 주는 일. 이 일이야말로

'나의 천직이구나!' 생각하며 즐겁게 일하고 있다.

　이 일을 찾을 때까지 나는 참 많은 시간을 거쳐 돌아왔다. 나는 고등학생 때 국어보다는 수학이 조금 더 재미있다는 이유로 이과를 갔다. 이과계열에서 가장 공부 잘하는 애들이 가는 의대는 공부에 특별히 두각을 나타내지 않은 나와는 관계없는 분야였다. 때문에 나는 취업이 잘된다는 공대에 들어갔다.

　'이과'에 '공대'. 헛발질해 가며 고군분투한 내 인생의 최악의 선택이 바로 이 어이없는 결정이었다. 문·이과 중 그리고 학과를 선택하는 것이 내 인생에서 이렇게 중요할 줄 알았더라면 정말 신중하게 선택했을 것이다. 그런데 그 당시 별 대수롭지 않게 뽑은 선택들이 나의 20대를 정말 힘들게 만들었다는 것을 지금에서야 알게 되었다.

　정해진 틀에 갇힌 채 오로지 입시 준비만 해야 했던 고등학교 3년은 나에겐 지옥이었다. 너무나 고통스러웠기 때문에, 좀 더 상위권 대학에 가지 못한 다소 아쉬운 마음도 고등학교 졸업장을 위안 삼아 이겨 낼 수 있었다. 서울 안의 대학에 들어간 것만으로도 감지덕지했다. 나는 무조건 '캠퍼스의 낭만'을 즐기기 위한 준비 태세에 들어갔다. 신입생 오리엔테이션 때 보여 줄 노래와 간단한 춤도 준비했다. 그리고 그 덕에 나는 학과와 동아리에서 나름 즐겁고 유쾌한 동기, 후배로 관심을 받았다. 잔디밭에 앉아 기타를 치면서 노래를 부르고, 농활도 다니고, 학과 단체미팅, 개인 소개팅, 대학생 연합활동 등을 가리지 않고 했다. 나의 대학 1학년은 말 그대로 꿈처럼 달콤한 낭만시대였다.

하지만 그 낭만은 오래 지속되지 못했다. 대학 1학년 말에 IMF가 터졌기 때문이다. 2학년 개강하고 나서부터 캠퍼스의 분위기는 이전과 완전히 달라져 있었다. 선배들은 모두 자격증을 준비한다며 도서관에 틀어박혔다. 같이 춤추고 노래 불렀던 동기들은 아버지의 사업이 휘청거려 장학금이라도 받아야 한다며 학점 높이기에 열을 올렸다.

그래서 나도 낭만적인 대학생활을 접고 또다시 입시 준비하듯 공부를 하기 시작했다. 그러면서 알았다. 공학계열의 전공이 나와 맞지 않는다는 것을. 다른 동기들이나 선후배들은 쉽게 이해하는 내용을 밤새우며 공부해도 나의 머릿속에는 들어오지 않았다. 그 당시 나는 이렇게 자책했다. '난 왜 이리 머리가 나쁘지?', '내 노력이 부족한가?' 자존감이 바닥에 떨어졌다.

내가 졸업할 즈음에 사회 분위기나 취업시장은 더 나빠졌다. 취업 못한 선배들까지도 우리 학번의 경쟁 상대였기 때문에 나의 바닥난 자존감으론 그 벽을 이길 수 없었다. 그래서 선택한 도피성 대학원 공부. 나는 끔찍이도 싫어했던 같은 학교, 같은 학과의 대학원을 다녔다. 그리고 교수님이 소개해 주신 회사에서 나름 편안하게 첫 사회생활을 시작할 수 있었다.

나의 첫 직장은 천안 시내에서 차로 한 시간 정도 들어가야 하는 산중턱에 자리 잡고 있었다. 내 첫 직함은 산업자원부 소속 국가연구원이었다. 남들에게 명함으로 내밀기에는 좋은 직장이었다. 하지만 나의 실제 신분은 계약직 위촉연구원이었다. 불안정한 나의 신분도 힘든 부분 중 하나였다. 하지만 그토록 힘들어했던 분야를 또 실험하고 연구하고 논문을 써야 하는 상황은 더할 수 없는 고통이었다.

공부가 힘들어서였는지 그 분야에서 일하는 사람들과의 사회생활도 많이 힘들었다. 뭔가 나와 맞지 않는 분위기였다. 내가 즐겁게 얘기하면 뭔가 분위기가 냉랭해졌다. 그리고 그들이 웃는 포인트에서 나는 '그래서 뭐?'라는, 전혀 이해가 안 간다는 반응을 보였다. 그래서 왕따를 당하는 듯 외로움을 많이 느꼈었다. 지금 생각하면 우울증이 반복되었던 것 같다.

그 당시 우리 팀은 중소기업을 대상으로 일했었다. 최첨단 장비를 구입해 저렴한 비용에 제품 성능을 실험해 주고, 제품 시험 평가서를 발행해 주는 일이었다. 나도 그중 하나의 장비를 맡아서 의뢰 들어오는 제품을 시험하고 평가서를 발행해 주었다.

당시 업무 중 내가 유일하게 즐거움을 느꼈던 것은 시험 의뢰를 하러 오는 사람들을 만나는 일이었다. 그들과 제품 관련 미팅을 하면서 사회 분위기, 사생활 등에 대한 얘기를 소소하게 나누었다. 그것은 나의 얼어 있던 마음을 풀어 주는 한 줄기 햇살과도 같았다. 그러면서 알았다. '그래! 사람을 대상으로 사람과 어울리면서 하는

일이 나에게 맞는구나.'

나는 '사람을 대상으로 사람과 어울리면서 하는 일에는 뭐가 있을까?' 하고 생각했다. 순간 내 머릿속을 스쳐 지나간 단어는 바로 '영업'이었다. '영업이 나에게 맞는 일이고 영업을 해야 내가 성공하겠구나!'라는 생각이 내 머릿속을 휘감았다. 그리고 나는 바로 사표를 냈다.

영업을 하기 위해 들어간 곳은 독일계 부직포 회사였다. 강남 테헤란로의 높은 빌딩 속에 자리 잡은 외국계 기업. 나의 자존감은 하늘을 찔렀다. 그리고 무엇보다 내가 잘할 수 있을 것 같은 자신감이 생겼다.

하지만 그 자부심은 취직한 지 한 달 만에 깨졌다. 영업은 사람을 대상으로 하는 일은 맞았다. 하지만 제품을 팔아야 하는 목적이 있기 때문에 전략적으로 그들을 만나는 일이 영업의 핵심이었다. 때문에 제품의 성능에도, 단가에도 어느 정도는 속임수가 있었다. 나는 그런 일이 나에게 맞지 않는다는 것을 깨달았다. 한 개인을 만나 그의 생각을 듣고 나누는 일. 나의 도움이 필요하다면 도와줄 수 있는 그런 만남. 그런 관계가 내가 원하는, 사람과 함께하는 일이었다.

얼마 후, 나는 결혼했다. 그리고 힘들어하며 다니던 테헤란로 한

복판의 멋진 외국계 회사를 미련 없이 그만두었다. 그러면서 졸지에 경력단절 여성이 되었다. 나는 내가 진정으로 원하고 잘할 수 있는 일이 무엇인지 계속 생각했다. 그러던 중 길을 가다 전단지 하나를 받았다. 그 안에는 '직업상담사 2급 과정'이라는 내용이 들어 있었다. 나는 이거다 싶었다. 내가 하고 싶었던, 사람을 대상으로 사람과 어울리면서 하는 일, 그것은 상담사였다.

나는 직업상담사 2급을 공부한 이후 직업상담사 1급, 사회복지사 1급, 청소년상담사 2급, 중독상담전문가 등의 자격증을 연이어 땄다. 그리고 지금까지 상담을 하고, 교육도 하고 있다.

이렇게 돌고 돌아 나는 지금 내가 좋아하고, 잘할 수 있는 일을 하게 되었다. 처음에는 실패한 인생이라고 생각했다. 방황하며 이 분야, 저 분야를 돌아다닌 10년 남짓의 세월이 내 인생의 흑역사라고 생각했다. 하지만 지금은 그렇게 실패한 경험이 나를 다져 주고 성장시켰다고 확신한다. 누군가의 조언을 받아 나에게 맞는 인생 로드맵을 조금 일찍 그렸다면 시간은 단축되었을 것이다. 하지만 공학이라는 학문과 연구소 일, 영업사원 일, 경력단절 여성의 삶 등 다양한 경험은 내 안에 없을 것이다.

하지 않아도 될 헛발질의 인생 경험이 나를 단단하게 성장시켰다. 이 경험을 바탕으로 나는 자아성장 코치가 되어 사회의 일원으로 흡수되지 못한 채 방황하는 이 시대의 청년들, 인생 2막을 준비하는 중년 남성들, 경력단절로 힘들어하는 여성들의 힘이 되어 주고 싶다. 그리고 나아가 세계를 무대로 나의 경험을 알리고 듣는 이의 내적 성장을 도울 수 있는 강연가가 될 것이다.

02

10년 안에 가족들과
1년간 세계 일주하기

　나의 고향은 대한민국 최대의 항구도시 부산이다. 부산에는 그 명성에 걸맞게 바다와 관련한 직업들이 많다. 바다를 이용하는 직업하면 바로 '어부'가 떠오르겠지만 생선 잡는 어부 말고 또 다른 직업을 꼽는다면 대형 상선 직원이 있다. 이른바 선장, 갑판장, 1등 항해사, 2등 항해사 등의 이름으로 불리는 직업이다. 부산은 대한민국의 모든 물류가 집합되어 세계로 나가고 들어오는 곳인지라 대형 상선을 운영하는 회사가 매우 많다.

　나의 아버지도 그중 한곳에서 일하셨다. 내가 아주 어렸을 때 항해사부터 시작하셨다. 내가 중학교 2학년이 된 쯤에는 직급이 선장까지 오르셨다고 한다. 대형 상선에서 일하는 사람의 가족들이 몰려 사는 마을을 '과부촌'이라고 불렀다는 말을 들었다. 해상 사고로 직원들이 많이 죽어서 배우자가 과부가 되었다는 의미가 아니었다. 이들은 한 번 나가면 거의 1년 만에 들어오고 2~3개월 쉬다가 다시 나가서 1년 동안 일하는 패턴으로 일했다. 때문에 남편 없이 아이를 키우는 여자의 모습을 흔히 볼 수 있어서였다.

내가 초등학교에 다녔던 시절에는 대형 상선회사에 다니는(1년간 배를 타는 직업을 가진) 아버지를 둔 친구들이 한 반에 3~4명씩은 있었다. 내 기억에는 나를 포함한 이들은 가지고 다니는 학용품이나 장난감, 간식들이 다른 친구들과 달랐다. 영어가 잔뜩 적혀 있고 다양한 기능들이 탑재되어 있는 외제 필통, 초등학생이 한 손에 쥐기도 힘들 정도로 큰 화이트 초콜릿, 내가 만든 길로만 다니는 로봇 등 우리가 먹고, 놀고, 가지고 다니는 것들은 모두 외제품들이었다. 그리고 다들 단독주택에 피아노 한 대씩은 가지고 살았던 것 같다. 어머니의 얘기로는 아버지가 월급을 달러로 받았기 때문에 환율이 높았을 때는 벌이가 좋았다고 한다.

아버지가 1년간 힘들게 일하고 돌아오시면 엄청 큰 보따리 2~3개를 들고 오셨다. 그러면 나와 내 동생은 그 보따리에 든 기상천외한 물건들을 궁금해하며 풀어 보곤 했다. 화장품, 향수, 목걸이 등 어머니를 위한 선물부터 대형 전축, 소형 카메라, 아기자기한 장식품, 카펫, 양주, 꿀, 커피 등 집 안에서 사용할 물건들까지. 그외 장난감, 책가방, 수영복, 과자, 학용품 등 우리를 위한 선물 등이 있었다. 아버지가 돌아오실 때마다 우리 집은 기상천외한 물건들로 진열되어 마치 대형 쇼핑몰 같았다.

백화점에서도 볼 수 없는 새로운 물건들도 좋았지만 내가 제일 좋아하는 것은 따로 있었다. 바로 외국 동전과 외국인들과 찍은 아버지 사진이었다. 동전에는 당연히 미국 동전이 가장 많았지만 더러 스페인, 그리스, 아르헨티나 이런 나라들의 동전도 있었다. 그중 특히 기억나는 동전은 토고(Togo) 동전이었다. 크기도 상당히 컸고, 8각형의 동전이어서 마흔 살이 넘은 지금도 기억이 난다. 그 어린 시절 토고라는 나라는 듣지도 보지도 못한 나라였다. 나는 흑인들이 팬티만 입고 아버지와 같이 찍은 사진을 보면서 '도대체 이런 사람들이 지구상에 살고 있다는 거야?'라며 의아해했다. 아버지는 동생과 나를 앉혀 놓고 동전과 사진들을 보면서 그들을 만나고 나누었던 얘기, 그들의 생활 방식, 재밌었던 일화 등 많은 이야기를 해 주셨다.

넓은 지구상의 나라들을 방방곡곡 다니시며 다양한 문화를 접하셔서 그런지 아버지는 항상 시야가 넓었고, 새로운 변화에 매우 민첩하게 반응하셨다. 앞으로 컴퓨터의 시대가 될 거라면서 초등학교 5학년 때부터 나를 컴퓨터 학원에 보내셨다. 그러곤 도스부터 286, 386 등 컴퓨터 버전이 업그레이드될 때마다 새로운 컴퓨터로 바꿔 주셨다. 솔직히 아버지에겐 죄송하지만 나는 컴퓨터를 배우기가 너무 싫어서 억지로 학원을 다녔던 기억이 난다. 아버지는 아들, 딸 구분 없이 공부뿐만 아니라 다양한 활동, 경험을 하길 원하셨다. 배 타는 일을 그만두신 이후에도 끊임없이 영어공부를 하셨다. 길 가다 외국인을 만나면 무언가를 즐겁게 얘기하시다 호탕하게 웃으시며 헤어지기도 했다.

1년에 2~3개월 함께 있었던 15년과 온전히 함께 있었던 3년, 이렇게 아버지와 나는 짧은 시간 함께 지내고 헤어졌다. 내가 고2 때 아버지는 간암 말기 판정을 받고 5개월 동안 힘겹게 투병생활 하시다가 돌아가셨다. 고등학생이 되면서 나에게도 입시의 압박과 사춘기가 몰아쳤다. 그러다 보니 아버지와는 거의 대화하지 않아 아버지의 많은 경험을 듣지 못했다. 아쉬움과 미안함이 너무 크다. 하지만 아버지가 끊임없이 생각하시고, 공부하시고, 새로운 것을 받아들이고 도전하실 수 있었던 것은 전 세계를 돌아다니며 겪으신 다양한 경험의 힘이라고 나는 확신한다.

대학생이 되었을 때 나는 어학연수나 유학을 엄청 가고 싶었다. 영어공부도 하고 어학연수 관련 자료를 얻기 위해 책도 사 보고, 설명회에 참여하기도 했다. 아버지가 돌아가신 후 가세가 많이 기울어진 상태인지라 그럴 때마다 어머니는 "그냥 졸업하고 취직하면 안 되겠니?" 하며 나의 눈길을 계속 현실로 돌리려 애쓰셨다. 동생도 고3에 재수까지 하고 있어서 현실의 논리에 설득된 나는 점점 해외로 나가겠다는 꿈을 접었다. 하지만 형편이 안 되어도 어학연

수 1년 정도는 얼마든지 다녀올 수 있었는데, 지금 생각하면 자존감이 받쳐 주지 않아 쉽게 포기했던 것 같다.

나는 경험의 힘을 알고 있다. 교과서를 통해 지식을 배우는 것도 중요하지만 그 지식을 결국은 나의 생활에 반영하고 녹여내는 것이 진정한 배움의 목적이라고 생각한다. 이런 목적은 경험이 많은 사람들이 잘 달성할 수 있다. 반면, 경험이 없다면 지식은 지식에서 끝나고 나의 생활과의 연결고리를 찾을 수 없기 때문에 나만의 창의력을 가질 수 없다.

나는 대한민국의 교육제도를 신뢰하지 않는다. 우리나라에서는 획일화된 기준을 내세우며 나의 능력을 판단하고 순위를 매긴다. 그 순위에 따라 대학이 정해지고, 내가 밥벌이하는 전공이 정해진다. 당연히 전공이 나와 맞지 않는 경우도 많다. 그러니 대학 졸업 후에도 헛발질의 인생을 시작하고, 하지 않아도 될 실패의 경험을 개인도 하고, 사회도 하게 되는 것이다. 대한민국 교육제도의 최대 피해자 중 한 사람이라고 자처하는 나는, 우리 아이들은 그렇게 키우고 싶지 않다는 생각을 결혼하는 순간부터 하고 있었다. 그렇다고 이민까지 생각하는 건 아니다. 대한민국 공무원인 남편과 나 역시 이곳에서 고군분투하며 얻고 일구어 놓은 것들이 있기 때문이다. 한국을 등져 버리는 선택은 하고 싶지 않다. 다만, 아이들의 시야가 좀 더 넓었으면 하는 바람이다.

나는 나의 아이들이 대한민국 교육의 틀에 얽매이지 않기를 바란다. 한창 호기심이 풍부할 때 다양한 경험을 하고 그것을 바탕으로 자신의 인생을 선택하고 개척하길 바란다. 그래서 첫아이가 중학생이 되면 가족들이 모두 함께 1년간 전 세계를 돌아다닐 것이다. 지금 첫째가 여섯 살이니 10년 후면 중학교 3학년이다. 나는 반드시 10년 안에, 첫아이가 중학생이 될 즈음, 그 아이의 무한한 호기심과 잠재력을 확장시킬 경험의 기회를 꼭 만들어 줄 것이다. 여행에는 그런 힘이 있다고 나는 확신한다. 나의 아버지가 그랬고, 나는 못했지만 세계를 다니며 다양한 경험을 한 내 주변 친구들이 그러했다.

나의 아버지는 일을 통해 세계를 보셨고, 미래를 보셨다. 나는 여행을 통해 아버지의 손자, 손녀들에게 당신이 보지 못한 세계를 보여 주고, 아이들이 살게 될 미래를 보게 해 줄 것이다. 그리고 아이들 스스로의 삶을 선택하게 할 것이다.

비록 보다 젊은 나이에 경험하지 못했더라도 나와 나의 남편 역시 1년간 아이들과 함께 세계를 다니다 보면 일상을 벗어난 신선한 경험을 하게 될 것이다. 그러다 보면 또 다른 휴식의 여유를 가질 수 있을 것이다. 그뿐만 아니라 내 삶에 대한 또 다른 성찰과 보다 큰 미래를 설계할 수 있는 계기가 되지 않을까 생각한다. 하다못해 훗날 아이들도 결혼하고, 우리 부부도 호호할아버지, 호호할머니가 되었을 때 '그때 그랬었지' 하며 1년간의 좌충우돌 세계여행기를 떠올릴 수 있을 것이다. 그러면 웃음과 즐거움이 넘치는 얘깃거리가 되지 않을까? 최소한 명절이라고 만나서는 아무런 얘기 없이 TV나 보고 하룻밤 자고 돌아가는 그런 일은 없지 않을까?

03

끊임없이 소통하는
엄마, 아내 되기

　요즘 '소통'이라는 단어가 참 많이 보인다. 대통령의 국정능력을 평가하는 데도 국민과 소통이 잘되고 있느냐를 보고, 리더의 자질에도 동료나 부하직원 간의 소통능력이 요구된다. 세대 간의 소통의 부재가 낳은 끔직한 사건사고도 심심찮게 보이고 있다. 개인 미디어가 발달하면서 가족 내의 소통이 많이 뜸해져 걱정된다는 매스컴의 보도도 자주 접하게 된다. 소통이라는 단어를 검색창에 찾아보니 '트일 소(疏)'에 '통할 통(通)'이라는 한자어였다. 그 뜻으로는 '막히지 아니하고 잘 통함', '뜻이 서로 통하여 오해가 없음'이라고 한다. 막힘없이 잘 통해 오해가 없는 것, 단어의 뜻만 보면 쉬워 보인다. 그런데 이것을 실천하는 것은 생각보다 꽤 어려운 일인 것 같다.

　어린 시절 내가 친구들이나 가족에게 했던 행동들을 보면 소통과는 전혀 거리가 멀었던 것 같다. 한마디로 고집불통이었다. 초등학생 때는 친구들과 놀다가 나만 계속 술래가 되거나 잡히면 친구들이 놀고 있는데도 나는 집에 들어가 버렸다. 계속 진다는 느낌을 받는 것이 싫어서였다. 한 친구와 잘 놀다가도 뭔가 불편하면 "야, 너 놀이터로 나와! 너한테 따질 게 있어!" 하면서 친구를 불러냈다. 그러곤 되지도 않는 논리로 친구를 몰아붙였다. 결국 그 친구는 눈물을 흘리며 집으로 돌아갔다.

받아쓰기나 산수 연산 시험에서 내가 공부한 만큼 성적이 안 나오면 방에 틀어박혀 울면서 엄마한테 짜증만 엄청 냈다. 엄마가 "왜 그러냐."며 "괜찮다. 다음에 잘하면 된다."라고 토닥여도 나는 밥도 안 먹고 버티다가 오히려 엄마의 기분만 더 상하게 했다.

중학교 2학년 때였다. 그 당시 내가 다니던 학교에서는 1학년은 반별 합창대회를 하고 2학년은 반별 단체 무용대회를 했다. 그때 1반부터 12반까지 있었는데, 각 반에서 안무를 짜는 2~3명을 뽑았다. 이들이 안무를 짜고 대열을 구상했다. 그러곤 완성된 안무를 반 친구들에게 알려 주어 다 같이 연습했다. 그리고 대회 날이 되면 선생님들이 1등부터 3등까지 뽑는 그런 형태로 진행되었다. 나는 평소 체육이나 무용 시험을 잘 보는 편이었다. 특히 유연성이 좋아 무용을 잘한다고 여겨졌기 때문에 안무를 짜는 인원에 들어갈 수 있었다.

우리 집에는 아버지가 외국에서 가져온 카세트 라디오가 있었다. 그래서 주로 우리 집에 모여 연습하거나 내가 카세트 라디오를 들고 학교에 갔다. 인기 가요나 팝송 중에서 우리 반 대표곡도 정하고 안무에 대형까지 짜는 등 많은 일을 해야 했다. 그런데 일이 진행되지 않았다. 의견이 하나로 합쳐지지 않았기 때문이다. 서로 나름 잘한다고 해서 뽑았는데 자신의 의견만 계속 주장했기 때문이다.

하루하루 시간은 흘러갔다. 다른 반은 안무를 완성하고 반 친구들을 운동장으로 불러내어 하나씩 연습시키기도 했다. 그 모습을 보면서 우리는 마음이 조급해지기 시작했다. 그런 상태에서 우리 반 친구들은 "왜 우린 아직 연습 안 해?" 하면서 나를 포함한 안무단 친구들을 압박했다. 우리는 어쩔 수 없었다. 팽팽한 의견을 나름 조율한 것이 각자 하고 싶은 안무를 똑같이 분배해서 넣자는 것이었다. 대열이 틀어지고 연결이 안 되어도 무조건 안무를 넣었다. 이렇게 짠 안무로 반 친구들을 연습시켜 보니 자연스럽게 대열 변형이 안 되어 우왕좌왕 너무 어수선해 보였다. 그래도 어쩔 수 없었다. 더 이상 안무를 변경할 시간도 없었고 무엇보다 안무단 친구들과 입씨름하는 상황이 너무 힘들었기 때문에 그냥 일단 진행했다.

이렇게 진행되다 보니 멋있을 줄로만 알았던 내 안무들이 너무 조잡해 보였다. 어떤 부분은 '그냥 A친구 말대로 할 걸' 하는 후회도 들었다. 짐작했듯이 결국 우리 반은 상위권에 들지 못했다. 친구들에게 둘러싸여 "역시 구지은이야! 네가 있어서 우리 반이 1등 한 거야!"라고 환호성을 받는 상상은 허상이 되고 말았다. 우리 반이 상위권에 올라가지 못한 이유는 바로 소통이 없었기 때문이었다.

이 일로 나는 깨달은 것이 있다. 소통의 첫 번째는 주장하기가 아닌 바로 '듣기'라는 것. '막힘없이 통하여 오해가 없게' 하려면 우선 상대방의 말을 들을 수 있어야 했는데 우리 안무 팀은 그렇게 하지 못했던 것이다.

'강 약 약 중간 약 약' 음악에도 세기를 조절하며 흘러가는 흐름이 있다. '강'이 주장하고 싶은 것이라면 그 주변이 '약'이나 '중간'으로서 밑받침해 줘야 '강'이 드러나게 된다. 그런데 서로의 말에 귀를 닫고 자신의 주장만 했으니 음악이 '강! 강! 강!'으로 흘러간 것과 다름없었던 것이다. 그건 소음과 다를 바 없다. 얼마나 보기 싫은 안무의 연속이었을까? 정말 반 친구들에게 미안하고 무용을 보여 드린 선생님들과 다른 반 친구들에게도 미안한 일이었다는 생각이 든다.

이후 나는 주변 친구들과 소통하기 위해 듣는 사람의 위치로 돌아가야겠다고 생각했다. 그러면서 행동을 많이 변화시켰다. 하지만 그래 봤자 고등학생, 대학생이었다. 아직은 미숙한 청소년이었다. 그래서 그랬는지 완급 조절을 못해 어떨 때는 끌려가는 위치, 어떨 때는 회색분자처럼 아무 생각 없이 방관하는 위치, 또 어떨 때는 예전 버릇이 나와서 완강히 내 주장만 부르짖는 위치에 나를 자리 매김했다. 성숙한 소통을 하기에는 역부족인 모습이었다.

지금 나는 '불혹(不惑)'이라 불리는 40대가 되었다. 결혼해서 남편도 있고 모든 것을 내주어도 아깝지 않을 만큼 사랑하는 아이들도 있다. 심지어 지금 나는 심리 상담사로 일하고 있다. '세상일에 정신을 빼앗겨 갈팡질팡하거나 판단을 흐리는 일이 없게 된다'는 불혹의 나이에 마음이 힘든 사람을 도와주는 상담사인 나의 소통 능력은 어느 정도일까? 열심히 노력한 나에겐 미안하지만 아직도 나는 무한 연습 중이다.

아이와 함께 놀이터에 가면 무언가로 실랑이하는 모자(母子)의 모습을 보게 된다. 그럴 때면 어김없이 엄마는 아이에게 윽박지르고, 아이는 버티다가 대성통곡하고 만다. 무슨 일인가 궁금해 근처에서 엄마와 아이가 하는 얘길 들어 보면 천편일률적으로 엄마는 '위험하니 안 된다!'이고 아이는 '하고 싶다!'다. 이때 '막힘없이 통하여 오해가 없게' 하려면 어떻게 해야 할까?

먼저 들어 줘야 한다. 아이가 왜 하고 싶어 하는지 얘기를 들어 줘야 한다. 그리고 아이의 마음을 알게 되었다는 것을 말해 주어야 한다. "아, 다른 친구들이 하니까 A도 하고 싶다는 거구나." 높은 수준은 아니지만 네가 느끼고 있는 감정에 공감한다는 것을 반드시 알려 줘야 한다. 그러고 나서 엄마인 나의 생각을 차분히 얘기한다. "엄마는 A가 다칠 수 있으니까 안 했으면 좋겠어. A가 다친다면 엄마는 너무 마음이 아플 것 같아." 당연히 이런 말에 아이는 물러서지 않을 수 있다. 그러면 엄마는 한두 가지 다른 제안을 해야 한다. "그럼 A가 놀 때 엄마가 옆에서 지켜봐도 될까?" 또는 "지금은 친구들도 함께 있어서 도움을 받을 수 있으니 A가 조심해서 놀 수 있다면 엄마는 허락할게." 등으로 말이다.

아이와 소통이 잘 안 되는 이유 중에 가장 핵심은 '아이는 아직 미성숙하다'라는 생각이 부모의 머릿속에 확고히 자리 잡고 있기 때문이다. 성인의 눈에 당연히 아이는 제대로 된 판단을 할 수 없는 미숙한 존재로 보인다. 물론 생각하고 판단하는 것은 미숙할 수 있다. 하지만 감정은 성인이 느끼는 것과 같은 수준으로 느낀다. 생각을 들으면 어이가 없어 윽박지르며 비판하지만 그 비판을 듣는 아이는 성인과 똑같이 '무시당한다'는 느낌을 갖게 되는 것이다.

이 정도의 지식이면 나는 최고의 소통가일까? 창피하지만 이렇게 알고 있어도 아이가 내 뜻대로 움직여 주지 않으면 어느 샌가 나도 소리를 지르고 있다. 아이의 눈은 서운한 마음에 눈물이 글썽글썽하다. 평소 이러한 상황은 비일비재하다. 남편과도 대화하다가 나의 의견을 인정받지 못한다는 생각이 들 때면 답답함에 언성을 높이고 있는 나 자신을 발견하게 된다.

안다고 항상 실천하게 되는 것은 아니다. 부부생활을 하면서,

아이를 키우면서 나의 내면은 계속 깨짐과 성숙해짐을 반복하고 있다. 아직 성숙해질 공간이 있다는 것은 내가 항상 미성숙 상태임을 반증하는 것이 아닐까? 아직 부족하지만 좋은 아내, 좋은 엄마가 되기 위해 나는 끊임없이 소통을 배워 나갈 것이다.

04

나만의 공간이 있는
꿈의 하우스 마련하기

　이것도 타고난 복(福) 중의 하나일까? 내가 기억하는 한 난 태어나서 지금까지 집 없는 설움을 느껴 본 적은 없는 것 같다. 내가 기억하는 최초의 집은 부모님의 명의로 된 단독주택이었다. 중학생 때까지는 집의 규모가 조금씩 늘어나서 작고 아담한 정원이 딸린 집에서도 살아 보았다. 중학교 3학년 때 서울로 이사 와서는 이전보다는 작고 허름했지만 그때도 부모님의 명의로 된 집에서 살았다. 그러다 대학생이 되었을 때 부모님이 3층 상가주택을 구입하시면서 지금까지 살아 본 곳 중에서 가장 큰 규모를 자랑하는 집에서 살게 되었다. 여기까지는 나의 결혼 전 상황이다.

　결혼 후에 나는 4년간 전셋집에서 살았다. 결혼 전에 내 이름으로 작은 아파트를 샀지만 기존의 세입자와 계약기간이 맞지 않아 결혼 직후 바로 들어가지 못했다. 대신 신랑이 공무원인지라 공무원아파트에 들어가 주변보다 저렴하게 살았다. 그리고 그 기간에 돈을 모아 둘 수 있었다.

결혼한 지 4년 만에 아이를 출산하게 되었다. 그런데 우리 부부의 짐에 아이의 물건까지 채워지면 너무 답답하고 복잡할 것 같았다. 그래서 내 명의의 기존 아파트를 팔고 전세비용과 4년 동안 모아 둔 자금을 보태어 좀 더 큰 25평 아파트로 이사 갔다. 우리가 좀 더 넓은 아파트로 이사 가고 일주일 후에 아이를 출산했으니 우리 아이도 태어나서부터 남의 집 살이는 안한 셈이다.

나에게는 '나의 가족'이라는 단어를 떠올리면 상상되는 장면이 있다. 우리 부부와 아이 2명이 함께 뛰노는 장면이다. 요즘은 결혼도 늦어지고, 삶이 힘들어 결혼하더라도 아이를 낳지 않거나, 1명 정도 낳는 경우가 아주 많다. 첫아이와 함께 유치원을 다니는 친구들이나 한 살 위 또는 아래의 형, 누나, 동생들도 외동으로 자라는 경우가 절반 이상이다. 다들 맞벌이에 아이 하나도 감당이 안 될 만큼 많이 드는 교육비 때문이다. 게다가 주변에 친정어머니나 시어머니가 없는 경우에는 둘 이상의 아이를 낳는 것이 더더욱 부담스럽게 다가온다.

하지만 가족이란 이미지를 떠올릴 때면 항상 2명의 아이가 내 머릿속에 있었다. 그래서 첫아이가 어느 정도 큰 이후 나는 둘째를 가지기 위해 노력했다. 들어가는 교육비며 도움을 받을 수 있는 주변 상황의 유무, 그것과는 관계없었다. 그냥 내가 생각한 가족 구성원을 반드시 만들고 싶었기 때문이었다.

하지만 생각보다 아이를 가지는 것은 내 마음대로 되지 않았다. 첫아이도 잘 생기지 않아 결혼한 지 3년 만에 시험관 시술을 통해 가지게 되었다. 남편과 나는 결혼을 좀 늦게 한 편이다. 그래서 첫아이를 낳게 된 시점 역시 다른 또래 엄마, 아빠들보다 늦은 편에 속했다. 첫째를 낳고 몸이 어느 정도 정상 궤도에 오르자 나는 다시 둘째를 가져야겠다고 생각했다. 첫째를 시험관 시술로 낳더라도 둘째는 자연임신이 되기도 한다고 한다. 하지만 나는 둘째를 가지는 것도 쉽지만은 않았다.

그때쯤 생각했다. '어차피 아이를 주시는 것은 인간의 영역이 아닌데, 너무 아이를 가지는 것에 집착하기보다 2명의 아이를 키울 수 있는 환경이 되는지 먼저 살펴보자!' 첫째를 낳고 좀 여유 있게 살고자 마련한 25평의 아파트는 지은 지 30년 가까이 된 곳이었다. 30년 전 아파트 구조여서 공간 활용이 좋지 못하고 방도 2개였다. 공간으로만 보면 네 식구가 살아도 괜찮을 수 있었다. 하지만 아이가 2명이면 나중에 방을 따로 만들어 주어야 하니 최소한 3개의 방은 있어야겠다고 생각했다.

그래서 아이 둘과 함께 네 식구가 살 수 있는 방 3개짜리 집을 사려고 돌아다녔다. 그렇게 해서 같은 단지 내의 32평 아파트로 옮겼고, 현재 나는 배 속에 14주 된 둘째 아이를 키우고 있다.

다른 것은 몰라도 집만큼은 지금까지 큰 어려움 없이 내가 원하는 집을 사고 늘려 나갈 수 있었던 것 같다. 하지만 인간의 욕망은 끝이 없다고 했던가? 두 아이를 키울 수 있는, 어느 정도 환경이 되는 집을 마련하고 나니 이제는 나만의 공간을 누리며 살고 싶다는 생각이 든다.

나는 어렸을 때부터 옷을 참 좋아했다. 예쁘고 내가 좋아하는 스타일의 옷을 입었을 때는 세상의 모든 사람들이 나만 쳐다보는 것 같았다. 그런 시선을 받을 때는 런웨이(runway)를 걷는 모델이 된 듯 한껏 고양된 자신감에 세상을 다 가진 것 같았다.

고3 때 나는 의류학과에 진학해서 패션 머천다이저가 되고 싶었다. 하지만 의류학과에 들어갈 성적이 되지 않아 차선으로 선택한 곳이 섬유공학과였다. 그래도 비슷한 분야였기 때문에 대학에 합격하고 난 후 디자인 드로잉 연습도 하고 내레이터 모델에도 지원해 보는 등 나름 패션 디자인이나 머천다이징 분야로 진출하기 위해 노력을 많이 했었다. 비록 그 꿈을 이루진 못했으나 마흔 살이 되어서도 예쁜 옷을 보고 입을 때면 설레고 기분 좋아지는 건 여전하다.

아직은 태어나지 않은 둘째인 만큼, 그리고 또 태어나더라도 당분간은 방을 하나 독립적으로 만들어 주지 않아도 될 유아기일 테니 방 3개 중의 하나는 현재 옷방으로 사용 중이다. 하지만 우리 집에서 가장 작은 방인 데다 신랑 옷과 첫째 아이가 입지 않는 옷들이 함께 걸려 있다. 그러니 그냥 '창고'용으로 쓰고 있다고 하는 것이 가장 정확한 표현일 것 같다.

우리가 '드레스룸'이라고 명명할 때면 TV 속의 부잣집 여주인공의 옷방을 상상하기 쉽다. 그러나 우리 집 옷방의 현실은 습기가 많은 여름에는 뭔가 쿰쿰한 냄새도 나고, 손님이 오면 보여 주기 민망해 제일 먼저 문을 닫게 된다. 그것이 현재 나의 옷 '창고'인 것이다.

그리고 또 하나! 나는 지금 현재 작가가 되기 위해 개인저서를 준비하고 있다. 바로 〈한책협〉의 김태광 대표 코치에게 책 쓰는 방법을 배우고 나의 주제를 찾아 한 장 한 장 원고를 쓰고 있는 것이다. 이곳에서 수업을 받고 작가가 되기 위해 준비하는 과정에서 정말 많은 책을 읽게 되었다. 특히 김태광 대표 코치가 추천해 주는 의식 확장 도서에는 정말 깊이 있는 독서를 해 본 사람이 아니면 모를 주옥같은 책들이 매우 많다.

이런 훌륭한 책들을 구입하고 이 책들의 가치만큼 잘 꽂아 두어야 하는데 지금 나의 책장의 현실은 답답하기만 하다. 지금까지는 스펙을 쌓기 위한 자격증 대비용의 각종 수험서 및 각종 분야의 전공 책들이 꽂혀 있었다. 최근에는 아이를 위한 유아용 책이 늘어나면서 그나마 내 책을 꽂아 뒀던 책장이 유아도서로 메꿔지고 있는 형국이다.

나는 이제 인생 2막을 새롭게 준비하는 출발선에 섰다. 작가로서, 강연가로서, 불안한 이 시대의 모든 이들을 위한 메신저로서 살아갈 것이므로 그에 합당한 훌륭한 서재가 필요하다. 하루에도 수만 권의 책이 나오고 수만 권의 책이 사라진다고는 하나, 가치 있는 책은 수백 년, 수천 년이 지나도 그 빛을 발한다.

나 역시도 궁극적으로는 그런 책을 써 보고 싶다. 하지만 우선 그런 가치 있는 책을 많이 읽고 나의 의식을 성공한 사람들처럼 바꾸어야 할 것이다. 그러려면 책들이 가지고 있는 가치에 합당한 공간을 마련해야 한다.

이제 새로운 나의 드림하우스를 설계해 본다. 방이 몇 개인 집보다 나만의 향긋한 냄새가 풍기는 멋진 드레스룸과 도서관을 방불케 하는 나만의 서재가 있는 집을 상상해 본다. 이 상상은 반드시 이루어진다!

05

10년 안에 100억 원 자산가 되기

　요즘 TV를 틀면 나오는 뉴스마다 '억!억!'거린다. 아파트 집값도 수십억 원이고, 부패한 공직자들이 해 먹은 불법 자산도 수십억 원, 수백억 원이다. 또한 어떤 대기업 총수의 자산이 수조 원대라고도 하니 요즘 돈의 가치가 없어도 너무 없는 거 아닌가 싶기도 하다.

　하지만 우리들, 내 주변의 일상으로 오면 얘기는 백팔십도로 달라진다. 의사, 변호사 등 특별한 전문직을 제외하고는 200만 원에서 400만 원 사이의 월급을 받고 있는 경우가 가장 많다. 내가 다니고 있는 회사의 A과장은 이번 여름휴가를 제주도로 갔다. 거기에서 놀면서 면세점에서 양주, 향수, 가방 하나를 샀다고 한다. 그 결과 일주일간 집에서 만들어 온 계란덮밥을 점심으로 먹고 있다. 돈을 너무 많이 썼으니 돈을 아껴야 한다면서. 아직 30대의 미혼으로 본가의 도움 없이 오로지 혼자의 힘으로 전세를 얻고, 자투리 돈으로 주식투자도 해 가며 나름 알뜰하게 생활하는 성실한 사람이다. 그런데도 일주일간의 제주도 여름휴가의 여파가 이렇게 큰 것이다.

나도 마찬가지다. 20대 초반 첫 직장에서 받은 월급과 20년이 지나 마흔 살이 된 지금의 월급차이가 그리 많이 나지 않는다. 특히 연구원, 기술영업 분야에서 힘들게 일하다가 나의 천직이라고 생각하고 바꾼 분야가 사회복지, 심리 상담 분야였다. 하지만 이 직군은 대한민국에서 대표적으로 낮은 임금 수준과 높은 학력을 요구하는 분야다. 사회복지직은 정규직이어도 급여 수준이 매우 낮다. 그나마 전문직으로 인정받는 심리 상담사들은 거의 계약직으로 일한다. 또한 사회복지학과 심리학 분야는 널린 것이 석·박사라고 할 정도로 이 분야 종사자들의 학력 수준은 어마무시하다.

나의 경우는 뒤늦게 뛰어든 곳이라 학력을 다시 쌓아 나가려면 시간이 너무 많이 필요했다. 그래서 차선책으로 선택한 것이 관련 자격증이라도 많이 따 두자는 것이었다.

제일 처음 상담분야에 입문하게 된 통로는 직업상담사 2급 자격증이었다. 이 자격증을 따면 대부분 고용노동부 산하 고용지원센터의 취업성공패키지 상담원이나 일반 취업상담원이 된다. 하지만 나를 가르쳐 주신 강사님의 눈에 든 나는 최종 합격 발표가 나기도 전에 이미 직업상담사 2급 자격증 강의를 하는 강사로 일하게 되었다. 게다가 일하게 된 곳이 서울시에서 운영하는 직업전문학교였다. 때문에 안정된 틀 안에서 자격증 강의와 함께 중간 중간 진로상담도 할 수 있는 기회가 생겼다. 그렇게 강사로서의 경력과 상담사로서의 경력을 동시에 가질 수 있었다.

그러면서 나는 처음으로 알게 되었다. 내가 강의하는 것을 좋아한다는 것을. 주 3일만 강의 하는 것이었지만 강의가 없는 날에도 심지어 토, 일요일에도 최선을 다해 강의 준비를 했다. 시험에 나오는 것뿐만 아니라 직업상담사로서 갖추어야 할 소양이다 싶은 내용을 추려서 다양한 심리 워크숍 및 검사도구 실습 등을 중간 중간 실시했다. 지금 생각해도 과하다 싶을 정도로 수업을 준비했던 것 같다.

그때 받았던 급여가 시간당 2만 5,000원. 한 달에 열 번 정도 수업했다. 때문에 한 달에 받았던 돈이 150만 원에서 200만 원 사이였다. 워낙 철저하게 준비했기 때문에 수업 평가는 학교 내에서 가장 좋았다. 그래도 시급은 2만 5,000원. 그곳에서 나는 5년을 일했다. 마지막 5년째 일했던 때도 단돈 100원도 오르지 않은 시급 2만 5,000원이었다.

나는 그런 현실에 서서히 지쳐 갔다. 내가 노력했고, 노력한 결과가 있는데 그것을 인정받지 못하는 현실이 나를 처참하게 만들었다. 더 이상 자격증 강의에 몰입하기가 힘들었다. 그 방대한 양의 강의도 5년 정도 하니 기계의 버튼을 누른 듯 줄줄 나왔다. 나의 말들은 사람의 그것이라기보다 로봇이 읊어 대는 대사와 같았다. 나는 내가 왜 이 일을 하고 있는지 알 수 없게 만드는 자격증 강의 시장을 뛰쳐나왔다. 좀 더 내가 전문적으로 할 수 있는 일을 찾고 싶었다.

이후 내가 입사한 A센터는 지금까지 일하고 있는 곳이기도 하다. 심리 상담 분야에서 정규직을 뽑는 경우는 극히 드물다. 그런데 여기는 정규직으로 일하는 곳이었다. 소규모 영세사업장에서 근무하는 근로자들의 스트레스를 상담하는 곳이다. 내가 강의하고 간간이 상담했던 직업상담 분야와도 어느 정도 연관성이 있어 보였다.

나는 내가 잘할 수 있겠다 싶은 일에는 엄청나게 몰입하면서 달려든다. 그리고 그런 상황에서는 내가 받는 급여에 크게 신경 쓰지 않는다. 일단 나의 자리를 확보하고 나의 능력을 보여 주기 위해 힘쓴다. 그리고 그 조직에서 요구하는 것보다 더 많은 것을 만들어 낸다. 이전 서울시 소속의 직업전문학교에서도 그렇게 일해 왔다. 그러므로 나의 일하는 방식이라고 생각해도 될 듯하다.

영세한 기업, 규모가 작은 5인 또는 10인 미만 기업 노동자들의 근무 환경은 정말 상상하기 힘들 정도로 열악하다. 사상 최악의 더위였다는 올해 여름에도 환기시설이 부족한 공장 안에서 9시간 서서 일하는 경우가 부지기수였다. 나는 이들의 정신적·심리적 안정을 위해 발로 뛰었다. 그리고 이들의 심리적 불편사항을 그들의 관리자 및 대표들에게 알리기 위해 기업 보고서를 만들고 노동자의 근로조건을 개선하도록 목청 높여 사업주들을 설득했다.

작은 조직일수록 관계갈등이 심하기 때문에 조직 갈등 상담 프로그램을 따로 만들어 진행도 했다. 또한 감정노동자들을 대상으로 자신의 감정노동 정도를 볼 수 있는 검사 패키지를 만들어 실시하고 개별 보고서도 만들었다. 그들을 위한 교육도 주제별로 만들어 실시했다. 이렇게 만들어 실시한 프로그램들은 노동자들에게도 좋지만 기업들에도 직원들의 '스트레스 관리 의무자'로서의 역할을 대신한 것으로 증빙되어 준다. 그런 만큼 지금은 사업주들이 상담이나 교육을 해 달라고 줄지어 연락해 온다. 당연히 그럴 것이 이 모든 교육과 상담은 '무료'이기 때문이다.

'무료'. 참 좋은 말이다. 공짜를 싫어하는 사람은 없기 때문에 '무료'라는 단어는 참 좋은 마케팅 수단일 수도 있다. 우리 센터는 국민이 내는 세금으로 국가가 운영하는 곳이다. 영세사업장에서 일하는 노동자 및 사업주를 위해 만들어진 곳이다. 그러니 비용을 안 받는 것을 원칙으로 해서 운영되는 곳이긴 하다. 하지만 내가 일하는 이곳도 노동자나 사업주의 요구에 맞춰 변화하는 곳이다. 그리고 이 변화에 맞춰 일하는 우리도 그들의 요구에 맞게 노력을 투자하고 가치를 개발해야 할 것이다. 또한 A센터를 주관하는 국가기관에서는 시간이 갈수록 양보다는 질을 높여 서비스를 제공할 것을 요구한다. 이런 요구를 받으면 나는 솔직히 또 다른 '노동 착취'를 당하는 기분이다.

나는 이제 제도권 안의 안정적인 일자리는 사양한다. 제도권 안에서는 어쩌면 최고의 결과를 원하는 것이 아니라 그냥 튀지 않고 안정적으로 가기만을 원하는 것일 수도 있겠다는 생각이 든다. 나는 안정된 울타리 안에서 최고가 되어 보려고 그들은 눈여겨보지도 않는 것을 붙들고 "나 좀 봐 줘요! 나 잘하잖아요!"라고 외치고 있었던 것은 아니었을까?

내가 최고임을 보여 주려면 최고라고 인정받을 수 있는 곳으로 나가야 한다. 그곳에서 내가 가치 있는 것을 보여 주면 그만큼 나를 인정해 줄 것이다. 그만큼 나는 보상받을 것이다.

나는 아직 나의 가능성을 정확히는 모른다. 그래서 내가 앞으로 얼마를 벌 수 있고, 어느 정도가 나를 만족시켜 줄 정도인지도 모른다. 하지만 하나 확실한 것은 '나'라는 사람은 이 세상에서 유일하고 내가 만들어 내는 가치 역시도 유일하다는 것이다. 이 세상 사람들 중 0.01%라도 내가 경험하고, 전달하고자 하는 메시지를 가치 있게 받아들인다면 나는 그들을 위해 일하고 싶다. 그리고 당당하게 나의 가치를 인정받고 싶다.

보물지도 15

초판 1쇄 인쇄 2018년 10월 23일
초판 1쇄 발행 2018년 10월 30일

지 은 이	**박지혜 임성훈 배 훈 박진희 김석준 이그래 허성희** **안수빈 이수희 최성진 김희진 최현종 구지은**
펴 낸 이	**권동희**
펴 낸 곳	**위닝북스**
기 획	**김도사**
책임편집	**박고운**
디 자 인	**김하늘**
마 케 팅	**강동혁**

출판등록	**제312-2012-000040호**
주 소	**경기도 성남시 분당구 수내동 16-5 오너스타워 407호**
전 화	**070-4024-7286**
이 메 일	**no1_winningbooks@naver.com**
홈페이지	**www.wbooks.co.kr**

ⓒ위닝북스(저자와 맺은 특약에 따라 검인을 생략합니다)
ISBN 979-11-88610-85-3 (03190)

이 도서의 국립중앙도서관 출판도서목록(CIP)은 서지정보유통지원시스템
홈페이지(http://seoji.nl.go.kr)와 국가자료공동목록시스템(http://www.nl.go.
kr/kolisnet)에서 이용하실 수 있습니다.(CIP제어번호: CIP2018032978)

위닝북스는 독자 여러분의 책에 관한 아이디어와 원고 투고를 설레는
마음으로 기다리고 있습니다. 책으로 엮기를 원하는 아이디어가 있으신 분은
이메일 no1_winningbooks@naver.com으로 간단한 개요와 취지, 연락처
등을 보내주세요. 망설이지 말고 문을 두드리세요. 꿈이 이루어집니다.

※ 책값은 뒤표지에 있습니다.
※ 잘못 만들어진 책은 구입하신 서점에서 교환해 드립니다.